本书的出版受南昌大学"宋明理学与人文"学科群建设经费资助

广西南宁（心圩）平话研究

覃远雄 ◎ 著

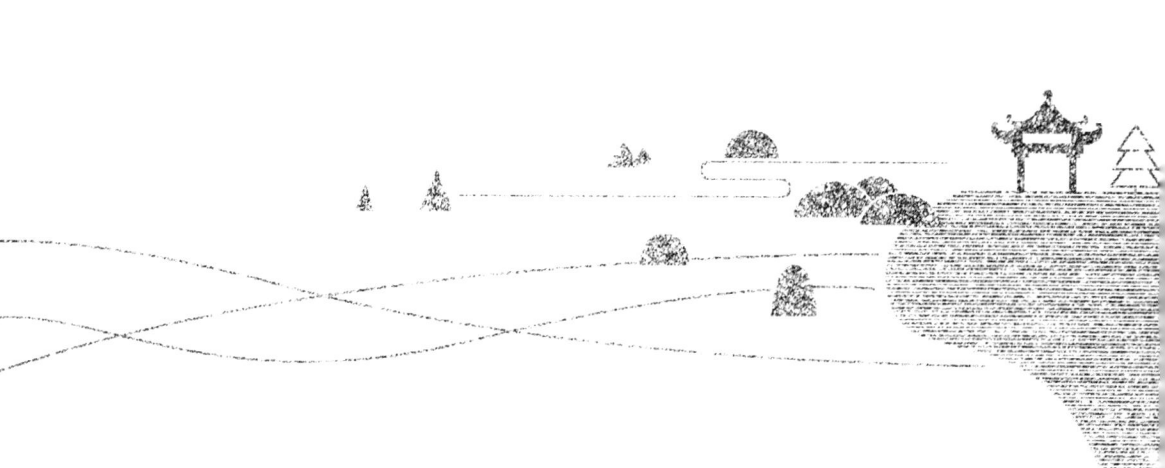

中国社会科学出版社

图书在版编目（CIP）数据

广西南宁（心圩）平话研究／覃远雄著．—北京：中国社会科学出版社，2023.8

ISBN 978-7-5227-2213-9

Ⅰ.①广… Ⅱ.①覃… Ⅲ.①平话方言—方言研究—南宁 Ⅳ.①H178

中国国家版本馆 CIP 数据核字（2023）第 123072 号

出 版 人	赵剑英
责任编辑	张　林
责任校对	张　虎
责任印制	戴　宽

出　　版	中国社会科学出版社
社　　址	北京鼓楼西大街甲 158 号
邮　　编	100720
网　　址	http://www.csspw.cn
发 行 部	010-84083685
门 市 部	010-84029450
经　　销	新华书店及其他书店

印刷装订	三河市华骏印务包装有限公司
版　　次	2023 年 8 月第 1 版
印　　次	2023 年 8 月第 1 次印刷

开　　本	710×1000　1/16
印　　张	15.5
字　　数	256 千字
定　　价	89.00 元

凡购买中国社会科学出版社图书，如有质量问题请与本社营销中心联系调换
电话：010-84083683
版权所有　侵权必究

目　　录

第一章　概述 ·· (1)
　一　南宁市地理及历史沿革 ································ (1)
　二　南宁市民族人口及语言概况 ····························· (3)
　三　南宁（心圩）平话调查地点及调查情况 ···················· (8)
　四　符号说明 ··· (8)

第二章　音系 ·· (9)
　一　声韵调系统 ··· (9)
　二　单字音表 ·· (12)

第三章　同音字汇 ····································· (35)

第四章　南宁（心圩）平话语音与北京音的比较 ············· (61)
　一　声母的比较 ·· (61)
　二　韵母的比较 ·· (68)
　三　声调的比较 ·· (84)

第五章　南宁（心圩）平话语音与中古音的比较 ············· (87)
　一　声母的比较 ·· (87)
　二　韵母的比较 ·· (90)
　三　声调的对比 ·· (96)

第六章 语音演变特点 (99)
    一 声母演变的特点 (99)
    二 韵母演变的特点 (104)
    三 声调演变的特点 (107)
    四 小结 (109)

第七章 分类词汇表 (110)
    一 天文 (111)
    二 地理 (112)
    三 时令、时间 (114)
    四 农业 (117)
    五 植物 (118)
    六 动物 (122)
    七 房舍 (125)
    八 器具、用具 (126)
    九 称谓 (130)
    十 亲属 (132)
    十一 身体 (134)
    十二 疾病、医疗 (137)
    十三 衣服穿戴 (140)
    十四 饮食 (142)
    十五 红白大事 (145)
    十六 日常生活 (147)
    十七 讼事 (149)
    十八 交际 (150)
    十九 商业、交通 (151)
    二十 文化、教育 (154)
    二十一 文体活动 (156)
    二十二 动作 (158)
    二十三 位置 (161)
    二十四 代词等 (163)

二十五	形容词	(164)
二十六	副词、介词等	(166)
二十七	量词	(167)
二十八	附加成分	(170)
二十九	数字等	(170)

第八章 常见代词、能愿动词、趋向动词 (174)
  一 代词 (174)
  二 能愿动词和趋向动词 (183)

第九章 常见副词、介词、连词 (188)
  一 副词 (188)
  二 介词 (197)
  三 连词 (203)

第十章 常见助词 (204)
  一 结构助词 (204)
  二 体貌助词 (209)
  三 方式助词 (212)
  四 语气助词 (212)

第十一章 常见句式 (214)
  一 处置句 (214)
  二 遭受句 (214)
  三 双宾语句 (216)
  四 比较句 (217)
  五 疑问句 (218)
  六 否定句 (221)

第十二章 语料标音 (223)
  一 语法例句 (223)

二　谚语、歇后语等 …………………………………………（230）
　　三　故事 ………………………………………………………（237）

主要参考文献 ……………………………………………………（240）

后　记 ……………………………………………………………（241）

第一章

概　述

一　南宁市地理及历史沿革

（一）地理气候

南宁市地处亚热带，在东经107°45′—108°51′，北纬22°13′—23°32′，地理坐标东经108°22′，北纬22°48′，位于广西壮族自治区南部偏西。总面积22112平方公里。其地貌分平地、低山、石山、丘陵、台地5种类型。平地是南宁市面积最大的地貌类型，分布于左、右江下游汇合处和邕江两岸。面积为1037.33平方公里，占全市面积57.78%。低山分布于市区西部边缘的凤凰山，为一穹窿山地，一般海拔300—600米，坡度25—40度；位于市北部的高峰岭，为一列褶皱低山，呈东北东—西南西走向，一般海拔250—450米，坡度20—40度。总面积82.64平方公里，占全市面积4.6%。石山主要分布于西北部边缘和坛洛镇一带，分峰林石山和孤峰石山两大类，峰林石山海拔300—400米，谷地海拔120—160米；孤峰石山一般海拔200—250米，平地海拔80—100米。面积46.7平方公里，占总面积2.61%。丘陵总面积279.86平方公里，占全市面积15.59%。台地多为第三系的侵蚀面，微切割，起伏和缓，海拔在120米以下，是低平的古剥蚀面，一般呈缓坡起伏而顶面齐平的地貌。

南宁市是以邕江广大河谷为中心的盆地形态。南、北、西三面均为山地围绕，北为高峰岭低山，南有七坡高丘陵，西有凤凰山（西大明山东部山地）。形成西起凤凰山、东至青秀山的长形河谷盆地。东为盆地敞口。南宁河流均属珠江流域西江水系。邕江上游分别为左江和右江，在盆地的中部宋村汇合，成为邕江。由西向东，从市区穿行而过。

南宁属湿润的亚热带季风气候，阳光充足，雨量充沛，霜少无雪，气候温和。年平均气温在21.6度左右，平均相对湿度为79%。一年四季绿树成荫，繁花似锦，物产丰富。

（二）历史沿革及区划

1. 南宁市历史悠久，秦始皇三十三年（公元前214），以岭南为桂林郡、象郡、南海郡，南宁为桂林郡辖地。秦二世时，南海龙川令赵佗行南海尉事。秦亡，佗并桂林、象郡，南宁为其所辖。汉高帝十一年（前196），立佗为南越王。汉武帝元鼎四年（前113），南越王相吕嘉反，六年（前111）平定，以岭南为南海、仓梧、郁林等九郡，南宁为郁林郡领方县辖地。晋元帝大兴元年（318），分郁林郡置晋兴郡，治晋兴，即今南宁。隋开皇十八年（598），改晋兴县为宣化县，治所仍在今南宁，属郁林郡。唐武德四年（621），改宣化县为南晋州，属岭南道。贞观六年（632），改南晋州为邕州都督府，治所不变。南宁简称"邕"，即源于此。天宝元年（742），改邕州为朗宁郡。乾元元年（758），复改朗宁郡为邕州。贞观元年（627），全国分为十道，以道统州。岭南道辖广州、桂州、容州、邕州、安南。至咸通三年（862），岭南道分为东道和西道。西道以邕州（即今南宁）为治所，驻岭南西道节度使，统辖邕州、容州、桂州。从此，南宁成为广西政治、军事中心。宋初置广南路，至道三年（997），分广南路为广南东路和广南西路。广南西路下辖桂、容、邕等二十五州。今南宁为邕州治所。元世祖至元十六年（1279），置邕州路，属湖广行中书省，南宁设邕州路总管府。泰定元年（1324），邕州路改称南宁路，领宣化、武缘二县。南宁之名，至今六百多年。明朝改南宁路为南宁府，治所在宣化县城，即今南宁，隶属广西布政使司。清朝南宁府隶属广西省，府治为今南宁。民国2年（1913）撤南宁府，改称南宁县，广西省政府由桂林迁至南宁。民国3年（1914），南宁县改为邕宁县，隶属广西省南宁道，后废道。1949年12月，南宁解放，置南宁市。1950年广西省人民政府成立，南宁市仍为省会。自此南宁成为广西政治、经济、文化等的中心。1958年广西壮族自治区成立，南宁市为自治区首府。

2. 1949—1983年以前南宁市主要下辖城区和郊区。1983年10月，武鸣、邕宁两县并入南宁。2002年横县、马山、宾阳、隆安、上林划归南宁。目前南宁市辖青秀区、兴宁区、江南区、良庆区、邕宁区、西乡塘区、武鸣区、横县、隆安县、马山县、上林县、宾阳县七区五县。

二 南宁市民族人口及语言概况

（一）民族和人口

南宁市有壮、汉、瑶等多个民族。其中壮族为世居土著民族，其余均为不同时期陆续迁入的民族。全市总人口713万多。除开良庆、邕宁、武鸣、横县、隆安、马山、上林、宾阳三区五县，以及兴宁区的五塘、昆仑两个镇，大致相当于1983年南宁市的地域范围，人口211万多。

（二）语言概况

1. 境内语言分布使用情况

此处所说语言情况限于1983年邕宁、武鸣两县并入之前的南宁市范围。这个范围内目前主要分布有汉语和壮语。汉语又分平话、白话（属粤语邕浔片）、官话（属西南官话桂柳片）、普通话。从聚居人群母语看，壮语主要分布于远郊的坛洛、金陵两镇一带，平话主要分布于城区周边的近郊农村，白话主要分布于城区。官话也分布于城区下郭街，目前下郭街居民已经改用白话，很少人会说官话了（周本良等，2015）。官话、普通话主要作为其他母语者对外的交际用语。壮语母语者一般都会说当地的平话。无论哪一种母语者对外或说白话，或说普通话，或说官话，尽管有些人不够熟练。

2. 南宁平话内部的一致性及其差异。这里所说平话就是上述南宁城区近郊农村的平话。下边说说南宁平话内部的一致性及其差异。材料来源：石埠（林亦、刘志华2007），沙井（谢建猷2007），心圩、亭子（笔者调查）。

（1）南宁平话内部的语音一致性

①最为显著的一条就是南宁平话古全浊声母今逢塞音、塞擦音无论平仄一律读不送气音。例如：

	婆	蹄	前	祠	茶	查	桥	被	坐
心圩	pu²¹	tɐi²¹	tsin²¹	tsi²¹	tsa²¹	tsa²¹	kiu²¹	pœy¹³	tsu¹³
亭子	pu²¹	tɐi²¹	tsin²¹	tsi²¹	tsa²¹	tsa²¹	kiu²¹	pi²⁴	tsu²⁴
沙井	pu³¹	tɐi³¹	tʃin³¹	tʃi³¹	tʃa³¹	tʃa³¹	kiu³¹	pui²³	tʃu²³
石埠	pu³¹	tɐi³¹	tʃin³¹	tʃi³¹	tʃa³¹	tʃa³¹	kiu³¹	pui²⁴	tʃu²⁴

	近	豆	袖	共	白	杂	侄	闸	极
心圩	kɐn¹³	tɐu²²	tsɐu²²	kuŋ²²	pek²²	tsap²²	tsɐt²²	tsap²²	kœt²²
亭子	kɐn²⁴	tɐu²²	tsɐu²²	køŋ²²	peᵃk²²	tsap²²	tsɐt²²	tsap²²	kek²²
沙井	kɐn²³	tɐu²²	tʃɐu²²	kuŋ²²	pɛk²²	tʃap²²	tʃɐt²²	tʃap²²	kik²²
石埠	kɐn²⁴	tɐu²²	tʃɐu²²	koŋ²²	pɛk²²	tʃap²²	tʃɐt²²	tʃap²²	kɯt²²

②古精、知、庄、章组今读塞擦音合并为一套。例如：

	资	菜	齐	祠	席	张	抽
心圩	tsi⁵³	tsʻai³⁵	tsɐi²¹	tsi²¹	tsœt²²	tsɐŋ⁵³	tsʻɐu⁵³
石埠	tʃi⁵⁵	tʃʻai³⁵	tʃɐi³¹	tʃi³¹	tʃɯt²²	tʃɛŋ⁵⁵	tʃʻɐu⁵⁵
亭子	tsi⁵³	tsʻai⁵⁵	tsɐi²¹	tsi²¹	tsek²²	tseᵃŋ⁵³	tsʻɐu⁵³
沙井	tʃi⁵³	tʃʻai⁴⁵	tʃɐi³¹	tʃi³¹	tʃik²²	tʃɐŋ⁵³	tʃʻɐu⁵³

	茶	榨	插	闸	纸	唱	酬
心圩	tsa²¹	tsa³⁵	tsʻap³³	tsap²²	tsi³³	tsʻɐŋ³⁵	tsɐu²¹
石埠	tʃa³¹	tʃa³⁵	tʃʻap³³	tʃap²²	tʃi³³	tʃʻɛŋ³⁵	tʃɐu³¹
亭子	tsa²¹	tsa⁵⁵	tsʻap³³	tsap²²	tsi³³	tsʻeᵃŋ⁵⁵	sɐu²¹
沙井	tʃa³¹	tʃa⁴⁵	tʃʻap³³	tʃap²²	tʃi³³	tʃʻɛŋ⁴⁵	tʃɐu³¹

③[m n ŋ]尾韵与[p t k]尾韵相配，形成整齐的格局。例如：

心圩 南 nam²¹ | 鸭 ap³³ | 兰 lan²¹ | 八 pat³³ | 塘 taŋ²¹ | 角 kak³³ | 钳 kem²¹ | 夹 kep²² | 扁 pen³³ | 穴 βet²⁴ | 酱 tsɐŋ³⁵ | 客 hek³³ | □lom³⁵地里野生出来的 | 凹 mop³³ | 款 kʻon³³ | 核 hot²² | 林 lɐm²¹ | 湿 θɐp³³ | 跟 kɐn⁵³ | 笔 pɐt³³ | 灯 tɐŋ⁵³ | 北 pek³³ | 颈 kœn³³ | 只隻 tsœt³³ | 甜 tim²¹ | 叶 hip²⁴ | 天 tʻin⁵³ | 雪 θit³³ | 短 tun³³ | 没 mut²⁴ | 送 θuŋ³⁵ | 足 tsuk³³

石埠 南 nam³¹ | 鸭 ap³³ | 兰 lan³¹ | 八 pat³³ | 塘 taŋ³¹ | 角 kak³³ | 钳 kɛm³¹ | 夹 kɛp³³ | 扁 pen³³ | 曰 het²⁴ | 酱 tʃɛŋ³⁵ | 客 hek³³ | 林

lɐm³¹｜湿 ʃɐp³³｜跟 kɐn⁵⁵｜笔 pɐt³³｜灯 tɐŋ⁵⁵｜北 pɐk³³｜村 tʃon⁵⁵｜核 hot²²｜送 ɬoŋ³⁵｜足 tʃok³³｜颈 kɯn³³｜只隻 tʃɯt³³｜甜 tim³¹｜叶 hip²⁴｜天 t'in⁵⁵｜雪 ɬit³³｜款 fun³³｜阔 hut³³｜方 fuŋ⁵⁵｜薄 puk²²

亭子 南 nam²¹｜鸭 ap³³｜兰 lan²¹｜八 pat³³｜塘 taŋ²¹｜角 kak³³｜钳 kɐm²¹｜夹 kɐp²²｜酱 tseᵃŋ⁵⁵｜客 heᵃk³³｜林 lɐm²¹｜湿 sɐp³³｜跟 kɐn⁵³｜笔 pɐt³³｜灯 tɐŋ⁵³｜北 pɐk³³｜颈 kɐŋ³³｜只隻 tsɐk³³｜款 hon³³｜□ts'ot²²男阴｜方 foŋ⁵³｜薄 pok²²｜送 ɬoŋ⁵⁵｜足 tsØk³³｜甜 tim²¹｜叶 ip²³｜天 t'in⁵³｜短 tun³³｜没 mut²³｜拳 kyn²¹｜雪 ɬyt³³

沙井 南 nam³¹｜鸭 pap³³｜兰 lan³¹｜八 pat³³｜塘 taŋ³¹｜角 kak³³｜钳 kɛm³¹｜镊 nɐp⁵⁵｜扁 pɐn³³｜酱 tʃɐŋ⁴⁵｜客 hɛk³³｜tʃ'ɔn⁵³｜没 mɔt⁵⁵｜林 lɐm³¹｜湿 ɬɐp³³｜跟 kɐn⁵³｜笔 pɐt³³｜灯 tɐŋ⁵³｜北 pɐk³³｜甜 t'im³¹｜叶 hip²³｜天 t'in⁵³｜雪 ɬit³³｜颈 kiŋ³³｜只隻 tʃik³³｜短 tun³³｜阔 hut³³｜送 ɬuŋ⁴⁵｜足 tʃuk³³

④古平上去依声母清浊今读各分阴、阳两类。入声字今读三类：清声母入声字自成一类；浊声母又分次浊声母字一类，全浊声母字一类。请看入声字例（也列出城区白话例字，以便对比）：

	职	益	出	笔	一	北	竹	插	尺	脚
心圩	tsɐt³³	ɐt³³	ts'ɐt³³	pɐt³³	ɐt³³	pɐk³³	tsuk³³	ts'ap³³	ts'ɐt³³	kek³³
亭子	tsek³³	ek³³	ts'ɐt³³	pɐt³³	ɐt³³	pɐk³³	tsØk³³	ts'ap³³	ts'ek³³	keᵃk³³
沙井	tʃik³³	ʔik³³	tʃ'ɐt³³	pɐt³³	tɐt³³	pɐk³³	tʃuk³³	tʃ'ap³³	tʃ'ik³³	kɛk³³
石埗	tʃɯt³³	ɯt³³	tʃ'ɯt³³	pɐt³³	ɐt³³	pɐk³³	tʃok³³	tʃ'ap³³	tʃ'ɯt³³	kɛk³³
白话	tʃek⁵	jek⁵	tʃ'yt⁵	pɐt⁵	jɐt⁵	pɐk⁵	tʃuk⁵	tʃ'ap³	tʃ'ɛk³	kœk³

	铁	雪	割	索	角	纳	额	药	力	入
心圩	t'it³³	θit³³	kat³³	θak³³	kak³³	nap²⁴	ŋek²⁴	jek²⁴	lɐt²⁴	ŋiɐp²⁴
亭子	t'it³³	ɬyt³³	kat³³	ɬak³³	kak³³	nap²³	ŋeᵃk²³	eᵃk²³	lek²³	ŋiɐp²³
沙井	t'it³³	ɬit³³	kat³³	ɬak³³	kak³³	nap²³	ŋɛk²³	iɐk²³	lik²³	ŋɐp²³
石埗	t'it³³	ɬit³³	kat³³	ɬak³³	kak³³	nap²⁴	ŋɛk²⁴	jɐk²⁴	lɯt²⁴	ɲɐp²⁴
白话	t'it³	ɬyt³	kɔt³	ɬɔk³	kɔk³	nap²	ŋak²	jœk²	lek²	jɐp²

	物	落	木	杂	白	滑	碟	十	学	服
心圩	mɐt²⁴	lak²⁴	muk²⁴	tsap²²	pek²²	βat²²	tip²²	θɐp²²	hak²²	fuk²²
亭子	fɐt²³	lak²³	mØk²³	tsap²²	pe°k²²	βat²²	tip²²	sɐp²²	hak²²	fØk²²
沙井	fɐt²²	lak²³	muk²³	tʃap²²	pɛk²²	tuat²²	tip²²	ɬɐp²²	hak²²	fuk²²
石埠	fɐt²²	lak²⁴	mok²⁴	tʃap²²	pɛk²²	wat²²	tip²²	ʃɐp²²	hak²²	fok²²
白话	mɐt²	lɔk²	muk²	tʃap²	pak²	wɛt²	tip²	ʃɐp²	hɔk²	fuk²

（2）南宁平话内部的语音差异

①古曾摄三等与梗摄三四等亭子、沙井读［ŋ/k］韵尾，心圩、石埠读［n/t］韵尾。例如：

	升	兴	秤	直	识	平	命	剧	轻
亭子	seŋ⁵³	heŋ⁵³	ts'eŋ⁵⁵	tsek⁵³	sek³³	peŋ²¹	meŋ²²	kek²²	heŋ⁵³
沙井	ɬiŋ⁵³	ŋiŋ⁵³	tʃ'iŋ⁴⁵	tʃik²²	ɬik³³	piŋ³¹	miŋ²²	kik²²	hiŋ⁵³
心圩	θœn⁵³	hœn⁵³	ts'œn³⁵	tsœt²²	θœt³³	pœn²¹	mœn²²	kœt²²	hœn⁵³
石埠	ʃɯn⁵⁵	hɯn⁵⁵	tʃ'ɯn³⁵	ʃɯt²²	ʃɯt³³	pɯn³¹	mɯn²²	kɯt²²	hɯn⁵⁵

	颈	正	尺	石	青	钉	踢	戚	兄
亭子	keŋ³³	tseŋ⁵⁵	ts'ek³³	sek²²	ts'eŋ⁵³	teŋ⁵³	t'ek³³	ts'ek³³	βeŋ⁵³
沙井	kiŋ³³	tʃiŋ⁴⁵	tʃ'ik³³	ɬik²²	tʃ'iŋ⁵³	tiŋ⁵³	t'ik³³	tʃ'ik³³	uiŋ⁵³
心圩	kœn³³	tsœn³⁵	ts'œt³³	θœt²²	ts'œn⁵³	tœn⁵³	t'œt³³	ts'œt³³	βœn⁵³
石埠	kɯn³³	tʃɯn³⁵	tʃ'ɯt³³	ʃɯt²²	tʃ'ɯn⁵⁵	tɯn⁵⁵	t'ɯt³³	tʃ'ɯt³³	wɯn⁵⁵

②古宕摄合口一等亭子、石埠今读与通摄有别，心圩、沙井无别。例如：

	光	广	荒	黄	东	红	农
亭子	koŋ⁵³	koŋ³³	hoŋ⁵³	hoŋ²¹	tøŋ⁵³	høŋ²¹	nøŋ²¹
石埠	kuŋ⁵⁵	kuŋ³³	huŋ⁵⁵	huŋ³¹	toŋ⁵⁵	hoŋ³¹	noŋ³¹
心圩	kuŋ⁵³	kuŋ³³	huŋ⁵³	huŋ²¹	tuŋ⁵³	huŋ²¹	nuŋ²¹
沙井	kuŋ⁵³	kuŋ³³	huŋ⁵³	huŋ³¹	tuŋ⁵³	huŋ³¹	nuŋ³¹

	梦	重	郭	扩	榖	竹	绿
亭子	moŋ²²	tsøŋ²⁴	k'ak³³	k'øk³³	køk³³	tsøk³³	løk²³
石埠	moŋ²²	tʃoŋ²²	kuk³³	k'uk³³	kok³³	tʃok³³	lok²⁴
心圩	muŋ²²	tsuŋ²¹	kuk³³	k'uk³³	kuk³³	tsuk³³	luk²⁴

沙井　　muŋ²² 　kuk³³ 　kuk³³ 　kʻuk³³ 　kuk³³ 　tʃuk³³ 　luk²³

③古遇摄一等帮组心圩、石埠今读 [ɐu]，沙井读 [u]，其余与三等庄组心圩、石埠今读 [o]、沙井读 [ɔ]，三等庄组个别字读 [u]；亭子合口一等读 [u]，疑母读 [ŋ]（略带圆唇），三等庄组读 [u]，少数字读 [o]。例如：

　　　　　补　　土　　奴　　路　　租　　苏　　五　　助　　梳　　数
心圩　 pɐu³³　to³³　no²¹　lo²²　tso⁵³　θo⁵³　ŋo¹³　tso²²　θo⁵³　θo³⁵
石埠　 pɐu³³　to³³　no³¹　lo²²　tʃo⁵⁵　ɬo⁵⁵　ŋo²⁴　tʃo²²　ʃo⁵⁵　ʃo³⁵
沙井　 pu³³　tɔ³³　nɔ³¹　lɔ²²　tʃɔ⁵³　ɬɔ⁵³　ŋɔ²³　tʃu²²　ɬɔ⁵³　ɬɔ⁴⁵
亭子　 pu³³　tu³³　nu²¹　lu²²　tsu⁵³　ɬu⁵³　ŋ²⁴　tso²²　su⁵³　su⁵⁵

④古遇摄三等非组亭子、沙井读 [u]，心圩、石埠文读 [u]，白读 [ɐu]；其余声组（庄组除外）亭子读 [y]，心圩、石埠、沙井文读 [i]，石埠个别字文读 [ɯ]，分别白读 [œy　ʊi　ui]，与止摄部分字相混。例如：

亭子　武 mu²⁴∣务 mu²²∣扶 fu²¹∣符 fu²¹∣斧 fu³³∣傅 fu⁵⁵‖女 ny²⁴∣旅 ly²⁴∣猪 tsy⁵³∣锯 ky⁵⁵∣墟 hy⁵³∣鱼 ŋy²¹∣余 y²¹∣需 ɬy⁵³∣住 tsy²²∣句 ky⁵⁵∣羽 y²⁴∣芋 y²²

心圩　斧 fɐu³³∣府 fɐu³³∣傅 fɐu²²∣附 fu²²∣武 mu¹³∣符 fu²¹‖旅 li¹³∣舒 θi⁵³∣徐 tsi²¹∣趣 tsʻi³⁵∣羽 hi¹³∣需 θi⁵³∣女 nœy¹³（=你）∣猪 tsœy⁵³∣住 tsœy²²∣薯 θœy²¹∣锯句 kœy³⁵（=寄记既季）∣墟 hœy⁵³（=牺稀）∣芋 hœy²²（=易容~）∣鱼 ŋiœy²¹

石埠　务 mɐu²²∣夫 fɐu⁵⁵∣符 fɐu³¹∣斧 fɐu³³∣傅 fɐu²²∣武 fu²⁴∣附 fu³⁵‖余 hi³¹∣羽 hi²⁴∣需 ɬɯ⁵⁵∣女 nʊi²⁴（=你）∣旅 lʊi²⁴∣猪 tʃʊi⁵⁵∣住 tʃʊi²²∣薯 ʃʊi³¹∣锯句 kʊi³⁵（=寄记既季）∣墟 hʊi⁵⁵（=牺欺稀）∣芋 hʊi²²（=易容~）∣鱼 ŋʊi³¹

沙井　务 mu²²∣夫 fu⁵³∣符 fu³¹∣扶 fu³¹∣武 fu²³∣傅 fu²²∣附 fu²²∣斧 hu³³‖余 hi³¹∣喻 hi³¹∣女 nui²³（=你）∣旅 lui²³∣需 ɬui⁵³∣薯 ɬui³¹∣猪 tʃui³¹∣住 tʃui²²∣鱼 ŋui³¹∣锯句 kui⁴⁵（=寄记既季）∣墟 hui⁵³（=牺欺稀）∣芋 hui²²

三 南宁（心圩）平话调查地点及调查情况

南宁市西乡塘区心圩镇位于南宁市西北部，东与安吉镇交界，南连市区西乡塘办事处，西与石埠镇接壤，北与高峰林场相邻。总面积19平方公里。下辖罗赖村、振兴村、和德村、明华村、心圩村、大岭村、四联村、新村8个行政村。辖区人口2.2万人。全镇对内说母语平话，对外说白话、官话或普通话。本书调查记录的是四联村委所辖可利村平话。第一次调查是1999年7、8月，第二次调查是2003年10月。发音人有两位：陈祝均，出生于1940年，从小生活于本村，小学文化，农民，除母语平话外，还会说不太标准的白话、官话和普通话。陈建宁，出生于1958年，高中文化，农民，除母语平话外，还会说白话、官话、普通话。第三次调查是2022年9月，主要发音人陈贵福，出生于1963年，高中文化，农民，自小说平话，除此还会说白话、官话和普通话。

四 符号说明

1. 本书使用规范的简化字。写不出的用同音字替代，在右上角用等号"＝"标明。例如"我哪门至＝有要我什么都／也不要｜朋＝衣＝pɐŋ²¹ œy⁵³蜻蜓"。

2. 无同音字可写的则用方框"□"表示，读音或意思不明的加注。例如"□[θot³⁵]哄骗"。

3. 举例中浪号"～"表示所释字，例如"□[tsak³⁵]～头:锄头｜挲～牛:黄牛"；有时写不出的字不再用方框"□"表示，直接标写读音，例如"门口 tse³⁵ 了好多人:门口挤了很多人｜喳～la³⁵虫:知了"；举例接排用单数线"｜"或双竖线"‖"分隔。

4. 为了方便，以上所列有的章节还会重出交代。

第 二 章

音　系

一　声韵调系统

（一）声母 21 个，包括零声母在内。

p	p'	m	f	β
t	t'	n		l
ts	ts'		θ	
k	k'	ŋ	h	
ø				
	ɲi			j
ku	k'u			

说明：

[k　k'　ŋ　h] 可以拼洪音，也可以拼细音。拼细音实际音值是 [c　c'　ɲ　ç]。两组呈互补状态，这里记做一组。

[ɲi　ku　k'u] 里的 [i u] 实际就是音节里的介音，我们将其切分做声母的一部分。

声母例字：

p　巴保本变八笔婆被病白　　　　t　刀赌凳得头淡蛋独
p'　批篇普品怕票泼拍　　　　　　t'　天汤体腿兔痛铁踢
m　麻满命木无尾问袜　　　　　　n　南年女暖糯尿纳
f　飞粉放发蜂费肥犯饭服　　　　l　楼林礼岭路亮腊六
β　快花悔血魂坏滑弯稳围运缘外　ts　租财杂祠袖猪茶直榨豺闸周纸

ts'	粗菜七抽坼叉炒插车臭尺					叶燃		
θ	丝索沙瘦收水柴事蛇舌成熟				ø	乌烟碗影爱暗鸭屋演异		
k	鸡管盖脚桥近旧屐				ŋi	牙鱼咬牛眼狱任人闰日肉		
k'	区考扣刻兼架级				j	音幼约荣有油野用药丘休向夏		
ŋ	鹅蚁岸额儿耳二热				ku	瓜滚贵骨群柜		
h	灰火黑鞋厚汗盒开苦气雨摇				k'u	亏捆劝缺规决		

(二) 韵母 47 个。

a	ai	au		am	an	aŋ	ap	at	ak
e		eu		em	en	eŋ	ep	et	ek
o	oi			om	on		op	ot	
ɐ	ɐi	ɐu		ɐm	ɐn	ɐŋ	ɐp	ɐt	ɐk
			œy		œn				œt
i		iu		im	in		ip	it	
u	ui				un	uŋ		ut	uk
ɯ									

说明：

[iu] 里 i 是韵腹，u 为韵尾。[ui] 里 u 是韵腹，i 为韵尾。[ɯ] 有些人发音接近于[ə]。[o] 元音实际发音略开。[uŋ uk] 的 [u] 实际是 [ʊ]。

韵母例字：

a	把马榨沙牙花寡罗左挂话打	ai	袋财开带大排界摆晒鞋块外怪快
e	车写舍野茄番~瘸画~图		
o	土醋古五壶初梳娶数多歌贺菠蓑	oi	杯梅对内罪碎灰贝
		ɐi	币祭批鸡回绘鳜桂荔师事跪位归
i	蔗借蛇茄~瓜：茄子支纸自屎试耳吕余趣羽世	ui	吹嘴睡喂锤水醉泪脆岁
u	磨糯螺坐锁火谱姑胡武务符富	au	刀老早告包炒孝矛
		eu	刨~皮猫绞飘鹨暗~：猫头鹰吆
ɯ	个箇这嘅结构助词, 的而~且	ɐu	某狗厚豆浮酒手补斧

iu	标笑烧照桥条钓尿叫		ɐŋ	崩灯凳能增层肯乡样
œy	鱼鼠区句计皮戏比死理医气肥		uŋ	广黄方蒙动公宋风熊蜂龙容
am	感暗胆三斩减咸岩犯		ap	答杂鸽盒煤插甲鸭法
em	敛钳苶喊		ep	夹 ~子□[nep³⁵] ~菜：攃菜
om	□[lom⁵³] ~水：涉水		op	凹□[op⁵⁵]捂，敷
	□[om³⁵]沤：~肥料		ɐp	立汁执湿十急级入
ɐm	林音针深禁心任饮		ip	猎接摄叶业腌碟帖协
im	尖镰掩厌严欠甜嫌		at	达辣割八杀滑刮袜发
an	单懒看苋板弯关万反		et	挖曰穴□[tset³⁵]麻~儿：麻雀
en	扁蚬螺~：螺蚌便~宜燕~子枧香~：香皂		ot	核~仁□[θot³⁵]哄骗□[ts'ot²²]男阴
on	钻款圙圆僝本嫩尊村存孙		ɐt	笔蜜七吉一日卒桔物屈骨
ɐn	吞恨民信人筋近喷温粉闰运军兄		œt	力职识亿屐只石译壁笛戚出
œn	圳笋顺蒸升兴病镜声井钉青醒		it	别热篾节结雪月血缺
in	变鳝件燃田年千见砖远县		ut	泼沫脱捋阔勃没
un	半短暖酸官欢碗川串门		ak	落凿索各恶角学岳~飞
aŋ	塘浪仓糠床筐绑讲项矿		ek	着鹊勺脚弱约白窄客额麦册隔轭
eŋ	凉长酱唱姜盲行走争耕横		ɐk	北雹得刻黑鲫色药
			uk	木哭屋毒服竹熟肉薄郭捉握国

（三）单字调 11 个。

| 阴平 53 | 阴上 33 | 阴去 35 | 阴入甲 55 | 阴入乙 33 | 阴入丙 35 |
| 阳平 21 | 阳上 13 | 阳去 22 | 阳入甲 24 | 阳入乙 22 | |

说明：

阴去拼 [p' t' ts' k' h k'u] 实际调值是 [24]，拼其他声母是 [35]，这是所谓的送气分调，我们曾处理为阴去上、阴去下两个调（覃远雄 2004）。两个调值呈互补状态，为简明计这里处理为一个调位，记做 [35]。阳平 [21] 实际有些人读为 [31]。

声调例字：

调类	例字	调类	例字
阴平 53	边批夫芳东贪宗秋新中抽庄差衫真吹身高轻香安		秤靠汉
		阳去 22	帽望内乱二硬右易菰凤蛋匠袖住状射睡柜汗簿犯罪象是件祸
阳平 21	媒蚊农粮人牛园羊平房头钱祠尘愁神晨穷环	阴入甲 55	剁戳击□[ȵiɐp⁵⁵] —~毛：一撮毛
阴上 33	饼浦斧纺底桶枣草洗长耻斩铲使枕丑屎九口火椅	阴入乙 33	急笔黑虱哭足搭甲八切各壳脚拍策职踢
		阴入丙 35	□[tsak³⁵] ~头：锄头 □[nep³⁵] ~菜：撵菜
阳上 13	米尾女柳软藕有养抱愤淡坐重市舅旱	阳入甲 24	蜜袜纳六热玉穴越药
阴去 35	报钓灶罩债照救粪费送瘦试按破套寸趁衬	阳入乙 22	白缚独杂习侄煤实十极滑

二　单字音表

1. 南宁（心圩）平话单字音表实际就是单字音的声韵调配合关系表，共 11 个表。表 2-1 [a e o i] 韵，表 2-2 [u ɯ ai oi] 韵，表 2-3 [ɐi ui au eu] 韵，表 2-4 [ɐu iu œy am] 韵，表 2-5 [em om ɐm im] 韵，表 2-6 [an en on ɐn] 韵，表 2-7 [œn in un aŋ] 韵，表 2-8 [eŋ ɐŋ uŋ ap] 韵，表 2-9 [ep op ɐp ip at] 韵，表 2-10 [et ot ɐt œt it] 韵，表 2-11 [ut ak ek ɐk uk] 韵。

2. 表头是韵母和声调，表左是声母，表中是例字。写不出的字用方框"□"表示。

3. 表下是方框"□"和难字的注释或举例。例中浪号"~"表示所释字，写不出的字直接标写读音。

4. 有另外读音的字标明"又某音"。

表2-1

	a 阴平53	a 阳平21	a 阴上33	a 阳上13	a 去35	a 阳去22	e 阴平53	e 阳平21	e 阴上33	e 阳上13	e 去35	e 阳去22	o 阴平53	o 阳平21	o 阴上33	o 阳上13	o 去35	o 阳去22	i 阴平53	i 阳平21	i 阴上33	i 阳上13	i 去35	i 阳去22
p	巴	爬	把		霸	罢	□		□				波											
p'		趴			怕		□		□				坡											
m	蟆	麻	马	妈		骂		□	□	冇	覛		模				㕭	墓	□			冇		
f																								
β	花	华	瓦	化	话			啰	□		画	□												
t			打	舵			□		哆		□		多	徒	赌	肚	渡							
t'		他		□										拖		土	兔							
n		拿	哪					□		呢				奴		努				宜		拟		
l		锣	喇	□			□		□		□		啰	炉	鲁	□	路						吕	
ts	渣	茶	榨	□				姐	□	谢			租	锄	祖	做	助		资	瓷	纸		蔗	自
ts'	叉						车	斜	扯	苴	□		粗	楚	醋				痴		此		次	
θ	沙		洒	□			□	邪	写		舍	射	梳	傻	所		素		丝	蛇	屎	市	世	是
k	家	□	假	嫁			茄		□				歌	□	古				奇		个			
k'	卡			架									箍	可	课									
ŋ	桠		我	饿			□	啀	啀				鹅	五	误				儿	耳			二	
h	虾		下	罅	下				罅				枯	壶	苦	裤	户		嘻	余	以		裕	
ø	鸡	哑	亚										乌		□		于			异	也			
ŋi	搋	牙	□	渣											□									
j	丫	雅	夜				爷		野	夜														
ku	瓜	寡	挂				瘸	□																
k'u	夸							□	□															

注：

蟆 ma⁵³：癞蛤~。

□t'a³³：~~污：当地地名。

拿 na²¹：搋~。

□la³⁵：发~：发瘟。

□tsa²²：扫~：竹枝做的扫把。

□θa³⁵：~毛：鸡等把毛张开。

□ka²¹：卡：~颈。

桠 ŋa⁵³：~杈。

下 ha¹³：歇一~：歇一会儿。

罅 ha³⁵：手指~：手指缝。

下 ja²²：底 ~。

搁 ŋia⁵³：拿。

□ŋia³³：ŋiap³⁵ ~：垃圾。

渣 ŋia³⁵：甘蔗 ~。又 tsa⁵³。

夜 ja²²：~ 饭：晚饭。

□ɲe⁵³：~ 手指：六指儿。

□ɲe²¹：麻 ~：脸上的麻子。

□ɲe³⁵：乳房。

□p'e⁵³：打 ~：打扑克。

□p'e³⁵：拨拉（找）。

□me²¹：~ 邪：歪。

□me³³：歪。

冇 me¹³：否定词，不。又 mi¹³。

琪 me³⁵：背负。

□me²²：~ ~ 虫：萤火虫。

□fe²²：撩拨：马尾 ~ 粪窟。

哆 βe³³：呕吐。

□βe³⁵：~ 水：排水。

□te⁵³：~ 细嘢：带孩子。

哆 te³³：~ le¹³：撒娇。

□te³⁵：ho²² ~ 花：牵牛花。

□ne⁵³：粘贴。

呢 ne³³：语气词：佢 ~：他呢？

□le⁵³：ts'e⁵³ ~：轻浮。

□le¹³：口水 ~：流口水的样子。

□le²²：（火势）蔓延。

□tse³⁵：拥挤：车 ~。

□ts'e²²：~ le²² 炮：一种鞭炮。

□θe⁵³：~ 网：一种鱼网。

茄 ke²¹：番 ~：西红柿。

□ke³⁵：割、锯：~ 柴。

□ŋe⁵³：坑骗。

嘢 ŋe¹³：东西。

嘢 ŋe³⁵：肉：牛 ~。

罅 he³⁵：缝儿。

夜 je²²：~ 摸：夜间偷东西的人。

□kue³³：割：~ 草。

蚓 k'ue³³：~ 子：一种小青蛙。

□k'ue¹³：抓，划。

□k'ue³⁵：拨拉：~ 火。

唝 mo³⁵：~ 水：泉水。壮语民间用字。

□βo⁵³：打 ~：用诱饵诱鱼集中。

肚 to¹³：鱼 ~。

□lo³⁵：箇 ~ 嘢：这种东西。

傻 θo²¹：训读。

□ko²¹：~ ek³⁵：腋窝。

乌 o⁵³：~ 鸦。

□o³⁵：~ 草皮：用火慢慢燃烧草皮。

□ŋio¹³：人家。

□mi⁵³：乌 ~ 乌 ma⁵³：形容人长得黑黢黢的。

冇 mi¹³：否定词，不。又 me¹³。

个 ki³⁵：量词，又 kɯ³⁵。

表 2-2

	u 阴平 53	u 阳平 21	u 阴上 33	u 阳上 13	u 阴去 35	u 阳去 22	ɯ 阴平 53	ɯ 阳平 21	ɯ 阴上 33	ɯ 阳上 13	ɯ 阴去 35	ɯ 阳去 22	ai 阴平 53	ai 阳平 21	ai 阴上 33	ai 阳上 13	ai 阴去 35	ai 阳去 22	oi 阴平 53	oi 阳平 21	oi 阴上 33	oi 阳上 13	oi 阴去 35	oi 阳去 22
p		婆	簸		普	破							排	摆	啤	拜		败 派	杯	赔			倍 辈 配	背
p'																								
m			磨	武	务										埋	买		卖		梅		每	妹	妹
f	肤	符		富	附																			
β													歪	怀			快	外						
t	都		朵												歹	台	带	袋	堆	颓			对	队
t'				吐											胎		太		推		腿		退	
n				糯											乃	□	耐		□					内
l	螺						而						拉	来	□	赖	癞		□	雷		□		类
ts		坐											灾	财	宰		再	在						罪
ts'													猜		彩		菜		催					
θ		锁											腮	柴			晒						碎	
k	锅		果		过				笛				街		改		盖							
k'																凯	概							
ŋ													俹	推			艾				□			
h	科	禾	火		货	祸							开	鞋	海		害		灰				会	
ø	污						□		笛				哀		爱				煨					
ŋi																	□							
j																								
ku													乖		拐		怪							
k'u																拐	筷							

注：

磨 mu²¹：~刀。

都 tu⁵³：首~。

吐 tʻu³⁵：~痰｜呕~。

而 lɯ²¹：~且。

箇 kɯ³⁵：近指代词，这。又 ɯ³⁵。

箇 ɯ³⁵：近指代词，这。又 kɯ³⁵。

□ɯ²¹：…~死：…要死。

哗 pai¹³：尔~：那里。

□nai³⁵：~犁：牛带犁在路上走。

□lai¹³：~尿：尿床。

赖 lai³⁵：打~死：耍赖。

癞 lai²²：~疮。

倲 ŋai⁵³：~话：客家话。

□ŋiai³⁵：嚼。

拐 kuai³³：~子佬：拍花子的。又 kʻuai³³。

拐 kʻuai³³：~棒：拐棍。又 kuai³³。

背 poi²²：~诵。

妹 moi³⁵：使~：婢女。

□noi⁵³：推（开）。

□loi⁵³：一种篮子。

□loi³³：~嘢｜~货：穷光蛋。

□loi³⁵：知道得多。

类 loi²²：我~：我们。

□ŋoi³³：研碎：~胡椒。

表 2-3

	ɐi						ui						au						eu					
	阴平 53	阳平 21	阴上 33	阳上 13	阴去 35	阳去 22	阴平 53	阳平 21	阴上 33	阳上 13	阴去 35	阳去 22	阴平 53	阳平 21	阴上 33	阳上 13	阴去 35	阳去 22	阴平 53	阳平 21	阴上 33	阳上 13	阴去 35	阳去 22
p	萆		□	□	闭	币							包	袍	宝	抱	报	菢	煲	刨				
p'	批		□										抛				炮		飘		□			□
m		劘	迷	米		眯						□		稍	毛	卯	□	帽		□			猫	□
f																								
β		威	围	委	秽	位																		
t	低	蹄	底	弟	帝	第							刀	桃	岛	□	到	道				□		掉
t'	梯		体		剃								滔		讨		套							
n						腻										脑		闹	□	□				
l		犁	□	礼	曬	荔		屡				泪	捞	牢	老	□	涝		撩	□	□			
ts	挤	齐		祭	滞		锥	锤	嘴		醉		糟	槽	早	造	灶	棹		□				
ts'	妻		砒				吹				脆		操		草		糙			炒	□		□	
θ	西	□	洗	□	细	事	虽		水		岁	睡	骚	□	嫂		涮							
k	鸡		□		髻	忌							高	□	稿		告		乔	绞		□	撬	
k'	溪				契										考		靠		跷				窍	
ŋ		磑	危	蚁		艺								熬				傲						
h			眉			与								薅	豪	好	耗	号	□		□		鹩	
ø		矮						喂						坳						吆	拗		拗	
ŋi			□	□			□		蕊	锐			抓		咬									
j			□												效									
ku	龟	葵	鬼		贵	柜																		
k'u		亏			溃																			

注：

□pɐi³³：遮挡。

□pɐi¹³：遮挡。

□pʻɐi³³：将东西平甩出去；用刀横扫砍削。

劚 mɐi⁵³：削。

秒 βɐi³⁵：~气。

弟 tɐi¹³：兄~：弟兄。

□lɐi³³：看。

覼 lɐi³⁵：寻找。

□θɐi²¹：精神不好，身体不舒服。

□θɐi¹³：~子：田里的一种杂草。

□kɐi³³：用于人名。

磑 ŋɐi⁵³：缠磨：人怕~，马怕嘶。

屖 hɐi⁵³：女阴。

与 hɐi³⁵：给予。

□ŋiɐi³⁵：~水：鸡鸭梳理羽毛。

□ŋiɐi²²：~ ŋiop²² ŋiop²²：（身体）黏乎乎。

□jɐi²¹：差。

□mui²²：脚残不能行走。

□ŋiui⁵³：~子：锥子。

稞 mau⁵³：不饱满；不结实。

□mau³⁵：~事：不真实的事。

□tau¹³：~~突突：唠唠叨叨。

捞 lau⁵³：~钱：挣钱。

□lau³⁵：阿~：婊子。

潦 lau²²：~水：洪水。

□θau²¹：打。

□kau²¹：搅动。

效 jau³⁵：~果。

飘 pʻeu⁵³：~子：辫子。

□pʻeu³³：pʻɐi³³ ~ leu³³：打水漂。

□pʻeu²²：用铲子掀开。

□meu²¹：~鹰：老鹰。

□meu²²：歪。

□teu³⁵：男生殖器。

□tʻeu³³：提：~篮。

□neu⁵³：细长。

□neu²¹：柔韧。

□leu²¹：~兜：捞鱼用的网兜。

□leu³³：pʻɐi³³ pʻeu³³ ~：打水漂。

□leu³⁵：蔫。

□leu²²：窥视。

□tseu²¹：小水沟。

炒 tsʻeu³³：少量地炒。

□tsʻeu¹³：撬。

□tsʻeu³⁵：锹（动词）。

□θeu²¹：leu²¹ ~：名堂。

乔 keu²¹：木板变形。

□keu³⁵：牙酸的感觉。

撬 keu²²：~门｜~棍。

跷 kʻeu⁵³：交叉在一起：~脚。

□heu⁵³：翘：木板~喇。

□heu¹³：崩缺。

鹠 heu²²：暗：~猫头鹰。

拗 eu³³：~断：折断。

拗 eʻu³⁵：~颈：闹别扭。

表2-4

	ɐu 阴平 53	ɐu 阳平 21	ɐu 阴上 33	ɐu 阳上 13	ɐu 阴去 35	ɐu 阳去 22	iu 阴平 53	iu 阳平 21	iu 阴上 33	iu 阳上 13	iu 阴去 35	iu 阳去 22	œy 阴平 53	œy 阳平 21	œy 阴上 33	œy 阳上 13	œy 阴去 35	œy 阳去 22	am 阴平 53	am 阳平 21	am 阴上 33	am 阳上 13	am 阴去 35	am 阳去 22
p p' m f β	脯 铺 □ 夫	补 谋 扶	布 某 府	步 □ 否	铺 茂 腐		标 飘 苗	瓢	表 秒	庙	票		碑 批 飞	皮 肥	比 眉 匪	被 尾 肺	臂 □ 吠	备 屁 味						涩 泛 犯
t t' n l	兜 偷 □ 搂	头 鹨 楼	抖 扭 柳	斗	□ 漏	豆 透	雕 挑 □ 疗	条	屌 鸟 了		钓 尿 料	调 跳	□ □ □	□ 梨	□ 女 李	地 利			耽 贪 喃 蓝	潭 南 榄	胆	淡 腩 览	担 探	啖 缆
ts ts' θ	周 秋 修	绸 酬 愁	酒 手	□	昼 臭 瘦	袖 受	椒 超 消	朝 韶	剿 小		照 笑	赵 绍	猪 蛆 书	除 杵 薯	主 处 死	柱 □	著 四	住 树	簪 参 三	蚕 惨 糁	斩		站 杉 □
k k' ŋ h	钩 抠 勾 睺	求 喉	九 □ 偶 口	臼 □ 厚	舅 扣 □ □	救 候	骄 巧 嚣	桥 窑	缴 扰		矫		居 区 圩	骑 姨	己 喜	徛 雨	锯 契 去	具 芋	甘 啱 勘	敢 岩 含	鉴 □ 坎	砍 堪	陷
ø	欧	呕	沤				腰		要		医	椅	意				鹌	暗						
ŋi j ku k'u	揪 幽	牛 油	藕 有	嗅 幼	右								鱼 语	□	遇					□				

注：

布 pɐu³⁵：~告。

铺 p'ɐu⁵³：床~。

□p'ɐu³³：~灯虫：灯蛾。

铺 p'ɐu³⁵：店~｜~头。

□mɐu⁵³：蹲。

□mɐu³⁵：~事：不近常理的事。

夫 fɐu⁵³：轿~头。

腐 fɐu²²：豆~。

嬲 nɐu⁵³：发~：发火。

搂 lɐu⁵³：~渠去欣：邀她去玩。

□lɐu³⁵：哄（孩子）。

□tsɐu¹³：量词，用于成串的东西。

舅 kɐu¹³：~爷。

勾 ŋɐu⁵³：~子。

偶 ŋɐu¹³：~然。

□ŋɐu²²：不精神，不舒服。

睺 hɐu⁵³：盯（梢）。

□hɐu³⁵：粥~：粥皮。

掜 ɲiɐu⁵³：拿：~过来。

屌 tiu³³：交合。

□niu⁵³：粘。

被 pœy¹³：被子。

□mœy³⁵：倒（水）。

□tœy⁵³：疙瘩。

□tœy³³：~桐：撑杆。

□tœy³⁵：蜇。

□t'œy⁵³：打~：说梦话。

□nœy³⁵：腻。

□lœy⁵³：聪明。

□θœy¹³：递。

□ɲiœy³³：看。

涎 pam²²：烂~田：烂泥田。

□fam¹³：~鬼：怕鬼。

啖 tam²²：饮一~：喝一口。

喃 nam⁵³：自言自语。

腩 nam¹³：牛~。

糁 θam³³：撒。又 θem³³。

□θam³⁵：冷。

□ŋam¹³：高~：高的田埂。

坎 ham³³：土~。

□jam³⁵：渗（水）。

表2-5

	em 阴平53	em 阳平21	em 阴上33	em 阳上13	em 阴去35	em 阳去22	om 阴平53	om 阳平21	om 阴上33	om 阳上13	om 阴去35	om 阳去22	ɐm 阴平53	ɐm 阳平21	ɐm 阴上33	ɐm 阳上13	ɐm 阴去35	ɐm 阳去22	im 阴平53	im 阳平21	im 阴上33	im 阳上13	im 阴去35	im 阳去22
p p' m f β		□											泵				□	□						
t t' n l	拈		□	敛	□				□				□ 林	脸	□	谂	忝 □	□	□ 添 黏 镰	甜	点 染	店	垫 验 殓
ts ts' θ k k' ŋ h	鸼	糁 钳	□ 荚			喊			□				针 侵 心 金 襟	寻 蟾 琴 吟 钦	枕 沈 锦 □	□ 妗	浸 □ 甚 禁	□ 瞫 揿	尖 迁 闪 检 兼 严 谦	拑 剑 盐	占 显	渐 健 欠 盐
ø	□		□		□		□		□		□		□		□		□		阉	演	厌			
ŋi j ku k'u									□ 音		淫	□	壬	饮			任 □							

注：

□mɛm⁵³：拈。

□tɛm³³：蘸。

□tɛm³⁵：看。

拈nɛm⁵³：白~：扒手。

敛lɛm¹³：聚集。

鸰tsʻɛm⁵³：鸭子等扁口类吃东西。

糁θɛm³³：撒：~胡椒粉。又θam³³。

□kɛm¹³：舔。

□ɛm⁵³：~佬：小个子。

□ɛm³⁵：看。

□tom²²：红~~：很红状。

□lom⁵³：~水：涉水。

□lom³⁵：野生出来的：~出来嘅嘢。

□tsom⁵³：愈合：伤口~归喇。

□om³³：覆盖。

□om³⁵：沤：~肥料。

□jom²²：尿~出来喇：尿逸出来了。

泵pɛm⁵³：水~。

□pɛm³⁵：墩矮。

□pɛm²²：一种小坛子。

□pʻɛm²²：丛：一~草。

□mɛm³³：用牙龈咬。

□fɛm²¹：趴伏：~住。

□tɛm²¹：用东西压住。

□tɛm³³：~布：织布。

凼tɛm¹³：小水坑。

□tɛm²²：~脚：跺脚。

□tʻɛm³⁵：插入口袋。

□nɛm⁵³：~根：豆稔。

腍nɛm²¹：软烂。

谂nɛm¹³：想；考虑。

□nɛm³⁵：ɛm³⁵~水：温水。

□nɛm²²：缓慢。

□lɛm³⁵：塌陷。

□lɛm²²：堆（起来）。

□tsɛm¹³：切分为几份：~月饼。

□tsʻɛm³⁵：刘海儿。

瞫θɛm³⁵：看。

揿kɛm²²：揞。

□kʻɛm³³：逼问。

吟ŋɛm²¹：~~tsɛm²¹tsɛm²¹：唠唠叨叨。

□ɛm³³：面称母亲，"阿婶"的合音。

□ɛm³⁵：~nɛm³⁵水：温水。

□jɛm³³：偷~：溜走。

□jɛm³⁵：~水：渗水。

□tim⁵³：搬（起来）。

挣tsim²¹：~毛：拔毛。

盐him²²：腌制。

表2-6

	an 阴平53	an 阳平21	an 阴上33	an 阳上13	an 阴去35	an 阳去22	en 阴平53	en 阳平21	en 阴上33	en 阳上13	en 阴去35	en 阳去22	on 阴平53	on 阳平21	on 阴上33	on 阳上13	on 阴去35	on 阳去22	ɐn 阴平53	ɐn 阳平21	ɐn 阴上33	ɐn 阳上13	ɐn 阴去35	ɐn 阳去22
p	班	□	板	□	办		便	扁	辫								本		宾	贫		□		笨
p'	攀		襻						□											品			喷	
m	摱	蛮	晚		慢		□			□									文	民	敏		问	
f	翻	凡	反		贩	饭													分	坟	粉	愤	粪	份
β	弯	环		挽	换		□												温	云	稳	永	训	运
t	单	弹	疸		旦	蛋	□	弹				甸							敦	臀	墩		顿	盾
t'	摊		坦		炭														吞				褪	
n		难		难				撚									嫩				撚			
l	躏	栏	懒		烂		□		□				□	囵					□	鳞	□		□	论
ts	残	盏	赞	瓒				□					尊	存			钻		真	陈	□		进	阵
ts'	餐	产	灿				□	铲					村				寸		亲				衬	
θ	山	涎	散	伞			□						孙				损		新	神	榫	肾	信	
k	肝	杆	干				枧						□						斤	勤	紧	近	□	
k'								□						款								恳		
ŋ				岸			□	研											冘	银		□		
h	悭	闲	旱	看	汗		蚬	□											欣	痕			恨	
ø	安		晏				□	躽	燕										恩		隐		印	
ŋi/j	□	颜	眼		雁														人	□	忍	□	认	
ku	关		惯																军	群	滚	菌	棍	
k'u																			坤		捆		困	

注：

□pan²¹：爬。

□pan³⁵：～谷：摔打稻穗脱粒。

搣 man⁵³：～本：把本赢回来。

疸 tan³³：黄～。

□nan⁵³：谁，"哪人"的合音。

难 nan²²：灾～。

蹣 lan⁵³：（蛇、虫子等）爬行。

涎 θan²¹：唾沫，口水。

悭 han⁵³：省俭。

□ŋian⁵³：粗糙。

便 pen²¹：～宜。

□pʻen³³：尿～：尿布。

□men⁵³：～书：用手指翻书。

□men²¹：搣。

□men³⁵：高而峭的河岸。

□βen⁵³：悬挂：～篮。

□ten⁵³：突然大声说话。

弹 ten²¹：～玻珠：弹玻璃球｜～手指。

甸 ten²²：地方。

搣 nɐn³³：掐。

□lɐn⁵³：硌：～手～脚。

□lɐn³⁵：递给。

□tsɐn¹³：～颈：掐脖子。

□tsʻɐn²¹：用小棍儿捅。

□θɐn²¹：害怕。

□kʻɐn¹³：～喉：刺激喉。

□ŋɐn⁵³：吝啬。

研 ŋɐn²¹：水～：水碾。

蚬 hɐn³³：螺～。

□hɐn¹³：啃咬。

□ɐn⁵³：～根：芭茅。

躽 ɐn³³：～脚：踮脚。

燕 ɐn³⁵：～子。又 in³⁵。

□lon⁵³：～胎：流产。

尊 tson⁵³：～重。

存 tson²¹：～款。

□kon²¹：挑（起来）。

□pɐn³⁵：转动。

文 mɐn⁵³：一～钱：一元钱。

墩 tɐn³³：桥～｜～柱。

褪 tʻɐn³⁵：退。

搣 nɐn³³：～人：整人。

□lɐn⁵³：索～：绳子结实。

□lɐn³³：沾：～泥。

□lɐn³⁵：跌下。

论 lɐn²²：～年：整年。

□tsɐn³³：捡。

□kɐn³⁵：气味：有～喇。

奀 ŋɐn⁵³：瘦小。

□ŋɐn³⁵：切割。

□ŋiɐn³³：（人或鸡鸭牛等）长不大。

□ŋiɐn³⁵：累。

表2-7

	œn						in						un						aŋ					
	阴平 53	阳平 21	阴上 33	阳上 13	阴去 35	阳去 22	阴平 53	阳平 21	阴上 33	阳上 13	阴去 35	阳去 22	阴平 53	阳平 21	阴上 33	阳上 13	阴去 35	阳去 22	阴平 53	阳平 21	阴上 33	阳上 13	阴去 35	阳去 22
p	兵	平	饼		柄	病	边				变	便	搬	盆			半	伴	帮	旁	绑			蚌
p'					拼		篇	片			骗		潘					叛						
m		名				命		棉	免		面			门			满	闷		芒	忙			蟒
f																								
β								冤	员		远	怨 院												□
t		钉	停	顶		订	定	癫	田				电	端	团	短	断	□	段	当	堂	挡		当	荡
t'	厅		挺		听				天										汤		躺		趟	
n		宁							年								暖			□		瓤		
l		零	□	领	□	令		连			□ 练	□		□	卵		乱		□	狼		朗	□	浪
ts	精	晴	井		政	净	煎	钱	剪		箭	贱	钻						装	藏			壮	状
ts'	春		请		秤		千						川		浅		串		窗		闯		创	
θ	声	唇	笋		姓	顺	先	船	选		线	善	酸				算		桑	床	爽		丧	
k	京	琼	颈		镜		肩	乾	拣		见	件	官		管		灌		钢	讲		虹		
k'	倾																		康		扛	鲠	抗	
ŋ		迎						言												昂				
h	轻	形			庆		牵	檐			献	现	欢						糠	行			巷	
∅	英		影		应		烟				燕		碗				缓							
ŋi																								
j	湮	匀																			□			
ku							捐	拳	卷		券										狂			
k'u								圈			劝										筐		梗	矿

注：

□mœn[13]：~屎虫：蜣螂。

□lœn[33]：鱼~：鱼筍。

□lœn[35]：陡。

应œn[35]：~付。

湮jœn[53]：凉：~水。

便pin[22]：方~。

片p'in[33]：（将肉等）切成片儿。

□lin[35]：~船：研船。

现hin[22]：~款。

燕in[35]：打~：踢键子。又en[35]。

□tun[35]：给老鼠投药。

□lun[53]：钻：~过去。

□lun[33]：~落归：囫囵吞下。

芒maŋ[53]：~果。

□βaŋ[35]：傻子。

□naŋ[53]：（鸡鸭）肥壮。

□laŋ[53]：~衫：毛衣。

□laŋ[35]：~街：逛街。

扛k'aŋ[21]：抬。

鲠k'aŋ[33]：鱼~：鱼刺。

□jaŋ[35]：跨：~过去。

梗k'uaŋ[33]：菜~。

表2-8

	eŋ 阴平 53	eŋ 阳平 21	eŋ 阴上 33	eŋ 阳上 13	eŋ 阴去 35	eŋ 阳去 22	ɐŋ 阴平 53	ɐŋ 阳平 21	ɐŋ 阴上 33	ɐŋ 阳上 13	ɐŋ 阴去 35	ɐŋ 阳去 22	uŋ 阴平 53	uŋ 阳平 21	uŋ 阴上 33	uŋ 阳上 13	uŋ 阴去 35	uŋ 阳去 22	ap 阴入甲 55	ap 阴入乙 33	ap 阴入丙 35	ap 阳入甲 24	ap 阳入乙 22
p			□	□			崩	朋			凭		篷	榜			□		□				
pʻ							烹						捧	碰									
m		盲	□	猛		孟		掹	盟			□		□	蒙	网		望					□
f													风	房	纺		放	凤	法				乏
β		横	□					□															
t			□				灯	藤	等		凳	邓	东	同	懂	□	冻	洞	答		沓		
tʻ				艇							□		通	桶	痛				塔				
n		娘						能	□		□		㷫	农		□	□			□	纳		
l		良	□	冷	亮		□						□	龙	拢	□	弄		垃	蜡			
ts	争	墙	蒋		酱	匠	增	层			甑	赠	宗	虫	总	重	种	仲	眨		杂		
tsʻ	铛		抢		唱				□				葱		宠		铳		插				
θ	生	尝	想	上	相	上							双				送	□	圾		煠		
k	庚	强			更		耿						光	穷	广		贡	共	甲	□		夹	
kʻ	腔	强					坑		□		□		孔										
ŋ				仰		硬																	
h		行				幸		衡	肯		炕		空	黄	哄	往	控	旺					盒
∅												哽	瓮		枉		蕹		鸭				
ŋi											□		雄							□			
j								香	羊	响	养	向	样	雍	荣		勇		用		□		
ku												□											
kʻu								轰				纩											

注：

□peŋ¹³：轰赶。

□peŋ³⁵：~交：吵架。

□p'eŋ²¹：便宜。

□meŋ³³：分~：给人、物分拨或分份。

横βeŋ²¹：~直。

□βeŋ³³：鱼~：鱼筒。

□teŋ³³：逗。

艇t'eŋ¹³：~仔：小舢板。

□leŋ³³：漂亮。

上θeŋ¹³：~山。

上θeŋ²²：~面。

更keŋ³⁵：~加。

强k'eŋ³³：勉~。

行heŋ²¹：走。

凭peŋ²²：扶靠。

摇mɐŋ⁵³：攀拉。

□mɐŋ³⁵：掐。

□fɐŋ²¹：高兴：你~我也~。

□βɐŋ⁵³：稗子。

□t'ɐŋ⁵³：膨胀。

□nɐŋ³³：是~：怎样？

□nɐŋ³⁵：相~：相连。

□lɐŋ⁵³：~箕：筛子。

□lɐŋ³⁵：脾气暴。

甄tsɐŋ³⁵：谷~：谷囤。

□ts'ɐŋ³³：~狮子：舞狮子。

□k'ɐŋ¹³：（关门）下面卡住。

□k'ɐŋ³⁵：~陡：态度不好。

哽ɐŋ³⁵：~屎：用力大便。

□ȵiɐŋ³⁵：~雨：毛毛雨。

□kuɐŋ²¹：小盆地：草~。

□kuɐŋ²²：月~：月晕。

□puŋ²²：~火：烤火。

□muŋ⁵³：粉而面。

□tuŋ¹³：懵~：糊涂。

炆nuŋ⁵³：煳。

□nuŋ¹³：推。

□nuŋ³⁵：毛线。

□luŋ⁵³：嘈；吵。

□luŋ³⁵：~路：迷路。

重tsuŋ¹³：轻~。

铳ts'uŋ³⁵：~子：鸟枪。

□θɐŋ²²：~θet²² θet²²：傻乎乎。

□pap³⁵：动词，糊：~牛粪。

□map³⁵：mau⁵³~：虚浮。

□map³⁵：火燎：~中头发。

乏fap²²：~喇：缺少营养。

沓tap²²：一~纸。

□nap³⁵：夹（住）。

垃lap³⁵：~圾。

圾θap³³：垃~。

□kap³⁵：~住（有意）。

夹kap²²：~紧（无意）。

□ȵiap³⁵：心~：心烦。

□jap³⁵：一~：一拃。

表2-9

	ep 阴入甲 55	ep 阴入乙 33	ep 阴入丙 35	ep 阳入甲 24	ep 阳入乙 22	op 阴入甲 55	op 阴入乙 33	op 阴入丙 35	op 阳入甲 24	op 阳入乙 22	ɐp 阴入甲 55	ɐp 阴入乙 33	ɐp 阴入丙 35	ɐp 阳入甲 24	ɐp 阳入乙 22	ip 阴入甲 55	ip 阴入乙 33	ip 阴入丙 35	ip 阳入甲 24	ip 阳入乙 22	at 阴入甲 55	at 阴入乙 33	at 阴入丙 35	at 阳入甲 24	at 阳入乙 22
p								□					□								八			拔	
p'																									
m				□		凹							□									□		袜	
f		□																			发			罚	
β																					窟			滑	
t	□	□							□	□						碟			笪	□				达	
t'		□							□							帖			塌						
n		□							□							业			焫	捺					
l	□									立					□	猎			□	爤	辣				
ts							□	汁		习				接					扎	□					
ts'								辑						摄					擦						
θ		□	□					湿	十										杀	□					
k		□	夹			□		急	及					劫					割						
k'								□ 级											□						
ŋ								□											□	□					
h								□						怯	叶					辖					
∅			□											腌					压						
ŋi							□	□		入															
j						□	□	□											逸	□					
ku																			刮						
k'u																									

注：

□mep²²：灯亮~~：灯一闪一闪的。

□fep³⁵：冇有哪门~：没有什么本事。

□tep⁵⁵：~嘴：咂嘴。

□tep³⁵：鱼~子：瘊子。

□t'ep³⁵：盯梢。

□nep³⁵：~菜：揀菜。

□lep³³：栏，圈：鸡~｜鸭~。

□θep³³：楔入。

□θep³⁵：~钱：怕出钱。

□θep²²：鸭子等扁口类吃东西。

□kep³⁵：火帽。

夹 kep²²：~子｜~过来。

□pop³³：敷：~药。

□θop²²：湿~~嗰：很湿貌。

□kop³⁵：搂抱：~住佢。

□op⁵⁵：捂，敷。

□ɲiop²²：ɲiɐi²²~~：（身体）黏乎乎。

□jop³³：缩进：乌龟~头。

□jop²⁴：~水：沾水。

□jop²²：慢慢下沉。

□pɐp⁵⁵：~子筒：一种简易的自制玩具。

□pɐp³³：箇只猪耳朵~嗰：这头猪耳朵是垂盖下来的。

□mɐp³⁵：投掷：~过去。

□tɐp⁵⁵：~头出来：探头出来。

□tɐp²²：~衫棒：槌洗衣服的棒槌。

□t'ɐp⁵⁵：套入：~笔。

□nɐp⁵⁵：量词，粒：一~米。

□nɐp²²：不赚钱。

□tsɐp⁵⁵：一~毛：一撮毛。

□k'ɐp⁵⁵：盖。

□ŋɐp⁵⁵：胡说。

□hɐp⁵⁵：欺负。

□ɲiɐp⁵⁵：拈（起来）。

□jɐp⁵⁵：~手：招手。

□jɐp³⁵：（将头）缩入。

□lip³³：~谷：秕谷。

摄 θip³³：~石：磁石。

怯 hip³³：~场：害怕。

□mat³⁵：味涩。

窟 βat³³：屎~：肛门。

笪 tat³³：洞~：窟子。

□tat³⁵：躺下。

塌 t'at³³：~方。

焫 nat³³：烫。

□lat³³：打。

爈 lat³⁵：烫。

□tsat³⁵：土狗。

□ts'at³⁵：鸦~：喜鹊。

□θat³⁵：~竹：破竹子。

□k'at³³：~痰：咳痰。

□ŋat²⁴：用力蹭，摩擦：牛~墙。

□ŋat²²：开~~：张开的样子。

□jat³⁵：逃走。

表 2–10

	ɐt 阴入甲 55	ɐt 阴入乙 33	ɐt 阴入丙 35	ɐt 阳入甲 24	ɐt 阳入乙 22	ot 阴入甲 55	ot 阴入乙 33	ot 阴入丙 35	ot 阳入甲 24	ot 阳入乙 22	ɿə 阴入甲 55	ɿə 阴入乙 33	ɿə 阴入丙 35	ɿə 阳入甲 24	ɿə 阳入乙 22	œt 阴入甲 55	œt 阴入乙 33	œt 阴入丙 35	œt 阳入甲 24	œt 阳入乙 22	it 阴入甲 55	it 阴入乙 33	it 阴入丙 35	it 阳入甲 24	it 阳入乙 22
p		□									笔					壁		鼻			鳖			别	
p'	□										□	匹				劈					撇				
m			搣	□	□		□					□	蜜			□						篾			
f												□	佛			□					□				
β		挖	穴								域		□	活		疫					血	月			
t				□							□		突			的		笛			跌				
t'				□		□					□					□	踢				铁				
n			□															逆							
l	□	□									□	□	栗			力					□	列			
ts		□									质		侄			只		直			节			绝	
ts'									□		七		出			切					□				
θ			□				□	□			虱		实	识		石					雪	□	舌		
k											吉		□			激		屐			结			杰	
k'	□										击					揭									
ŋ	□																				热				
h						□	核				吃							易			歇	越			
ø											一					益					乙				
ŋi													日												
j			日						□		□					翼									
ku	□										骨		屈								蕨				
k'u											□					□					缺				

注：

□pɐt³⁵：淋～喇：淋湿了。

□p'ɛt⁵⁵：吐：～口水。

搣mɐt³³：掰剥。

□mɐt³⁵：～中手喇：刺了手了。

□mɐt²⁴：乌～～嗰：很黑状。

□tɐt²²：鸡头～：藏老蒙儿。

□t'ɐt³³：～θot³³纸：抹屁股的纸。

□nɐt²²：往下填压：～实去。

□lɐt³³：～火：引燃茅草。

□lɐt³⁵：太阳猛烈。

□tsɐt³⁵：麻～儿：麻雀。

□θɐt³⁵：ŋɐt³⁵～：齐崭。

□θɐt²²：θuŋ²²～～：傻乎乎。

□kɐt³⁵：～伤：刺伤。

□k'ɐt⁵⁵：量词，较小的节：一～。

□ŋɐt³⁵：～θɐt³⁵：齐崭。

□ŋɐt²⁴：用力蹭，摩擦。

□kuɐt³³：刮。

□mot³⁵：～水：打水。

□t'ot³⁵：挪动。

□ts'ot²²：男阴。

□θot³³：t'ɛt³³～纸：抹屁股的纸。

□θot³⁵：哄骗。

□hot³⁵：用绳子套住。

□jot³⁵：能力差。

□p'ɐt⁵⁵：～～声：啪啪响。

□mɐt³³：掐：～菜。

□fɐt⁵⁵：甩：～手。

□fɐt³³：～跤：摔跤。

□βɐt²⁴：搅：～浆糊。

□tɐt⁵⁵：蹲。

□t'ɐt³³：蹦跳：～～跳跳。

□nɐt³³：酸疼。

□lɐt⁵⁵：脱落：～链。

□lɐt³³：摘取。

□kɐt²²：（粥等）稠。

□k'ɐt⁵⁵：一～甘蔗：一节甘蔗。

□ŋɐt²²：～开台去：把桌子移开。

日ŋiɐt²⁴：～头：太阳。

□jɐt³³：～民：闲人。

屈kuɐt²²：秃：～尾。

□k'uɐt³³：（牛）用角挑。

□mœt³³：～气：霉气。

□mœt²²：屏气，窒息。

□fœt⁵⁵：～翻千：翻跟头。

□t'œt⁵⁵：鱼～：猴子。

只tsœt³³：繁体作"隻"。

易hœt²⁴：交～。

□k'uœt³³：牛用角挑。

别pit²²：离～。

□fit⁵⁵：光亮：～头。

□lit³³：～髻子：捏弄或编发髻。

□ts'it²²：哄骗。

□θit³⁵：吸气声。

表2-11

	ut 阴入甲 55	ut 阴入乙 33	ut 阴入丙 35	ut 阳入甲 24	ut 阳入乙 22	ak 阴入甲 55	ak 阴入乙 33	ak 阴入丙 35	ak 阳入甲 24	ak 阳入乙 22	ek 阴入甲 55	ek 阴入乙 33	ek 阴入丙 35	ek 阳入甲 24	ek 阳入乙 22	ɐk 阴入甲 55	ɐk 阴入乙 33	ɐk 阴入丙 35	ɐk 阳入甲 24	ɐk 阳入乙 22	uk 阴入甲 55	uk 阴入乙 33	uk 阴入丙 35	uk 阳入甲 24	uk 阳入乙 22
p p' m f β	钵	泼	拨 沫			剥	□	□			百 拍	白 脉				北 嘎	□ □	□ □	葛 墨 □		□ □ □ 福	博 朴 □	薄 木 服		
t t' n l	叕 脱 □	夺 □	捋			托 □	度 □	哆 落	获 略			□				□ □ 落	德 箉	特	刻 辘	督 六	读 □				
ts ts' θ	□	□				作 拆 索	□ □	凿 勺	窄	宅	鲫 测 色	□ 贼				竹 促 叔	族 熟								
k k' ŋ h	阔					角 确 壳	□ 额 学	脚 客	□ 额		□ 刻 黑	扼	国 麴 哭	局		屋									
ø		活	恶			轭	□																		
ŋi j ku k'u						岳 约 □	若 □			□ 药	嘟	肉 育													

注：

☐lut³³：聚集成堆：~肥。

☐lut³⁵：下滑：裤~喇。

☐tsʻut³³：撮取。

☐tsʻut³⁵：刁~：形容做事过头了。

☐pak²²：~灯虫：灯蛾。

☐mak³³：掰：~开。

☐tak³⁵：lat³⁵ ~：衣着不整。

度 tak²²：~衫：量衣服。

托 tʻak³³：委~。

☐lak³³：黄麻。

☐lak³⁵：kʻuak³⁵ ~：范围。

☐lak³³：麻。

☐tsak³⁵：~头：锄头。

☐θak³⁵：新~~：很新。

☐kak²²：窄。

额 ŋak²⁴：名~。

岳 ɲiak³³：~飞。

☐kʻuak³³：用棍子敲打：~果。

☐kʻuak³⁵：~lak³⁵：范围。

☐mek³³：掰。

啲 tek⁵⁵：箇~：这些。

☐θek³³：~骨：肋骨。

勺 θek²²：酒~：酒提子。

额 ŋek²⁴：~前头：额头。

☐ek³⁵：ko²¹ ~：腋窝。

约 jek³³：~定。

☐pɐk³⁵：敲打。

萄 pɐk²²：蘿~：萝卜。

☐pʻɐk³³：级：楼梯~。

嘿 mɐk⁵⁵：盒儿：烟~｜铁~。

☐mɐk³³：掰。

☐fɐk⁵⁵：抽打，快速搅拌：要鞭子~｜~鸡蛋。

☐βɐk²²：招（手）。

☐tɐk⁵⁵：敲打

☐tʻɐk³³：一种蝗虫。

☐nɐk⁵⁵：粒。

☐lɐk⁵⁵：削：竹节。

落 lɐk³³：行~来：走下来。

簕 lɐk²⁴：~根：带刺儿的树。

☐tsɐk²²：刺，劄。

☐kɐk²²：阻挡：~住喇。

☐ŋɐk⁵⁵：坑骗。

扼 ŋɐk²⁴：~要。

☐jɐk³³：引逗，撩。

☐kʻuɐk⁵⁵：屈指用指节敲击。

☐puk⁵⁵：打。

☐pʻuk⁵⁵：木头腐烂。

☐muk⁵⁵：雾。

☐muk³³：掏摸：~荷包。

剟 tuk⁵⁵：戳击，敲击。

☐tʻuk³³：扽。

☐nuk⁵⁵：推（醒）。

辘 luk⁵⁵：辗轧，车轮子。

☐luk²²：肥~~啯：很肥貌。

嘟 ɲiuk⁵⁵：动。

第三章

同音字汇

说明

1. 本字汇按韵母次序排列：[a e o i u ɯ, ai oi ɐi ui, au eu ɐu iu œy, am em om ɐm im, an en on ɐn œn in un, aŋ eŋ ɐŋ uŋ, ap ep op ɐp ip, at et ot ɐt œt it ut, ak ek ɐk uk]。同一韵母内按声母次序排列：[p p' m f β, t t' n l, ts ts' θ, k k' ŋ h, ø, ȵi j, ku k'u]。同一声母内则以声调为序：阴平、阳平、阴上、阳上、阴去、阳去、阴入甲、阴入乙、阴入丙、阳入甲、阳入乙。

2. 写不出的字用方框"□"替代。

3. 释义和举例小字齐下。举例中以浪号"~"代表所释字，写不出的字直接标写读音，不再用方框"□"表示。

4. 异读字小字齐下注明"又某音"。

a

p [53] 巴又ma⁵³ 芭~蕉 疤 爸 [21] 爬 耙 琵琶 ~杷 枇~杷 吧语气词，有时弱读为βa²¹ 扒~手 [33] 把一~刀 [35] 霸 欛 坝水~ [22] 罢 □子肉：腿肚子

p' [53] 趴 [35] 怕

m [53] 蟆癞蛤~ □抓：~住佢 巴~望。又pa⁵³ [21] 麻 痲 [13] 马 码猜~：划拳 蚂 ~蟥 [35] 妈奶~ [22] 骂

β [53] 花蛙~泳，新词 [21] 华 [13] 瓦 [35] 化 [22] 画又βe²² 话

t [33] 打 [13] 舵船~

t' [53] 他其~ [33] □~~污：当地地名

n [21] 拿擒~ [33] 哪

l [21] 罗锣箩 又 lo²¹ [33] 喇语气助词，大体相当于普通话的"了₂"。[35] □ka³⁵ ~头：苤蓝 □发~：发瘟 □喳~虫：知了

ts [53] 渣 又 ȵia⁵³ 楂山~ 揸拿。又 ȵia⁵³ 喳~ la³⁵ 虫：知了 [21] 茶搽查 [35] 左 又 tso³³ 炸诈~骗榨痄~腮：腮腺炎 [22] □扫~：竹枝做的扫把

ts' [53] 权椏~：树权 又 ~腰 差~错。又 ts'ai⁵³ 岔~路。

θ [53] 沙纱痧 发~：中暑 犂~牛：黄牛 [13] 洒 [35] □张开：鸡~毛

k [53] 加家嘉~奖 枷上~：戴上枷锁 [21] □丢：丢脸 □卡：~颈 [33] 贾假真~｜放~ [35] 价嫁□~la³⁵ 头：苤蓝

k' [53] 卡~住 □~佬：司机 [35] 驾~驶证架

ŋ [53] 椏木~：树权 [13] 我 [22] 饿饥饿，比饥厉害 蛾嚳~：蝼蛄

h [53] 虾鱼~哈~腰 □欺负：~人 瘕沙哑：喉咙都~喇 [13] 下 欹一~：歇一会儿。又 ja²² [35] 罅手指~：手指缝。又 he³⁵ [22] □~住：霸占着

Ø [53] 屙~屎~尿：大小便 鸦 [33] 哑啊语气词 [35] 亚阿~婆：祖母

ȵi [53] 揸拿。又 tsa⁵³ [21] 牙芽

[33] □ȵiap³⁵ ~：垃圾 [35] 渣甘蔗~。声母、声调特殊。又 tsa⁵³

j [53] 丫 [33] 雅文~ [22] 下 又 ha¹³ 夏立~夜吃~：吃晚饭。又 je²²。

ku [53] 瓜 [33] 寡 [35] 卦打~子：算卦 挂褂

k'u [53] 夸~大 跨~过去 垮~台

e

p [53] □~手指：六指儿 [21] □麻~：脸上的麻子 [35] □乳房

p' [53] □打~：打扑克 [35] □拨拉（找）

m [21] □~邪：歪 [33] □歪 [13] 冇。又 mi¹³ [35] 孭背负 [22] □~~虫：萤火虫

f [22] □马尾~粪窟：马尾撩屁股。这是粗俗的说法，说人自找不痛快，找骂

β [33] 啰呕吐 [35] □~水：排水 [22] 画~图。又 βa²²

t [53] □~细嘢：带孩子 [33] 嗲~le¹³：撒娇 [35] □ho²² ~花：牵牛花

n [53] □粘贴，黏 [33] 呢语气助词：老王~？佢去哪嚹喇？

l [53] □ts'e⁵³ ~：轻浮 [13] □口水~：流口水的样子 [22] □（火势）蔓延

ts [53] 遮 又 tsi⁵³ [33] 姐者老~：老人 [35] □拥挤：车~ [22] 谢多~：谢谢。又 tsi²²

第三章 同音字汇 / 37

ts' ［53］车 ［21］斜歪歪~~
　　［33］且而~扯 ［35］笪歪斜
　　［22］□~le²²炮：一种鞭炮

θ ［53］□~网：一种鱼网 ［21］邪
　　~气：阴气 ［33］写舍~得。又θe³⁵
　　［35］卸~车泻屙~：拉肚子舍隔篱
　　邻~：邻居。又θe³³骚嫖~：嫖娼
　　［22］射麝

k ［21］茄番~：西红柿。又ki²¹ ［35］
　　□割、锯：~柴

ŋ ［53］□坑骗 ［13］嘢东西
　　［35］嘢肉：牛~

h ［35］罅缝儿。又ha³⁵

j ［21］爷□~菜：洋白菜 ［13］惹
　　也又i²²野 ［22］夜~摸：夜间偷东
　　西的人。又ja²²

ku ［21］瘸~佬：瘸子 ［33］□割：
　　~草

k'u ［33］蚼~子：一种小青蛙 ［13］
　　□抓，划 ［35］□拨拉：~火

o

p ［53］波~浪菠~菜丨~萝玻~珠
　　［33］啵语气助词，表示提请听话者
　　注意，有时弱读"呗"，见βo³³

p' ［53］坡

m ［53］摩~擦模盖手~：按手印摸夜
　　~：夜间偷东西的人 ［21］蘑~菇
　　［35］㕶~水：泉水。壮语民间用字
　　［22］墓坟~雾□牛~：牛笼嘴

β ［53］□打~：用诱饵诱鱼集中
　　［33］啝语气助词，表示提请听话者

　　注意。又见"啵"［po³³］

t ［53］多都副词，皆。又tu⁵³ ［21］
　　驼砣秤~图徒涂~改途屠~宰证
　　［33］赌堵~车 ［13］肚鱼~丨~
　　腩 ［22］度又tak²²渡~船镀杜~
　　鹃花

t' ［53］拖 ［33］妥椭~圆形土
　　［35］兔

n ［21］奴挪~用 ［13］努~力

l ［53］啰嗦□一~炭：一筐木炭
　　［21］萝~葡丨菠~骡卢芦葫~炉
　　鸬~鹚鲈鱼笋~筐。又la²¹ ［13］
　　卤~水房俘~鲁□捞 ［35］
　　□kɯ³⁵~嘢：这种东西□~头：秃顶
　　［22］露路鹭白~

ts ［53］租 ［21］锄 ［33］组祖
　　阻左~派。又tsa³⁵ ［35］做
　　［22］座插~助救~

ts' ［53］粗初 ［33］础基~楚清~
　　娶取又ts'i³³ ［35］醋错措

θ ［53］梭蓑苏酥梳疏亲~远近蔬
　　［21］傻训读 ［33］所数~钱
　　［35］诉素塑~料数算~溯~口

k ［53］哥歌孤鸪鹧~姑~爷：妹夫。
　　又ku⁵³ ［21］□弯曲□~ek³⁵：腋窝
　　［33］古鼓牯~牛：公牛估估量，
　　猜。又ku⁵³

k' ［53］□花生等榨油后剩下的饼状渣
　　滓箍 ［33］可 ［35］课

ŋ ［21］俄~语鹅吴梧~州 ［13］
　　五午伍 ［22］卧~铺误悟孙~空

互~助

h [53] 枯 [21] 何河荷~包：兜儿，衣袋 狐壶葫葫~胡~须。又 hu²¹ 糊 [33] 苦虎 [35] 菏薄~库 裤戽 [22] 贺户护□~te³⁵花：牵牛花

∅ [53] 窝蜂~煤。又 u⁵³ 乌~鸦。又 u⁵³ 蜗~牛 [35] □~草皮：用火慢慢燃烧捂着的草皮

ŋi [13] □人家

i

m [53] □乌~乌 ma⁵³：形容人长得黑黢黢的 [13] 冇不。又 me¹³

n [21] 宜~州：地名。又 ŋi²¹ 疑怀~ [13] 拟草~

l [13] 履~历吕旅~游

ts [53] 遮又 tsi⁵³ 知又 tsi³⁵ 蜘~蛛支枝肢姿资脂胭~兹滋之芝 [21] 徐池驰奔~：一种汽车 瓷糍迟慈磁词祠辞饲~料持储~备粮 [33] 紫~背菜：一种叶背紫色的菜只~冇纸旨圣~指子籽油菜~止址趾脚~头 [35] 借蔗鹧~鸪智致置至志痣知~识青年。又 tsi⁵³ 稚幼~□哪门~冇要：什么都不要 [22] 序次~叙~文自字牸~牛：还没生育过的小母牛寺少林~痔~疮治谢~日：昨日。又 tse²² 巳

ts' [53] 痴~仔：傻子□~屋：纸扎冥屋 [33] 取又 tsi'o³³ 耻此齿 [35] 趣次翅刺似好~：好像

θ [53] 赊畲~地：荒地舒冇~服须必~。又 θœy⁵³ 需输运~。又 θœy⁵³ 斯撕施私家~：家具尸丝司思诗 [21] 蛇殊特~匙锁~：钥匙时 [33] 屎 [13] 市始 [35] 世势试 [22] 誓是氏豉豆~示表~视近~眼

k [21] 奇歧分~祈千~冇着紧：千万别着急其棋期茄~瓜：茄子。又 ke²¹ [35] 个又 kɯ³⁵

ŋ [53] 儿乞~：乞丐。又 ŋi²¹ [21] 儿幼~园。又 ŋi⁵³ 仪~器宜便~。又 ni²¹ [13] 乳腐~：豆腐乳议~论耳羽~毛球。又 hi¹³ [22] 寓公~尔远指代词，那义二贰~心

h [53] 嬉~~哈哈。女孩多发这个音。又 hœy⁵³ [21] 如~果余姓氏餘多~娱~乐喻比~ [13] 与又 hɐi³⁵ 羽又 ŋi¹³ 宇~宙已~经以可~ [22] 预天气~报裕富~誉名~

∅ [53] 于 [35] 肆~业异 [22] 也伛去我~去。又 je¹³

u

p [21] 婆葡~萄菩~萨 [35] 簸~箕｜~一下

p' [33] 谱家~浦合~：地名普辅~导甫杜~脯果~。又 pɐu²¹ 剖解~ [35] 破

m [21] 磨~刀无 [13] 武舞鹉鹦~ [22] 磨石~务

f [53] 肤敷~药 [21] 符芙~蓉

第三章 同音字汇 / 39

花［35］富副［22］附腐~乳｜~竹。又 feu²² 父付~款妇又 feu³³ 负~责

t ［53］都首~。又 to⁵³［33］朵

tʻ ［35］吐~痰｜呕~

n ［22］糯~米

l ［21］脶~旋：斗，圆形的指纹螺~蛳

ts ［13］坐

θ ［33］锁

k ［53］锅锑~：铝锅姑。又 ko⁵³ 菇香~估~计股屁~。又 ku³³［33］果股又 ku⁵³［35］过固故顾雇~工

h ［53］科呼招~［21］禾和~棋｜~尚胡~椒。又 ho²¹ 湖［33］火伙~计浒水~传［35］货［22］祸恶可~。又 ak³³

ø ［53］乌又 o⁵³ 污巫诬窝酒~。又 o⁵³ 汙小水坑

ɯ

l ［21］而~且

k ［35］个又 ki³⁵ 箇这。又 ɯ³⁵ 嗰结构助词，的

ø ［21］□热~死：热极了［35］箇~啲：这些。又 kɯ³⁵

ai

p ［21］排牌［33］摆［13］哔尔~：那里［35］拜~山：上坟［22］败

pʻ ［35］派

m ［21］埋［13］买［22］卖

β ［53］歪［21］怀淮~山：山药｜~海战役槐［35］块一~砖快［22］外坏

t ［53］獃书~子［21］台办公~：办公桌｜戏~抬~头苔青~｜蒜~。又 tʻai⁵³［35］戴带［22］贷~款待代袋大

tʻ ［53］胎苔舌~。又 tai²¹［35］态太泰

n ［13］乃奶［35］□~犁：牛带犁在路上走［22］耐久奈

l ［53］拉~绳：拔河［21］来又 lei²¹［13］□~尿：尿床［35］赖打~死：耍赖。又 lai²²［22］赖又 lai³⁵ 癞~疮

ts ［53］灾栽斋［21］才材财裁豺［33］宰屠~证仔儿子［35］载~重车再债［22］在寨

tsʻ ［53］猜差出~。又 tsʻa⁵³ 钗金~摵揉搓（面团等）［33］睬采彩踩［35］菜蔡

θ ［53］腮~巴：腮帮鳃鱼~□夭折；嘲笑［21］柴［35］赛晒

k ［53］该阶~砖：瓷砖皆楷细~：小楷街［33］改解~衫裤：脱衣服［35］盖介戒~烟芥界疥~疮鐹将圆木锯成木板

kʻ ［33］凯［35］概溉灌~

ŋ ［53］㤁~话：客家话［21］捱［22］碍~嚟：阻碍艾~草

h ［53］开［21］鞋［33］海

[22] 亥害骸骨~：尸骨

Ø [53] 哀挨~椅：椅子背儿埃~及塘角鱼 [35] 爱□技术冇~好：技术不太好

ŋi [35] □嚼

ku [53] 乖 [33] 拐~子佬：拍花子的。又 k'uai³³ [13] □~汤：昌汤 [35] 怪

k'u [33] 拐~棒：拐棍。又 kuai³³ [35] 筷~箸：筷子

oi

p [53] 杯□哄骗 [21] 陪培赔 [13] 倍 [35] 布棉布，训读贝背~脊。又 poi²² 辈 [22] 背~书。又 poi³⁵

p' [35] 配佩~服

m [21] 梅媒煤霉发~晦~肉：里脊 [13] 每 [35] 妹使~：婢女。声调特殊。又 moi²² [22] 妹又 moi³⁵

t [53] 堆 [21] 颓傻笨：~仔丨~人 [35] 对碓 [22] 队兑~现

t' [53] 推 [33] 腿 [35] 退

n [53] □推（开）[22] 内~部

l [53] □一种篮子：~耳 [21] 雷 [33] □~狗旁：反犬旁□~嘢丨~货：穷光蛋 [35] □知道得多 [22] 类我~：我们。又 lui²²

ts [22] 罪~犯

ts' [53] 催~奶

θ [35] 碎

ŋ [33] □研碎：~胡椒

h [53] 恢~复灰 [22] 会~冇~：会不会。又 βei²²

Ø [53] 煨~番薯：用热灰焐白薯

ei

p [53] 蓖~麻□~脚：瘸子 [33] □遮挡：~日头 [35] 闭 [22] 弊作~币毙鐾~刀布□倒霉□~喇：忘了，落了

p' [53] 批钢~：抹子坯生~砖：砖坯 [33] □将东西平甩出去；用刀横扫砍削

m [53] 劂削□~书：沉溺于书本 [21] 迷谜~语 [13] 米美 [35] 眯咪别，不要。可能来自粤语

β [53] 威巍好看，漂亮 [21] 回~头茴危又ŋei²¹为作~。又βei²²唯~一维~修围违 [33] 毁委萎~缩伟悔后~贿受~ [35] 秽~气喂语气助词，相当于"啊"；你讲~！又 ui³⁵ [22] 汇~合丨~款丨词~会开~。又 hoi²² 绘卫惠为~哪门：为什么。又 βei²¹ 位胃~病谓

t [53] 低 [21] 堤啼提题蹄 [33] 底抵 [13] 弟兄~：弟兄。又 tei²² [35] 帝 [22] 第递弟徒~丨表~。又 tei¹³

t' [53] 梯锑~仔：硬币 [33] 体 [35] 替涕鼻~剃嚏打喷~

n [21] 泥尼~姑婆：尼姑 [22] 腻油~

l [21] 犁黎来夜~：夜晚。又 lai²¹

[33] 囗看 [13] 礼 [35] 覻
寻找 [22] 例励鼓~丽荔~枝

ts [53] 剂杀虫~ [21] 齐脐肚~
[35] 祭~祖际制~服｜车~：车闸
济救~囗再，又 [22] 滞肚~tsœt²²
tsœt²²：消化不良

ts' [53] 妻 [35] 砌

θ [53] 西筛~米师狮蛳螺~荽芫~
[21] 囗精神不好，身体不舒服
[33] 洗史使驶驾~证 [13] 囗
~子：田里的一种杂草 [35] 细婿
[22] 事士仕柿侍服~

k [53] 鸡 [21] 囗落~：下来，进
来 [33] 囗用于人名 [35] 髻~
子：发髻 [22] 忌我~你：我怕你
囗k'œn⁵³~：聊天

k' [53] 溪岽~：县名 [35] 契~
爷：干爹。又k'œy³⁵

ŋ [53] 硋缠磨：人怕~，马怕嘶 [21]
危~险。又βɐi²¹ [13] 蚁蚂~：大黑
蚂蚁 [22] 艺手~毅陈~伪~装

h [53] 眉女阴 [35] 与给予。又hi¹³

ø [33] 矮

ŋi [35] 囗~水：鸡鸭梳理羽毛 [22]
囗~ŋiop²² ŋiop²²（身体）黏乎乎

j [21] 囗差

ku [53] 龟归囗"过来"的合音
[21] 畦一~菜：一垄菜葵 [33]
诡~计轨鬼 [35] 鳜桂贵癸
[22] 跪柜

k'u [53] 盔头~规亏挥辉徽国~

[35] 溃胃~疡

ui

m [22] 囗脚残不能行走

l [13] 累~计。又lui²² [22] 累连
~。又lui¹³ 泪类又loi²²

ts [53] 追锥 [21] 随垂~直槌锤
捶~背 [33] 嘴 [35] 最醉赘
入~

ts' [53] 吹炊 [35] 脆

θ [53] 虽~然 [33] 水 [35]
岁税帅 [22] 睡隧~道髓骨~

ø [35] 喂~鸡。又βɐi³⁵

ŋi [53] 囗~子：锥子 [13] 蕊花~
[35] 锐~角

au

p [53] 包胞煲沙~：沙锅。又peu⁵³
[21] 袍刨又peu²¹ 饱囗~谷：秕子
[33] 宝保堡饱 [13] 抱
[35] 报豹跑~牙 [22] 暴菢爆

p' [53] 抛脬大卵~：疝气泡眼~：眼
圈儿 [35] 炮泡鱼~：鱼鳔跑

m [53] 秏不饱满；不结实 [21] 毛
茅~带：草绳矛~盾~涝水：发大
水 [13] 卯牡~丹花 [35] 囗~
事：不真实的事 [22] 冒帽貌

t [53] 刀 [21] 逃桃陶淘萄葡~
绹捆缚鋾锉 [33] 岛倒又tau³⁵ 捣
[13] 囗~~突突：唠唠叨叨 [35]
倒~水。又tau³³ 到 [22] 盗导
道稻

t' [53] 滔 [33] 讨 [35] 套

n ［13］脑［22］闹

l ［53］捞~钱：挣钱［21］捞劳牢痨~病：肺结核病［13］老［35］□阿~：婊子［22］涝~水：洪水

ts ［53］遭糟酒~［21］曹槽嘈吵闹［33］早枣爪鸡~找［13］造~火：生火。又 tsau²² ［35］灶罩□用油炸［22］造又 tsau¹³ 棹~桨：船桨

ts' ［53］操抄钞［33］草吵炒又 ts'eu³³ ［35］糙~米躁

θ ［53］骚臊~甲：蟑螂［21］□打：~一巴掌［33］嫂［35］扫潲猪食□~牙：突出的牙齿

k ［53］高膏糕篙撑~交郊跤打跌~：摔倒了茭~白菜［21］□~鸡盲：捉迷藏｜~鱼：摸鱼｜搅动［33］稿搞搅搅拌［35］告教较校~钟｜学~

k' ［33］考烤拷~打铐手~［35］靠~背｜山

ŋ ［21］熬擎摇动［22］傲骄~

h ［53］薅~田：耘田敲蒿茼~：蒿子菜，蒿子秆儿［21］豪壕毫姣形容女性轻浮［33］好~坏［35］好喜~耗孝［22］号~码浩效~率。又 jau³⁵

Ø ［35］奥坳山~：山口拗~口。又 eu³³、eu³⁵□~蛮：勉强，凑合

ŋi ［53］抓［13］咬

j ［35］效~果｜有~｜见~。又 hau²²

eu

p ［53］煲一种带柄的小锅：瓦~｜茶~。又 pau⁵³ ［21］刨~瓜｜~皮。又 pau²¹□左~：左撇子

p' ［53］飘~子：辫子。又 p'iu⁵³□收拾：~碗~台［33］□p'ɐi³³ ~ leu³³：打水漂［22］□用铲子掀开

m ［21］□~鹰：老鹰［35］猫［22］□歪

t ［35］屌男生殖器. 又 tiu³³ ［22］掉~头。又 tiu²²

t' ［53］□pɐi⁵³ ~：走路一瘸一拐的样子［33］□提：~篮

n ［53］□细长［21］□柔韧

l ［53］撩~箕：筲箕［21］□~兜：捞鱼用的网兜［33］□p'ɐi³³ p'eu³³ ~：打水漂［35］□鸢［22］□窥视

ts ［21］□小水沟

ts' ［33］炒少量地炒。又 ts'au³³ ［13］□撬［35］□锹（动词）

θ ［21］□leu²¹ ~：名堂

k ［21］乔木板变形［33］绞~鸡风：龙卷风［35］觉睡~。又 k'ak³³□牙酸的感觉：牙~□~牙：梦中磨牙［22］撬~棍｜~门

k' ［53］跷交叉在一起：~脚［35］窍

h ［53］□翘：木板~喇［35］□崩缺［22］鹞暗~：猫头鹰. 又 hiu²²

第三章 同音字汇 / 43

Ø [53] 吆喊叫。又 iu⁵³ [33] 拗~断。又 eʊ³⁵、aʊ³⁵ [35] 拗~颈：执拗。又 eʊ³³、aʊ³⁵

ɐʊ

p [21] 脯胸~。又 p'u³³ 浮~子：浮标。又 fɐʊ²¹ [33] 补 [35] 布~告怖恐~ [22] 部簿笔记~步埠石~：南宁地名

p' [53] 铺床~ [33] □~灯虫：灯蛾□凑热闹围观 [35] 铺店~｜~头

m [53] □蹲 [21] 谋 [13] 某亩母拇~头娘：大拇指 [35] □~事：不近常理的事 [22] 茂~盛贸~易戊

f [53] 夫轿~头 [21] 扶浮又 pɐʊ²¹ [33] 府斧腑妇新~：儿媳妇。又 fu²² [13] 否 [22] 腐豆~。又 fu²² 傅师~

t [53] 兜~子：捞鱼的网兜丢蔸一~木：一棵树 [21] 头投 [33] 斗~凳：方凳。又 tɐʊ³⁵ 抖陡 [35] 斗~争。又 tɐʊ³³ 窦鸡~：鸡窝 [22] 豆逗~号痘出水~

t' [53] 偷 [35] 敨~一下：歇一会儿透

n [53] 嬲发~：发火 [33] 纽~丝旁：绞丝旁扭

l [53] 搂~佢去欣：邀她去玩楼中~：大衣 [21] 楼刘流留硫~磺榴石~骝马~：猴子 [13] 篓柳 [35]

□哄（孩子）[22] 漏

ts [53] 邹州舟周洲 [21] 绸稠筹统~｜~备酬 [33] 走酒 [13] □量词，用于成串的东西：一~葡萄 [35] 奏昼晏~：中午 [22] 就袖宙字~

ts' [53] 秋抽 [33] 丑乙~年｜怕~：害羞 [35] 凑臭

θ [53] 修羞馊收搜~查 [21] 愁仇 [33] 手守首 [35] 嗽秀绣锈瘦兽野~ [22] 受寿售授

k [53] 沟钩秤~鸠鹁~：斑鸠勾一撇一~。又 ŋɐʊ⁵³ [21] 求球 [33] 狗久九枸~杞韭~菜 [13] 舅~爷 [35] 够究追~救灸针~□~化：乞丐 [22] 旧噍量词，团，椴：一~饭｜一~木

k' [53] 抠□掺：酒里~水 [13] 臼脱~ [35] 构购扣寇

ŋ [53] 勾~子｜~柴。又 kɐʊ⁵³ [13] 偶~然朽~木 [22] □不精神，不舒服

h [53] 睺盯（梢）[21] 侯喉猴 [33] 口 [13] 厚□耳：耳挖子｜铜~：铜勺 [35] □粥：粥上凝结的一层皮｜双线~：一种蛇 [22] 后前~｜皇~候

Ø [53] 欧瓯饭~｜儿殴 [33] 呕~吐□~喇：紫了｜~血：淤血 [35] 沤~肥料怄~气：担心

ŋi [53] 掫拿：~过来 [21] 牛

		ts'	[53] 锹超 [33] 剿~匪
	[13] 藕~粉丨~叶□~裤头: 抽裤子 [35] 皱嗅	θ	[53] 宵~夜: 夜宵消烧销硝 [21] 韶~山 [33] 小少多~ [35] 笑少~年 [22] 绍介~
j	[53] 丘休优忧幽 [21] 尤邮由油游 [13] 友有酉 [35] 诱幼小, 细 [22] 又右佑保~柚蜜~	k	[53] 骄娇 [21] 乔侨华~桥 [33] 缴 [13] 菖~头 [35] 叫 [22] 轿

iu

		k'	[33] 巧
p	[53] 标表手~。又 piu³³ 彪穮禾苗等很快的生长熛(火星、水珠)飞溅猋(狗、牛等)奔跑 [21] 嫖瓢藨浮~: 浮萍 [33] 表老~: 表亲丨~格。又 piu⁵³	h	[53] 嚣翘~屁股: 撅屁股 [21] 窑摇尧上~村: 当地一个村谣姚 [13] 扰~乱 [22] 鹞~子。又 heu²² 耀人名用字
p'	[53] 漂~流。又 p'iu³⁵ 飘又 p'eu⁵³ [35] 漂~白粉。又 p'iu⁵³ 票	ø	[53] 妖要又 iu³⁵ 腰邀吆叫。又 eu⁵³ [35] 要~紧丨重~。又 iu⁵³
m	[21] 苗描 [13] 秒 [22] 妙庙		

œy

t	[53] 刁雕 [21] 调~整。又 tiu²² 条跳 [33] 屌~屄: 交合。又 teu³⁵ [35] 吊钓 [22] 调音~丨~动。又 tiu²¹ 掉	p	[53] 卑碑悲 [21] 皮脾~气枇~杷琵~琶便~宜。又 pen²¹ [33] 比 [13] 被被子 [35] 臂痹麻~ [22] 被~迫避婢老~备准~
t'	[53] 挑~边: 缲边 [35] 跳	p'	[53] 披纰布帛丝缕等破坏散开 [35] 屁
n	[53] □粘: 好丨~住 [13] 鸟理睬的粗俗说法, 用于否定: 冇~佢(别理他) [22] 尿	m	[21] 眉楣门~微~信 [13] 尾 [35] □倒(水) [22] 未味汤~水: 潜水
l	[53] □稀~~: 很稀貌 [21] 燎疗辽聊 [13] 了完成体貌助词 [22] 料廖	f	[53] 飞非妃人名用字 [21] 肥 [13] 匪 [35] 废肺费痱~子 [22] 吠狗~: 狗叫
ts	[53] 焦蕉椒朝早~: 早饭。又 tsiu²¹ 招 [21] 朝~代。又 tsiu⁵³ 潮~湿 [35] 照 [22] 召号~赵兆好~头	t	[53] □疙瘩 [33] □~桐: 撑柱 [35] □蜇 [22] 地
		t'	[53] □打~: 说梦话
		n	[13] 女你 [35] □腻

l [53] □聪明 [21] 离璃玻~厘 篱捞~：笊篱梨狸 [13] 李里~ 头理鲤 [22] 滤过~虑多~厉~ 害利痢屙~：拉痢疾脷~钱：舌头

ts [53] 猪诸株一~木苗：一棵树苗 蛛蜘~朱珠珍~ [21] 除厨~子 佬：厨师 [33] 煮主 [13] 苎~ 麻柱 [35] 著驻~军注~意丨册 铸~铁 [22] 箸筷~：筷子住

ts' [53] 蛆 [33] 处~分。又 ts'œy³⁵ 杵手~：碓杵 [35] 处办事~。 又 ts'œy³³

θ [53] 书须胡~。又 θi⁵³ 输~了一盘。 又 θi⁵³ [21] 薯蜍蟾~ [33] 暑 鼠死 [13] □递 [35] 嗦四肆 [22] 竖树

k [53] 车居饥肌~肉基箕簸~讥 机 [21] 渠~道骑 [33] 举矩 规~纪己几 [13] 佢第三人称单数 企徛站立 [35] 据锯距~离句计 继寄记既~然季 [22] 巨拒具 妓~院技

k' [53] 拘区 [35] 契地~丨老 婆：姘头。又 k'ɐi³⁵

h [53] 圩集市，也写作"墟" 虚牺 ~牲 嬉~哈哈。又 hi⁵³ 欺希稀 [21] 移姨遗~产 [33] 许启起 喜 [13] 雨 [35] 去系关~戏 器弃抛~气汽 [22] 芋~头易 容~

∅ [53] 医衣依□pɐu²¹~：蜻蜓淤~

泥 [33] 椅菸（青菜等）长时间被 抓拿等而不新鲜：菜~喇。《集韵》 禦韵 依据切："蔫菸败也" [35] 意熨~ 灯：熄灯

ŋi [21] 鱼渔愚 [33] □看，心圩 村用词 [13] 语 [22] 遇玉~ 米。又 ŋiuk²⁴

am

p [22] 涊烂~田：烂泥田

f [13] □~鬼：怕鬼 [35] 泛范模 ~丨师~ [22] 犯

t [53] 耽~误担挑担 [21] 潭谈痰 [33] 胆 [13] 淡 [35] 担~夫： 脚夫 [22] 啖饮一~：喝一口

t' [53] 贪 [35] 探

n [53] 喃自言自语 [21] 男南 [13] 腩牛~丨肚~

l [21] 蓝篮 [33] 榄橄~ [13] 览揽 [22] 缆舰车~

ts [53] 簪牛鼻~：牛鼻拳儿 [21] 蚕鑱刺 [33] 斩 [22] 暂站 车~

ts' [53] 参~加搀搀扶：~老人 [33] 惨 [35] 杉~木：杉树

θ [53] 三衫 [33] 糁撒粉末。又 θem³³ [35] □冷

k [53] 甘柑监~视橄~榄 [33] 感敢减 [35] 鉴

k' [33] 砍槛门~

ŋ [53] 啱~先：刚才 [21] 岩癌 [13] □高~：高的田埂

h ［53］勘~探 龛神~：佛龛 ［21］含函公~咸~菜衔 ［33］坎土~ ［35］墈垂直的河岸：江~头（当地地名）［22］陷~井

ø ［53］鹌~鹑 ［35］暗

j ［35］□渗（水）

em

m ［53］□拈

t ［33］□蘸 ［35］□看

n ［53］拈白~：扒手

l ［13］敛聚集：~谷丨~米 □撒开

ts' ［53］鸹鸭子等扁口类吃东西

θ ［33］糁撒粉末：~胡椒粉。又 θam³³

k ［21］钳燂~毛：用明火烧掉细毛 ［13］□舔：~嘴丨~屁股

k' ［13］芡打~：勾芡

h ［35］喊

ø ［53］□个儿小：~佬丨~婆 ［35］□看

om

t ［22］□红~~：很红状

l ［53］□~水：涉水 ［35］□野生出来的：~出来嗰嘢

ts ［53］□愈合：伤口~归喇

ø ［33］□覆盖 ［35］□沤：~肥料

j ［22］□尿~出来喇：尿逸出来了

ɛm

p ［53］泵水~ ［35］□墩矮 ［22］□一种小坛子

p' ［22］□丛：一~草丨一~竹

m ［33］□用牙龈咬

f ［21］□趴伏：~住

t ［21］□用东西压住 ［33］□~布：织布 □~头：点头 □揑~：被抢劫 ［13］凶小水坑 ［22］□~脚：跺脚

t' ［35］□插入口袋

n ［53］□~根：豆稔□土气：尔个人好~ ［21］腍软烂，软弱，行动迟缓 □好~好：非常好 ［13］谂想；考虑 ［35］□刺入 □nɛm³⁵~水：温水 ［22］□缓慢

l ［21］林临淋 ［35］□塌陷 ［22］□堆（起来）

ts ［53］针斟 ［21］寻~亲戚：走亲戚 沉□量词，庹：一~长 ［33］枕 ［13］□切分为几份：~月饼 ［35］浸

ts' ［53］侵掺~水 ［35］□刘海儿

θ ［53］心参人~森深 ［21］蟾~蜍□~肉：膘子，肉末 ［33］沈审婶 ［35］瞫看 ［22］甚~至

k ［53］今金 ［21］琴禽家~擒拿□~钳：螃蟹岑~溪：县名 ［33］锦人名用字 ［13］妗~母：舅母 ［35］禁 ［22］揿按

k' ［53］襟老~：连襟禁~止 ［33］□逼问

ŋ ［21］吟~~tsɛm²¹tsɛm²¹：唠唠叨叨

h ［53］钦~州：地名

ø ［33］□面称母亲，"阿婶"的合音 ［35］□~nɛm³⁵水：温水

ŋi［21］壬［33］饮［22］任责~

j ［53］阴音［21］淫卖~｜□蚊帐~：蚊帐檐［33］□偷：溜走［35］□~水：渗水

im

t ［53］□搬（起来）［21］甜［33］点~名典~当［35］店［22］垫~背掂~笔

t'［53］添

n ［53］黏粘贴：~邮票［13］染~色｜~头发［22］验念

l ［21］廉镰簾窗~联［22］殓入~

ts ［53］尖占~米：不粘的大米，与糯米相对。又 tsim³⁵ 毡~鞋［21］拃~毛：拔毛［35］占~领。又 tsim⁵³［22］渐

ts'［53］签~字｜求~笺信~迁钎刺入

θ ［33］闪~电陕~西

k ［33］检［35］剑建［22］俭键关~健~康

k'［53］兼村委主任~副书记

ŋ ［21］严阎~王炎发~

h ［53］谦［21］盐又 him²¹ 嫌~弃芫~荽［33］险显［35］欠［22］盐醃制。又 him²¹

ø ［53］阉~鸡［33］掩~门演厣螺~：螺蛳口可以张合的盖［35］厌讨~

an

p ［53］班颁~发奖状斑［21］□

爬［33］扳~手；扳子板版出~［35］□~谷：摔打稻穗脱粒□（毛巾等）搭在肩上［22］扮打~办

p'［53］攀［35］盼~望襻扣~：用布做的扣住纽扣的套

m ［53］搣~本：把本赢回来［21］蛮野~馒~头［13］晚［22］慢万鳗~鱼□秤尾~：秤尾低

f ［53］番~茄翻［21］凡烦繁帆［33］反返［35］贩小~｜摊~［22］饭

β ［53］弯湾［21］还又 βen²¹ 环［13］挽~救｜~联鯇~鱼：草鱼［22］换又 βen²² 患~难

t ［53］丹单［21］弹又 tan²²、ten²¹ 檀坛［33］疸黄~［35］旦老~｜元~诞土地~：土地节，农历二月初二□~被：钉被子［22］但~是弹又 tan²¹、ten²¹ 蛋

t'［53］摊滩瘫［33］坦毯［35］叹炭

n ［53］□谁，"哪人"的合音［21］难困~［22］难灾~

l ［53］蹣（蛇、虫子等）爬行［21］兰~花拦~胸：围嘴儿栏［13］懒［22］烂滥~成灾

ts ［21］残［33］盏［35］赞□美好［22］赚~钱栈客~潛~我一身泥

ts'［53］餐［33］铲又 ts'en³³ 产［35］灿人名用字

| θ | [53] 山删闩门~哥：门闩拴血~
[21] 涎唾沫，口水漦滑~鱼：鲇鱼
[33] 散~纸：零钱。又 θan³⁵
[35] 伞散~步｜~会。又 θan³³ |
| k | [53] 干天~地支｜豆腐~。又 kan³⁵ 杆栏~肝奸间中~。又 kan³⁵ 艰
[33] 赶~圩：赶集杆扫~：扫把秆禾~：稻草简 [35] 干~部。又 kan⁵³ 间~开：隔开。又 kan⁵³ |
ŋ	[22] 岸
h	[53] 悭省俭 [21] 寒韩闲 [13] 旱 [35] 看汉 [22] 汗限苋~菜焊
Ø	[53] 安鞍 [35] 按案晏吃~：吃午饭
ŋi	[53] □粗糙，不光滑□干而难咽 [21] 颜~色 [13] 眼 [22] 雁
ku	[53] 关 [35] 惯

en

| p | [21] 便~宜。又 pin²²、pœy²¹
[33] 贬~低扁~菜：韭菜匾牌~
[13] 辫~飘子：梳辫子，编辫子 |
p'	[33] □尿：尿布
m	[53] □~书：用手指翻书 [21] □撚 [33] □~嘴：撇嘴 [35] □高而峭的河岸□危险
β	[53] □悬挂：~篮
t	[53] □突然大声说话嘫~：哪里 [21] 弹~玻珠：弹玻璃球｜~手指。又 tan²¹、tan²² [22] 佃简呻~：这里
n	[33] 撚掐。又 nɐn³³

l	[53] □硌：~手~脚 [35] □递给
ts	[13] □~颈：掐脖子
ts'	[21] □用小棍儿捅 [33] 铲又 ts'an³³
θ	[21] □害怕
k	[33] 茧蚕~枧香~：香皂
k'	[13] □~喉：刺激喉咙□骄傲，自以为是
ŋ	[53] □吝啬□~牙：呲牙 [21] 研水~：水碾
h	[33] 蚬螺~：蚌 [13] □啃咬□磨损：鞋都行~喇
Ø	[53] □~根：巴茅 [33] 躷~脚：踮脚 [35] 燕~子。又 in³⁵

on

p	[33] 本
m	[33] □用牙龈咬 [35] □~番薯：从土里掏白薯
n	[22] 嫩
l	[53] □~胎：流产□钻：~出来 [21] 鸾圞圆 [33] □把东西聚集起来 [35] □递给
ts	[53] 尊~重 [21] 存~款□（米粒等）完整不碎：米~ [33] 儹把东西聚集起来 [35] 钻~头
ts'	[53] 村 [35] 寸
θ	[53] 孙 [33] 损
k	[21] □挑（起来）
k'	[33] 款贷~

ɐn

| p | [53] 宾殡~仪馆槟~榔奔 [21] |

第三章 同音字汇 / 49

贫频［35］□转动□抽筋：脚~喇
［22］笨

p' ［33］品［35］喷~水坌灰尘飞扬

m ［53］蚊细~仔：小孩儿。又 mɐn²¹
文一~钱：一块钱。又 fɐn²¹□雌性家
畜没有生育能力［21］民纹闻蚊~
子。又 mɐn⁵³□朽呡副词，再：得空~
来！替代字［13］闽敏抿~水泥：
用水泥抹［22］问□煮~哟：煮烂
一些！

f ［53］分纷芬［21］坟文~具。
又 mɐn⁵³［33］粉［13］愤民~
［35］奋勤~粪［22］份

β ［53］昏婚温瘟荤吃素冇吃~：吃
素不吃荤熏~老鼠兄~弟。又 βɐŋ⁵³
［21］还~有饭冇？又 βan²¹ 魂云营
馄~饨□~队：我们［33］稳
［13］永咏歌~比赛泳蛙~［35］
训困累。又 k'uɐn³⁵□囚禁［22］运
韵押~换又 βan²²

t ［53］敦伦~墩面~：颧骨。又 tɐn³³
忳吨［21］屯村~臀屁股~：屁股
蛋儿囤囤积［33］墩桥~｜~柱。又
tɐn⁵³［35］顿~号炖蹾重重放下
［22］盾矛~钝~角

t' ［53］吞饨馄~［35］褪~退

n ［53］怎咯吱的感觉，恶心的感觉
［33］撚~人：整人。又 nɐn³³

l ［53］□索~：绳子搓绞得结实
［21］邻鳞磷~肥仑昆~关：宾阳
县地名伦轮［33］□沾上：~泥

ts ［13］□溢出［35］□跌下，掉落
［22］论评~｜~年：整年

ts ［53］津~头：南宁地名珍真震樽
酒~：酒瓶［21］秦尘陈臣先到为
君，后到为~［33］□捡［35］
进晋镇振［22］尽阵

ts' ［53］亲~戚。又 ts'ɐn³⁵ 伸~腰。痴
邻切。又 θɐn⁵³［35］亲~家。又
ts'ɐn⁵³ 趁~圩：赶集衬

θ ［53］辛新薪申伸又 ts'ɐn⁵³ 身
［21］神辰晨□发抖□动作迟缓
［33］榫~头［13］肾［35］
信讯通~

k ［53］根跟巾斤筋抽~［21］芹
勤［33］谨~慎紧仅［13］近
［35］□气味：有~喇

k' ［33］恳~求

ŋ ［53］奀瘦小［21］银［35］
□切割

h ［53］欣□玩耍［21］痕□痒
［22］恨

ø ［53］恩［33］隐硌［35］印
□副词，才：~由北京归来

ŋi ［21］人仁［33］□（人或鸡鸭
牛等）长不大［13］忍［35］□
累［22］认润湿~闰~月孕□土
~：蚯蚓

j ［21］寅［13］瘾烟~引

ku ［53］军君［21］裙群［33］
滚［13］菌［35］棍□~子：
骗子

k'［53］坤乾~昆~仓镇：地名均钧勋~章［33］捆［35］困又βen35

œn

p ［53］兵［21］平评坪屏~幕瓶萍人名用字［33］丙饼［35］柄把~并合~［22］病

p' ［35］聘拼

m ［21］明鸣名铭［33］□~嘴：努嘴□（猪等）拱泥□~屎虫：蛲螂［13］□（刀等）钝［35］□冒泡［22］命

t ［53］丁钉铁~。又tœn35疔［21］亭停廷庭［33］顶鼎［35］钉~扣子。又tœn53订［22］锭定

t' ［53］厅汀［33］挺［35］听听闻，等候

n ［21］宁

l ［21］陵菱灵零铃伶［33］□鱼~：鱼篓儿［13］领岭［35］□陡；坡［22］令另

ts ［53］征~用蒸精睛贞人名用字侦~察正~月［21］情晴程埕坛子［33］准~备｜标~井整［35］圳水沟证症正~派政□（莲藕、芋头等）不面［22］静清~净郑

ts' ［53］椿~芽春鱼~：鱼卵称~呼｜~一下，篰袋米有几斤清青鹑鹌~［33］请［35］秤

θ ［53］升声星腥膡田~：田埂［21］旬循~环唇纯~净乘~法绳承成城诚［33］笋省~长｜节~

醒擤［35］囟~门头：囟门胜姓性鉎起~：生锈圣旨［22］慎谨~顺剩~饭盛

k ［53］京荆黄~叶：荆条惊经狼黄~：野鹿的一种［21］鲸~鱼琼□凝结：猪油~喇□灵~：（用药）有效，灵验［33］景警~察境颈［35］竟敬镜竞~争劲干~

k' ［53］倾~向□~忌：聊天

ŋ ［21］迎盈自负~亏

h ［53］兴~旺。又hœn35轻［21］赢形型刑［35］兴高~。又hœn53杏庆

ø ［53］应~当。又œn35鹰鹦~鹉樱英婴~儿［33］影映东边~喇：凌晨［35］应~付。又œn53

j ［53］湮凉：~水。集韵谆韵伊真切：“寒皃。或从因”［21］匀

in

p ［53］鞭边［35］变［22］辨辩便方~。又pen21、pœy21

p' ［53］编偏~旁｜~心。又p'in35篇［33］片（把肉等）切成片儿。又p'in53［35］骗片又p'in33偏避开，躲闪：~路｜~开。又p'in53

m ［21］绵棉眠安~药□（丝状物）细：箇啲姜丝切得好~［13］免勉~强缅~甸［22］面麺~条｜~粉

β ［53］冤~枉渊［21］员圆桂~铅~笔缘元原源园袁援丸肉~［13］软远［35］怨埋~［22］院愿县

t ［53］颠癫□还想再吃~：还想再吃

第三章　同音字汇 / 51

[21] 田填 [22] 电奠淀~粉殿甸缅~

t' [53] 天

n [21] 年

l [21] 连怜莲 [35] □~船：研船｜石~：石磏 [22] 练炼链项~楝苦~根：苦楝树恋谈~爱

ts [53] 煎专砖 [21] 潜钱前全泉传~达。又tsin²² [33] 剪展转 [35] 箭战荐 [22] 贱传~记。又tsin²¹旋膥~：斗，圆形的指纹

ts' [53] 千

θ [53] 仙鲜先宣□铜~：铜板儿□秤尾~：秤尾高 [21] 船 [33] 癣牛皮~选鳝黄~鱼：黄鳝 [35] 线扇关~：蒲扇镟~鸡：阉过的公鸡 [22] 善膳

k [53] 坚肩捐又kuin⁵³ [21] 乾~坤 [33] 拣 [35] 见 [22] 件

ŋ [21] 言

h [53] 牵楦鞋~：鞋楦子□头~：头刺痛 [21] 檐然燃延贤 [35] 宪献 [22] 现~款

ø [53] 烟姻胭~脂 [35] 燕打~：踢毽子。又en³⁵

ku [53] 绢捐又kin⁵³鹃杜~花 [21] 权拳 [33] 卷犬 [35] 券国库~

k'u [53] 圈 [35] 劝

un

p [53] 搬 [21] 盘盆 [35] 半 [22] 伴拌

p' [53] 潘鐇锛子般 [35] 判叛

m [21] 门瞒 [13] 满 [22] 闷

t [53] 端 [21] 团□填 [33] 短 [13] 断 [35] □给老鼠投药 [22] 段缎锻

n [13] 暖

l [53] □钻：~过去 [33] □~落归：囫囵吞下 [13] 卵~脬：阴囊 [22] 乱

ts [53] 钻~过去

ts' [53] 川穿 [33] 浅喘~气 [35] 串窜流~犯

θ [53] 酸 [35] 蒜算

k [53] 观冠鸡~。又kun³⁵官棺 [33] 馆管 [35] 冠~军。又kun⁵³贯灌罐

h [53] 宽欢

ø [33] 碗腕 [13] 缓~期

aŋ

p [53] 帮邦 [21] 旁螃彭 [33] 绑 [13] 蚌螺~：蚌 [22] 棒

p' [53] 胮臭~~：臭烘烘

m [53] 芒~果｜~种 [21] 忙亡 [13] 蟒

β [35] □傻子

t [53] 当~官。又taŋ³⁵裆开~裤 [21] 堂棠唐塘糖苚~蒿□θak³³骨：胯骨 [33] 挡党 [35] 当~铺。又taŋ⁵³档 [22] 荡□木~：树根

t' [53] 汤 [33] 躺 [35] 趟烫

n [53] □（鸡鸭）肥壮鬤鬞~：衣着不整齐 [21] 囊瓤瓜~。《集韵》唐韵奴当切："当瓤瓜瓣"。又 ŋeŋ²²

l [53] □~衫：毛衣 [21] 郎狼廊螂马~k'aŋ²¹：螳螂 [13] 朗□涮洗 [35] □~街：逛街 [22] 浪晾

ts [53] 赃~官庄装妆 [21] 藏收~。又 tsaŋ²² [35] 葬送~壮 [22] 藏西~。又 tsaŋ²¹ 脏五~状

ts' [53] 仓苍~梧：广西县名疮窗~眼：窗子 [33] 橙~果：橙子闯 [35] 创~新

θ [53] 桑 [21] 床 [33] 嗓爽 [35] 丧奔~

k [53] 冈冮~山岗刚纲缸钢~铁江 [33] 港~口讲 [35] 钢~菜刀杠虹古巷切。又 huŋ²¹ 降霜~。又 haŋ²¹

k' [53] 康 [21] 扛抬□马螂~：螳螂 [33] 鲤鱼~：鱼刺 [35] 抗炕

ŋ [21] 昂

h [53] 糠 [21] 杭航行银~。又 heŋ²¹ 降投~。又 kaŋ³⁵ [22] 项~链 ｜~目巷~子：胡同□~鸡：没下过蛋的小母鸡

j [35] □跨：~过去

ku [21] 狂

k'u [53] 匡筐框 [33] 梗菜~ [35] 旷况矿

eŋ

p [13] □轰赶 [35] □~交：吵架

p' [21] □便宜

m [21] 盲 [33] □分~：给人、物分拨或分份 [13] 猛 [22] 孟

β [53] 兄又βeŋ⁵³ [21] 横~直桁~条：檩 [33] □鱼~：笱

t [33] □逗□蒂儿

t' [13] 艇~仔：小舢板

n [21] 娘

l [21] 良凉梁粮粱量测~。又 leŋ²² [33] 靓漂亮 [13] 两辆冷 [22] 亮谅晾量数~。又 leŋ²¹

ts [53] 将~军。又 tseŋ³⁵ 浆张章樟争踭鞋~：鞋后跟 [21] 墙详祥长~短。又 tseŋ³³ 肠场 [33] 奖桨蒋长~辈。又 tseŋ²¹ 涨掌 [35] 将大~。又 tseŋ⁵³ 酱帐胀账障 [22] 匠象像橡丈仗杖相象棋红方的一个子。又 θeŋ⁵³、θeŋ³⁵

ts' [53] 枪昌倡提~撑~篙：竹篙。又 ts'eŋ³⁵ 铛炒菜锅 [33] 抢厂 [35] 唱撑~腰：比喻支持。又 ts'eŋ⁵³ 掌椅~：椅子掌儿

θ [53] 相又θeŋ³⁵、tseŋ²² 厢箱湘镶霜~降伤商生牲甥笙 [21] 尝偿赔~常裳 [33] 想赏 [13] 上~山。又 θeŋ²² [35] 相~貌。又 θeŋ⁵³、tseŋ²² [22] 上~面。又 θeŋ¹³ 尚和~

k [53] 姜更半夜三~庚羹调~：羹

第三章 同音字汇

	匙 耕 [21] 强~弱。又 k'eŋ³³ [35] 更~加	k [33] 耿~板：死板 哽噎：捱~住喇 □这么；那么
k'	[53] 疆边~腔 [33] 强勉~。又 keŋ²¹□k'uŋ³³ ~：脚坳	k' [53] 坑粪~：厕所 [13] □（关门）下面卡住 [35] □陡：态度不好□烟酒劲大：箇种烟太~多
ŋ	[13] 仰~头 [22] 壤让硬瓤豆腐~：有馅儿的豆腐。又 naŋ²¹	h [21] 恒衡 [33] 肯
h	[21] 行走。又 haŋ²¹ [22] 幸	ø [35] 哽~屎：用力大便
	eŋ	ŋi [35] □~雨：毛毛雨 □韧
p	[53] 崩 [21] 朋凭文~。peŋ²² □~œy⁵³：蜻蜓 [22] 凭倚靠。又 peŋ²¹	j [53] 央秧殃香乡 [21] 羊洋杨扬阳疡溃~ [33] 享响 [13] 养痒□~一脚：踹一脚 [35] 向 [22] 样
p'	[53] 烹~调	ku [21] □小盆地：草~ [22] □月~：月晕
m	[53] 掹攀拉 [21] 萌盟□否定副词，表示并非已经，相当于普通话的"还没有"和"还不" ~k'eŋ²²：暴躁 [35] □掐	k'u [53] 轰 [35] 纩挂绊
f	[21] □高兴：你~我也~□扔	**uŋ**
β	[53] □稗子	p [21] 蓬篷蓑~：一种用竹篾和竹叶编制成的像龟背壳样背在背上的雨具 [33] 榜发~ [22] 磅~秤 □~火：烤火
t	[53] 灯登瞪~眼 [21] 腾藤 [33] 等戥厘~：戥子 [13] □~佬：结巴 [35] 凳□佢~你更高：他同你这么高 [22] 邓□相称	p' [33] 捧~脬：拍马屁 [35] 碰
t'	[53] □膨胀	m [53] □（莲藕、芋头等）粉而面 [21] 蒙 [13] 网懵~懂：糊涂 [22] 忘打~记望梦
n	[21] 能 [33] □同~做：怎么做？[35] □相~：相连	f [53] 方芳风疯枫丰封峰锋蜂 [21] 妨防房冯逢缝 [33] 仿~照纺~车访 [35] 放 [22] 凤奉
l	[53] □~箕：筛子 [35] □脾气暴□尿臊味：~得鬼魂	
ts	[53] 曾增僧憎睁~眼筝风~ [21] 层曾□蓄：~水池 [35] 甑谷~：谷囤 [22] 赠	t [53] 东冬 [21] 同桐铜童筒瞳眼~：瞳仁儿犟牛~：牛犊 [33] 董懂戅~落归：捅下来。又 tuŋ²²
ts'	[33] □~狮子：舞狮子	

	[13]□憽~：糊涂 [35] 冻□~水：浑水 [22] 栋动洞垌—~田：一片农田 戙—~砖：竖起的一摞砖。又 tuŋ³³□﨟子	宏红洪虹又 kaŋ³⁵ 鸿 [33] 哄 [13] 往 [35] 空有~喇。又 huŋ⁵³ 控 [22] 旺
t'	[53] 通 [33] 桶捅统 [35] 痛	ø [53] 翁雍~肥 [33] 枉冤~拥 推~牛~：牛㩟颈 [35] 瓮~缸：水缸 蕹~菜
n	[53] 浓燶煳鬞~鬃：衣着不整齐 [21] 农脓浓 [13] □推 [35] □毛线	ŋi [53] 髶~毛狗：毛较长的狗 [21] 雄熊
l	[53] 窿窟窿□嘈；吵 [21] 笼聋隆龙 [13] 拢 [35] 篢 小箱子□~路：迷路 [22] 弄	j [53] 雍~正 [21] 荣绒融茸容 溶蒜~：蒜泥 熔榕~树 蓉芙~花 [13] 勇涌蛹蚕~ [22] 用
ts	[53] 桩棕鬃宗综中忠衷终踪盅钟锺 [21] 丛虫崇从重~复。又 tsuŋ¹³ [33] 总肿种~子。又 tsuŋ³⁵ [13] 重 轻—。又 tsuŋ²¹ [35] 粽中众纵种~田。又 tsuŋ³³ [22] 撞~唱：碰巧 仲讼诉~诵朗~颂歌~	**ap**
		p [35] □动词，糊：~牛粪
		m [35] □mau⁵³~：虚浮 [22] □火燎：~中头发|火~裤裆——闹热
		f [33] 法 [22] 乏~喇：缺少营养
		t [33] 搭答 [22] 眨—~纸□~被：睡觉踢被子
ts'	[53] 匆葱囱烟~聪充冲春 [33] 宠□推 [35] 铳~子：鸟枪	t' [33] 塔踏~实 钰坛子
		n [35] □夹（住）[24] 纳
θ	[53] 双松~柏|轻~嵩 [33] □含~：尸骨或骨灰坛子 [35] 送宋 [22] □~θet²² θet²²：傻乎乎	l [35] □火势蔓延□扫视：~过一眼□聚集：~起来 [24] 腊蜡垃~圾
		ts [33] 眨□~衫袖：卷挽衣袖 [22] 杂闸铡
k	[53] 光工公功攻弓宫躬鞠~供~应|~销社。又 kuŋ³⁵ 恭 [21] 穷 [33] 广巩拱 [35] 贡供~神：上供。又 kuŋ⁵³ □~起来：爬起来 [22] 共	ts' [33] 插
		θ [33] 圾垃~□~气：费神□理睬 [22] 煠~番薯
k'	[33] 孔恐□~k'eŋ³³：脚坳	k [33] 鸽鸰~：鸽子 蛤青蛙 佮~伙：合伙 甲胛 [35] □（有意）~住 [22] 夹~紧（无意）。又 kep²²
h	[53] 荒慌空~车。又 huŋ³⁵ 烘凶兇胸 [21] 皇黄蟥蚂~簧弹~王	h [22] 合盒

第三章 同音字汇 / 55

ø	[33]	押鸭压			~水：沾水 [22] □慢慢下沉
ŋi	[35]	□心~：心烦；不光滑□			**ɛp**
		~ŋia³³：垃圾	p	[55]	□~子筒：一种简易的自制玩
j	[35]	□一~：一拃 □~衫袖：卷挽		[33]	具 □箇只猪耳朵~嗰：这头猪
		衣袖 [22] □~眼：眨眼睛			耳朵是垂盖下来的
		ep	m	[35]	□投掷：~过去
m	[22]	□楼上灯亮~~啵：楼上的灯	t	[55]	□矮~~嗰：很矮状□~头出
		一闪一闪的			来：探头出来 [22] □~衫棒：槌洗
f	[35]	□冇有哪门符~：没有什么本			衣服的棒槌
		事	t'	[55]	□套入：~笔□畚拉：~头
t	[55]	□~嘴：咂嘴 [35] □鱼~			~尾
		子：手上像沾上的鱼鳞似的肉痣	n	[55]	□肥~~嗰：很肥状□量词，
t'	[35]	□盯梢			粒：一~米 [22] □不赚钱
n	[35]	□~菜：搛菜□~扣：摁扣	l	[24]	笠~帽：斗笠立~春
		□（虫子等）叮咬	ts	[55]	□一~毛：一撮毛 [33] 执
l	[33]	□栏，圈：鸡~ | 鸭~ □老糠，			~药：抓药汁 [22] 集习袭
		谷壳；秕子	ts'	[33]	辑编~
ts	[55]	□~嘴：咂嘴	θ	[33]	湿 [22] 十拾
θ	[33]	□楔入 [35] □~钱：怕出	k	[33]	急 [22] 及来~
		钱 [22] □鸭子等扁口类吃东西	k'	[55]	□~凳：一种小凳子□盖：~
k	[35]	□火帽 [22] 夹~子 | ~过			章 [33] 级吸
		来。又 kap²² □~蛇：壁虎□大腿~：	ŋ	[55]	□胡说
		大腿根儿□小箱子	h	[55]	□欺负
		op	ŋi	[55]	□掂（起来）□撮取□一~
p	[33]	□敷：~药			毛：一撮毛 [24] 入
m	[33]	凹训读	j	[55]	□~手：招手□~眼：挤眼睛
θ	[22]	□湿~~嗰：很湿貌		[35]	□（将头）缩入
k	[35]	□搂抱：~住佢			**ip**
ø	[55]	□捂，敷	t	[22]	蝶叠碟谍
ŋi	[22]	□ŋiɛi²²~~：（身体）黏乎乎	t'	[33]	贴~标语帖字~
j	[33]	□缩进：乌龟~头 [24] □	n	[24]	聂镊业

l　[33]　□~谷：秕谷　[24]　猎
ts　[33]　接摺
θ　[33]　摄~石：磁石
k　[33]　劫　□味涩
h　[33]　怯~场：害怕　[24]　叶页协
Ø　[33]　腌~咸菜

at

p　[33]　八　[22]　拔
m　[35]　□味涩：又 kip³³ 又~　[24]　抹~脚布袜
f　[33]　发头~｜~钱　[22]　乏伐罚
β　[33]　挖 又 βet³³ 窟屎~：肛门　[22]　滑猾
t　[33]　笪洞~：趸子　[35]　□躺下　□~一餐：大吃一餐　[22]　达
t'　[33]　塌~方遢邋~：脏，不干净 □~皮：蹭破皮儿
n　[33]　焫烫　[24]　捺一撇一~
l　[33]　□打　[33]　□燎　[35]　爇烫 □~了：一种植物　[24]　辣邋~遢：脏，不干净
ts　[33]　扎包~｜驻　[35]　□一个儿很大的蟋蟀
ts'　[33]　擦察獭水~刷~牙。训读　[35]　□鸦~：喜鹊
θ　[33]　萨菩~杀撒□地~：土鳖　[35]　□~竹：破竹子
k　[33]　割葛
k'　[33]　□~痰：咳痰

ŋ　[24]　□用力蹭，摩擦：牛~墙□硬~~：硬邦邦　[22]　□开~~：张开的样子
h　[33]　渴颈~：口渴　[22]　辖
Ø　[33]　压
j　[33]　逸　[35]　□逃走
ku　[33]　刮

et

p　[35]　□淋~喇：淋湿了
p'　[55]　□吐：~口水
m　[33]　搣掰剥　[35]　□~中手喇：刺了手了 □最小的；末名　[24]　□乌~~嗝：很黑状
β　[33]　挖　[24]　穴
t　[22]　□鸡头~：藏老蒙儿
t'　[33]　□~θot³³ 纸：抹屁股的纸
n　[22]　□往下填压：~实去
l　[33]　□~火：引燃茅草；火势蔓延　[35]　□太阳猛烈 □划开：捏刀~伤喇
ts　[35]　□溅射□挤：~牙膏｜~牛奶 □麻~儿：麻雀
θ　[35]　□ŋet³⁵~：吝啬　[22]　□θuŋ²²~~：傻乎乎
k　[35]　□~伤：刺伤，划伤
k'　[55]　□量词，较小的节：一~
ŋ　[35]　□~θet³⁵：吝啬　[24]　□用力蹭，摩擦
j　[24]　曰
ku　[33]　□刮

ot

m [35] □~水：打水
t' [35] □挪动
ts' [22] □男阴
θ [33] □屁~：屁股 [35] □哄骗
h [35] □用绳子套住 [22] 核~仁｜~对
j [35] □能力差

ɐt

p [33] 笔毕~业 不~倒翁 □㝵，撮
p' [55] □~~声：啪啪响 [33] 匹
m [33] □掐：~菜 □蚂~子：蚂蚁 [24] 密蜜物
f [55] □甩，扔：~手 □跳跃 [33] □~跤：摔跤 [22] 佛
β [33] 域领~ 屈委~。又 kuɐt²² □用烟熏 [24] □搅：~浆糊 [22] 活~叶。又 ut²²
t [55] □蹲 □重重地放下 [22] 突凸
t' [33] □蹦跳：~~跳跳
n [33] □酸疼
l [55] □脱落：~链 [33] □摘取 [24] 栗板~：栗子 律纪~
ts [33] 质~量 卒 nuŋ¹³ ~：拱卒 窒塞，塞子：樽~ [22] 疾侄
ts' [33] 七漆油~
θ [33] 膝虱狗~：跳蚤 失室教~戌 [22] 实老~ 术算~
k [33] 吉桔金~ □劙，刺 [22] □（粥等）稠 □~路：滚蛋！

k' [55] □一~甘蔗：一节甘蔗
ŋ [22] □~开台去：把桌子移开
h [33] 乞~儿：乞丐吃
ø [33] 一
ŋi [24] 日~头：太阳
j [33] □~民：闲人
ku [33] 骨 [22] 屈秃：~尾。又 βɐt³³
k'u [33] □（牛）用角挑

œt

p [33] 碧壁辟壁煏火势热力逼人 [22] 鼻
p' [33] 僻劈雷公~喇：雷打了
m [33] □~气：霉气 [22] □屏气，窒息
f [55] □~翻千：翻跟头
β [33] 役疫
t [33] 的目~ 滴一~雨 嫡 [22] 敌笛
t' [55] □鱼~：瘊子 [33] 剔踢
n [24] 逆
l [24] 力历~史｜阴~
ts [33] 即立~ 织职迹脚~：脚印 积脊屋~ 只一~鸡。繁体作"隻"。又 tsi³³ 绩成~ [22] 直值~班 植殖养~ 籍~贯 席竹~ 蛰惊~ □肚滞~~：消化不良
ts' [33] 出尺斥排~赤打~脚：光着脚 戚亲~
θ [33] 悉熟~ 熄~火 息利~ 识式饰首~ 昔惜可~ 适~当 释解~ 析分~

锡［22］蚀日~食石

k ［33］激生气［22］极积~分子屐木~：木板鞋剧戏~□扛

k' ［33］击打~

h ［24］易交~

ø ［33］亿忆~苦思甜益

j ［24］翼鼻~：鼻翅儿译翻译~

k'u ［33］□牛用角挑

it

p ［33］鳖必~须［22］别离~｜区~

p' ［33］撇"八"字一~一捺潋漰（雨）

m ［24］灭篾竹~

f ［55］□光亮：~头

β ［33］血［24］月

t ［33］跌打~跤：摔倒了

t' ［33］铁

l ［33］□~髻子：捏弄或编发髻［24］列一~火车烈~属劣

ts ［33］哲折打~。又 θit²² 浙~江节蜇海~［22］捷绝

ts' ［33］彻撤~职切［22］□哄骗

θ ［33］薛设雪说小~［35］□吸气声［22］涉舌~苔折~本：亏本｜~抵：吃亏。又 tsit³³

k ［33］揭洁结［22］杰

k' ［33］揭

ŋ ［24］热

h ［33］歇~困：休息［24］阅粤越

ø ［33］乙噎着~：噎住了

ku ［33］蕨~根：蕨类植物

k'u ［33］决~定诀口~缺~点｜~少

ut

p ［33］钵尿~：夜里小便用的钵头

p' ［33］泼~水［22］勃拨~款

m ［24］末沫泡~没没入水中

t ［33］敓估算，估计［22］夺

t' ［33］脱~鞋

l ［33］□聚集成堆：~肥［35］□下滑：裤~喇［24］捋

ts' ［33］撮撮取［35］□ㄋ~：形容做事过头了

h ［33］阔箇间~过尔间：这间比那间宽。

ø ［22］活生~。又 βɐt²²

ak

p ［33］剥膊打赤~：光着上身。又 puk³³ ［22］□~灯虫：灯蛾□仰睡：仰面睡

m ［33］掰~开。又 mek³³

β ［22］或~者划计~获收~

t ［35］□lat³⁵~：衣着不整［22］度~衫：量衣服。又 to²²

t' ［33］托~板：灰泥板，瓦工用来盛抹墙灰泥等物的木板

l ［33］□黄麻［35］□k'uak³⁵~：范围□衣服破裂：衫~喇□~tat³⁵：衣着不整［24］烙乐娱~洛~阳络联~骆~驼落~雨。又 lɐk³³

ts ［33］作~物：庄稼［35］□~

头：锄头［22］凿木~：木工凿

θ ［33］索绳子朔阳~：地名□taŋ²¹~
骨：胯骨［35］□新~~：很新

k ［33］各角□~万：保险柜［22］
□窄

k' ［33］霍~香正气水觉~悟。又 keu³⁵
确~定

ŋ ［24］额名~□高~~啯：很高状

h ［33］壳竹~：笋壳［22］鹤白
~学

ø ［33］恶人怕~人，蛇怕棒。又 hu³⁵

ŋi ［33］岳~飞□枯~~：很干枯

k'u ［33］□用棍子敲打：~果［35］
□~lak³⁵：范围

ek

p ［33］百伯~爷：伯父［22］白

p' ［33］追拍~手魄

m ［33］掰又 mak³³［24］麦~秆：
麦秸脉把~：号脉

t ［55］啲箇~：这些

l ［24］略省

ts ［33］着~衫：穿衣服。又 tsek²² 窄
责［22］着睡~喇。又 tsek³³ 择选
~泽宅入~：乔迁

ts' ［33］雀麻~：麻将拆圻爆~：开裂
册注~策政~

θ ［33］□~骨：肋骨□疼爱□食物使
食欲增加［22］勺酒~：酒提子

k ［33］脚格革隔~篱邻舍：邻居

ŋ ［24］额~前头：额头弱

h ［33］客嚇~喇：吓着了

ø ［33］轭牛~［35］□ko²¹~：腋
窝

j ［33］约~定［24］若

ek

p ［33］北［35］□敲打［22］雹~
子葡萝~

p' ［33］□级：楼梯~

m ［55］嚜盒儿：烟~｜铁~唛~头：
相貌［33］□掰［24］墨~水默
~写

f ［55］□抽打，快速搅拌：要鞭子~
｜~鸡蛋

β ［22］□招（手）

t ［55］□敲打□脚眼~：踝子骨
［33］得德道~［22］特~别

t' ［33］□一种蝗虫

n ［55］□粒

l ［55］□削竹节□~k'ek⁵⁵：不平坦，
说话结巴［33］落行~来：走下来。
又 lak²⁴［24］簕~根：带刺儿的树

ts ［33］则鲫~鱼侧~门：旁门儿□
~肥：施肥［22］□刺，劏

ts' ［33］测［22］贼土匪、强盗

θ ［33］塞色

k ［22］□阻挡：~住喇

k' ［55］□lek⁵⁵：不平坦，说话结巴
［33］克刻

ŋ ［55］□坑骗：~人｜~秤头［24］
扼~要

h ［33］黑

ø ［55］呃塞~：打嗝儿

j ［33］□引逗,撩［24］药

kʻu［55］□屈指用指节敲击

uk

p ［55］□打［33］博搏~懵:趁混乱之机捞取利益 驳膊~头:肩膀。又pak33［22］薄鹁~鸽:鸽子□~子:柚子□~luk55kʻue33:蝌蚪

pʻ ［55］□木头腐烂［33］朴~素扑仆~住睡:趴着睡

m ［55］□雾□（用石头或棍子等）打［33］□掏摸:~荷包［24］膜薄~莫姓氏幕屏~木目~的

f ［33］福复重~丨~杂［22］缚伏服心~口~

t ［55］剁戳击,敲击□~头:奔头儿［33］啄~木tset35:啄木鸟督监~屎底儿,尽头:碗~［22］读独毒

tʻ ［33］□扽,以爆发力拉扯

n ［55］□推（醒）

l ［55］辘辗轧,车轮子□puk22~蚓:蝌蚪□kit22~~:很稠貌□量词,段一~木□~浧:在泥塘里打滚［24］鹿~茸六陆录绿~豆熝烫:焐水~碌山谷,山涧［22］□肥~~嗝:很肥貌

ts ［33］捉竹粥祝足烛蜡~［22］族续继~

tsʻ ［33］镯速畜蓄促触束齪龌~:脏,不干净

θ ［33］缩~水叔粟~米:小米嗍吮吸［22］熟赎属~于俗风~塾私~

k ［33］郭姓氏廓国谷割~:割稻子菊~花［22］局公安~□被逼:~着去丨~着承认□~气:憋气焗~茶:沏茶

kʻ ［33］扩~大曲~酒丨~调鞠~躬

ŋ □挈~~:活络,不稳固

h ［33］哭

ø ［33］握屋齷~龊:脏,不干净

ŋi［55］嘟动［24］肉玉又ŋiœy22狱

j ［24］育教~辱浴欲

第四章

南宁（心圩）平话语音与北京音的比较

本章所列从北京话出发可以看到某个声、韵、调在南宁平话里的相应读法，从南宁平话出发可以看到某个声、韵、调在北京话里的相应读法。所举例字齐下小字又音是指南宁平话的读法，释义和举例有的也只是对南宁平话而言。特此说明。

一 声母的比较

（一）从北京话出发看南宁平话与北京话声母的对应。

北京	南宁	例　字
p	p	比补宝板本帮八伴病白
	p'	般拨勃编
p'	p'	批谱怕破派票潘片品喷
	p	皮婆平爬排陪瓢盆
m	m	毛名米买满磨帽慢墨木
f	f	府法粪风费翻蜂肥饭缚
	p	浮 又音
	p'	辅

t	t	多底凳得淡豆独贷瞪
t'	t'	天通体桶兔套铁脱艇
	t	蹄台桃头田塘藤同突特
n	n	男农女脑糯尿纳镊鸟逆
	ŋi	牛
	l	弄
l	l	犁楼粮柳懒路泪乱腊力
ts	ts	租宗嘴坐灶自杂鲫泽阻
	ts'	贼躁
	ŋi	揪拿
ts'	ts'	粗村葱草采醋菜寸擦策
	ts	糙财槽蚕残存层从祠
s	θ	丝三蓑锁素岁送索俗色
	ts	巳饲寺随僧讼颂诵
	ts'	似速
tʂ	ts	猪中柱斩闸针章蔗侦殖
	ŋi	渣抓皱
	θ	煠
	t	啄
	ts'	镯
tʂ'	ts'	抽撑叉插铲出臭春产翅
	ts	迟茶陈虫锤绸肠查锄酬
	θ	柴床仇船唇尝承城豉
	h	吃
ʂ	θ	沙瘦湿鼠世声事蛇睡石
	ts'	杉刷束
ʐ	ŋi	蕊入日人任闰肉

第四章 南宁(心圩)平话语音与北京音的比较 / 63

	ŋ	乳弱热让壤
	j	惹若柔绒茸辱荣融容
	h	如扰然燃
	n	染瓤
	β	软
tɕ	k	鸡急锯甲见斤讲及具旧
	ku	捐卷绢券军君菌蕨
	k'	击级拘架兼襟禁疆
	k'u	均钧决诀
	ts	借椒酒尖渐酱井净节集
	ts'	笺剿
	l	舰
tɕ'	ts'	蛆秋千亲枪清取砌切七
	ts	齐脐钱前全秦墙晴
	h	敲牵轻起去气欠庆怯客
	k'	契区曲确巧窍腔强勉~ 芡
	k	茄骑桥求钳琴芹勤强穷
	k'u	缺圈劝
	ku	权拳裙群瘸畦犬
	β	屈铅
	θ	晨
	j	丘
ɕ	θ	西新先写醒笑雪熄邪
	ts	徐寻祥序袖象谢习席续
	h	稀兴胸喜戏鞋学行墟咸
	j	下夏效 又音 休香享响向
	β	血熏训兄穴县

	k	校学~
	kʻ	溪吸
	kʻu	勋
	ŋ	朽
	ŋi	嗅雄熊
	tsʻ	蓄斜
k	k	孤高改狗管过盖割穀共
	ku	瓜关寡鬼怪棍鳜骨刮跪
	kʻ	箍概构购溉
	kʻu	拐~棒：拐棍规
	ŋ	勾~子丨~柴
kʻ	h	开糠空苦口肯裤看阔哭
	β	窟块快困疲倦, 累
	kʻ	抠可考扣款恐课靠抗刻
	kʻu	夸亏坤筐筷矿况
	k	廓楷
x	h	荒烘火海黑壶厚汗盒
	β	花悔婚华魂话坏换滑秽
	kʻ	霍
	kʻu	挥辉徽轰盔
	ø	活又音缓
	ŋ	互
ø	ø	乌鸭烟屙矮椅碗暗于异演
	j	幼音有野夜药油匀羊用
	h	移以易叶窑盐鹞雨旺
	β	瓦外弯冤稳围位员运维营
	ŋ	儿耳二蚁五我银硬桠炎

第四章 南宁(心圩)平话语音与北京音的比较 / 65

	ŋi	鱼牙咬藕眼遇雁玉岳饮
	m	蚊尾武晚网味问望袜物
	f	文又音
	n	宜疑业验
	l	而

（二）从南宁平话出发看南宁平话与北京话声母的对应。

南宁	北京	例　　字
p	p	比补宝板本帮八伴病白
	pʻ	皮婆平爬排陪瓢盆
	f	浮又音
pʻ	pʻ	批谱怕破派票潘片品喷
	p	般拨勃编
	f	辅
m	m	毛名米买满磨帽慢墨木
	∅	蚊尾武晚网味问望袜物
f	f	府法粪风费翻蜂肥饭缚
	∅	文又音
β	x	花悔婚华魂话坏换滑秽
	ɕ	血熏训兄穴县
	kʻ	窟块快困疲倦，累
	∅	瓦外弯冤稳围位员运维营
	ʐ	软
	tɕʻ	屈铅
t	t	多底凳得淡豆独贷瞪
	tʻ	蹄台桃头田塘藤同突特
	tʂ	啄

66 / 广西南宁(心圩)平话研究

t'	t'	天通体桶兔套铁脱涛艇
n	n	男农女脑糯尿纳镊鸟逆
	ʐ	染瓤
	ø	宜疑业验
l	n	弄
	l	犁楼粮柳懒路泪乱腊力
	tɕ	舰
	ø	而
ts	ts	租宗嘴坐灶自杂鲫泽阻
	ts'	糙财槽蚕残存层从祠
	s	巳饲寺随僧讼颂诵
	tʂ	猪中柱斩闸针章蔗侦殖
	tʂ'	迟茶陈虫锤绸肠查锄酬
	tɕ	借椒酒尖渐酱井净节集
	tɕ'	齐脐钱前全秦墙晴
	ɕ	徐寻祥序袖象谢习席续
ts'	ts'	粗村葱草采醋菜寸擦策
	ts	贼躁
	s	似速
	tʂ'	抽撑叉插铲出臭春产翅
	tʂ	镯
	ʂ	杉刷束
	tɕ'	蛆秋千亲枪清取砌切七
	tɕ	笺剿
	ɕ	蓄斜
θ	s	丝三蓑锁素岁送索俗色
	ʂ	沙瘦湿鼠世声事蛇睡石
	ɕ	西新先写醒笑雪熄邪

第四章　南宁(心圩)平话语音与北京音的比较

	tʂʻ	柴床仇船唇尝承城豉
	tʂ	煠
	tɕʻ	晨
k	k	孤高改狗管过盖割穀共
	tɕ	鸡急锯甲见斤讲及具旧
	tɕʻ	茄骑桥求钳琴芹勤强穷
	ɕ	校学~
	kʻ	廓楷
kʻ	kʻ	抠可考扣款恐课靠抗刻
	tɕʻ	契区曲确巧窍腔强勉~芡
	k	箍概构购溉
	tɕ	击级拘架兼襟禁疆
	ɕ	溪吸
	x	霍
ŋ	ʐ	乳弱热让壤
	ø	儿耳二蚁五我银硬桠炎
	ɕ	朽
	k	勾~子｜~柴
	x	互
h	x	荒烘火海黑壶厚汗盒
	ɕ	稀兴胸喜戏鞋学行墟咸
	kʻ	开糠空苦口肯裤看阔哭
	tɕʻ	敲牵轻起去气欠庆怯客
	tʂʻ	吃
	ʐ	如扰然燃
	ø	移以易叶窑盐鹞雨旺
ø	ø	乌鸭烟屙矮椅碗暗于异演
	x	活又音缓

ŋi	∅	鱼牙咬藕眼遇雁玉岳饮
	ʐ	蕊入日人任闰肉
	n	牛
	ts	揪拿
	tʂ	渣抓皱
	ç	嗅雄熊
j	ʐ	惹若柔绒茸辱荣融容
	ç	下夏效休香享响向
	∅	幼音有野夜药油匀羊用
	tç'	丘
ku	k	瓜关寡鬼怪棍鳜骨刮跪
	tç	捐卷绢券军君菌蕨
	tç'	权拳裙群瘸畎犬
k'u	k'	夸亏坤筐筷矿况
	tç'	缺圈劝
	tç	均钧决诀
	ç	勋
	k	拐~棒：拐棍规
	x	挥辉徽轰盔

二 韵母的比较

（一）由北京话出发看南宁平话与北京话韵母的对应。例字前的［ŋi j ku k'u β］表示南宁平话所拼声母。

北京	南宁	例字
ɿ	i	此撕资自糍私子秄祠丝
	œy	死四肆
	ɐi	狮

ɿ	i	势世知支纸豉是指迟屎址志齿时试
	ɐi	制逝师使柿事
	œt	织直食识式只_隻尺石释
	ɐp	汁执湿拾十
	ɐt	侄质虱失实室吃丨ŋi 日
i	ɐi	毙祭艺米底犁鸡砌西荔蚁腻
	œy	皮离奇徛戏比地梨器你李己喜机气季尾去计
	œt	力即息易_{交~}壁踢歷击锡鼻悉
	ɐt	笔蜜栗吉七乞膝
	ɐp	立集急级吸辑
	i	奇宜义伊肄拟棋疑已以
	at	j 逸
	ɐk	鲫
	it	必乙
u	o	墓赌土路祖素初梳数苦壶五
	ɐu	补铺府亩浮妇_{新~}
	ɐp	ŋi 入
	at	β窟
	ɐt	突术丨ku 骨
	i	储舒输_{运~}殊如乳
	œt	出
	œy	嗦朱煮主住处书输鼠树
	u	普故湖恶_{可~}符父武务富负
	uk	木福独足竹熟哭屋缚
y	œy	女居蛆虚句区鬚雨丨ŋi 遇
	o	娶取_{又音}

	ɐt	律桔戌｜β屈_{委~}域
	uk	绿菊续｜ŋi 玉狱｜j 育浴
	ut	捋
	i	吕餘趣需于羽喻裕
	ɐi	婿_{与给与}
	œt	剧
a	a	疤霸爬马洒榨叉茶沙
	ap	乏答塔纳腊杂煤闸插
	at	八抹发达捺辣擦札杀獭萨
	ai	大拉
	o	傻
ia	a	家假架下虾罅_{缝儿，又音}牙哑桠｜j 丫
	ap	夹_{又音}甲胛押鸭压
	at	辖压_{又音}
	e	罅_{缝儿，又音}
	ep	夹_{又音，~子}
ua	a	ku 瓜寡挂｜kʻu 夸｜β 花华话瓦
	at	刷袜｜ku 刮｜β 滑猾
	ak	β 划_{计~}
	au	ŋi 抓
	e	β 画_{又音}
	ɐt	β 挖_{又音}
o	u	簸婆破磨
	o	波菠玻坡摩模
	ut	拨钵泼抹末沫勃没
	uk	博膜莫驳
	ɐk	葡萝_~墨默

第四章 南宁(心圩)平话语音与北京音的比较 / 71

	ɐt	佛
	ek	魄
	ak	剥
uo	a	舵罗锣左我
	u	朵糯螺坐锁果火货祸
	o	多拖箩 又音 妥蓑卧错做
	ak	托落洛骆作索霍朔∣β或获
	uk	啄捉镯握郭扩国缩
	ut	夺脱阔活 又音
	ek	着穿（衣）弱∣j若
	ɐt	β活 又音
	it	说
ɤ	u	科禾和
	o	歌可河课贺鹅菏 薄~
	ak	乐各壳额恶鹤
	ɐk	德特则测侧克刻扼
	at	割葛
	ap	鸽蛤合盒
	e	者车扯舍射∣j惹
	ek	泽格嚇额圻责册策革隔轭客
	i	蔗赊畲蛇个 又音
	it	哲折浙彻撤舌涉热设
	a	饿
	ip	摺摄
	ɯ	个 又音
	ot	核
ie	e	姐茄 又音，番~写谢 又音 爷野

	a	j 夜又音
	ai	阶皆街解介戒芥界疥鞋
	i	借茄又音，~瓜：茄子 谢又音，姓氏
	ip	蝶碟帖镊猎接怯业叶
	it	鳖箴铁列节结切歇丨β血
ye	ek	略雀丨j约
	et	β穴丨j曰
	it	绝雪越丨ku蕨丨kʻu决缺丨β月
	ak	确觉学丨ŋi岳
	e	ku瘸
ai	ai	袋来开带盖拜挨牌柴败
	ɐi	筛矮
	ek	伯白百拍迫麦脉择窄拆
	ɐk	塞色
	am	癌
uai	ai	ku乖怪丨kʻu拐筷丨β快坏歪外
	ui	帅
ei	oi	杯陪配梅妹内雷贝
	œy	废肺碑被悲备眉飞肥费
	ui	累~计泪类又音
	ɐk	北得贼黑
	ɐi	鳖美
uei	ɐi	危又音，~险丨β会开~位威围丨ku闺龟柜葵贵丨kʻu规亏挥
	oi	对队颓腿退罪催碎灰煨
	ui	嘴吹睡醉锥锤水最岁税丨ŋi蕊
	œy	微未味

第四章 南宁(心圩)平话语音与北京音的比较 / 73

au	au	宝毛刀老灶高包闹罩涮
	iu	招赵照超朝烧少绍扰
	eu	猫拗刨又音煲又音炒又音
	ak	烙凿
	ɐk	雹~子：冰雹
	ɐu	茂贸
	ek	着睡~
	uk	薄
iau	iu	表苗椒桥笑窑钓尿料吆
	au	交搅教敲校孝效｜ŋi 咬
	eu	绞窍觉又音撩又音吆又音鹞又音
	ek	脚
	ɐk	j 药
	ak	角
ou	ɐu	谋头楼凑周抽臭手狗口喉厚沤｜ŋi 藕皱
	u	剖解~
	uk	粥｜ŋi 肉
iou	ɐu	扭流柳酒九秋秀｜ŋi 牛嗅｜j 有右
	uk	六
an	am	淡南蓝蚕三参甘含暗犯
	an	单炭兰寒安盏山板慢翻
	im	占~领闪陕染
	in	展战扇善然燃鳝膳
	un	搬半伴盘满
	em	喊
	en	弹又音

ian	am	监减鉴舰衔陷咸岩
	an	艰简间闲限苋奸晏｜ŋi 眼颜雁
	im	镰尖签阉盐剑欠严店甜兼
	in	变面剪线边天年见献檐
	un	浅
	ɐŋ	撚~人：整人
	œy	便~宜，又音
	em	敛钳茨
	en	贬扁匾辫便又音，~宜茧枧研水~：水碾
uan	un	短钻酸蒜官管灌欢缓碗暖卵乱川
	an	闩拴晚万赚｜ku 关惯｜β 幻还环弯
	in	专砖转传船｜β 软
	on	鸳钻款
	ɐŋ	β 换
yan	in	ku 卷绢券权拳犬｜k'u 圈劝｜β 员缘院冤元园远｜捐鹃全泉宣癣选旋
ən	ɐm	森针枕砧深审｜ŋi 任壬
	ɐŋ	根恩珍真尘趁身神奔喷分粪｜ŋ 人认
	ɐŋ	肯
	œn	圳慎贞侦
	on	本嫩
	un	盆门闷
in	ɐm	林金襟浸侵心｜ŋi 饮｜j 阴音
	ɐŋ	民鳞津紧新银近欣品
	in	姻
	œn	聘
uən	on	尊村存寸孙损

第四章　南宁(心圩)平话语音与北京音的比较　/　75

	ɐn	吞墩樽伦蚊问｜ku棍｜kʻu坤｜β困婚温
	œn	笋准春唇顺蒸
yn	ɐn	ku菌军裙｜kʻu均勋｜β熏训运｜讯｜ɲi孕
	œn	旬循｜j匀
	ɐm	寻
aŋ	aŋ	帮忙塘狼葬桑缸糠绑蚌
	eŋ	章长场唱伤上尚让盲
	uŋ	榜方芳防房纺访放
	ɐŋ	炕
iaŋ	eŋ	娘凉亮奖酱抢象仰镶
	ɐŋ	j乡香享响央秧羊杨阳养样
	aŋ	江虹讲降项巷
uaŋ	aŋ	庄状窗床爽亡｜ku狂｜kʻu筐框旷况
	eŋ	霜
	uŋ	光荒王网枉往望双
əŋ	ɐŋ	崩灯藤增恒甄衡等耿盟
	eŋ	猛冷争撑生牲庚羹铛｜β横
	œn	证秤升整程城声
	uŋ	篷梦风封蜂凤
	aŋ	彭鲠橙｜kʻu梗菜~
iŋ	œn	陵兴鹰应病名领精轻姓瓶顶星颈倾
	eŋ	行行走幸硬艇
	ɐŋ	凭
	ɐŋ	亲~家｜β营
uəŋ	uŋ	翁瓮蕹

uŋ	uŋ	东笼送公红农宗虫龙钟重共宏丨j荣
	ɐŋ	kʻu 轰
yŋ	uŋ	穷胸兑拥推雍丨ŋi 雄熊丨j 勇用
	ʊŋ	β兄永咏泳
	eŋ	β兄又音
	œn	琼
ɚ	i	儿尔耳饵二贰
	ɯ	而

（二）由南宁平话出发看南宁平话与北京话韵母的对应。例字前的 [ŋi j ku kʻu β] 表示南宁平话所拼声母。

南　宁	北　京	例　字
i	ɿ	此撕资自糍私子柠祠丝
	ʅ	势世知支纸豉是指迟屎址志齿时试
	i	奇宜义肄拟棋疑已以
	u	储舒输殊如乳
	y	吕餘趣需于羽喻裕
	ɤ	蔗赊畲蛇个又音
	ie	茄又音，~瓜：茄子 借谢又音，姓氏
	ɚ	儿尔耳二贰
u	u	普故湖符父武务富负恶可~
	o	簸婆破磨
	uo	朵糯螺坐锁果火货祸
	ɤ	科禾和
	ou	剖解~
a	a	疤霸爬马洒榨叉茶沙

第四章 南宁(心圩)平话语音与北京音的比较 / 77

	ia	家假架下虾罅_{缝儿，又音}牙哑桠｜j 丫
	ua	ku 瓜寡挂｜kʻu 夸｜β花华话瓦
	uo	舵罗锣左我
	ɤ	饿
	ie	j 夜_{又音}
e	ie	姐茄_{又音，番~}写谢_{又音}爷野
	ye	ku 瘸
	ɤ	者车扯舍射｜j 惹
	ia	罅_{缝儿，又音}
	ua	β画_{又音}
o	u	墓赌土路祖素初梳数苦壶五
	y	娶取_{又音}
	o	波菠玻坡摩模
	uo	多拖箩_{又音}妥蓑卧错做
	ɤ	歌可课河贺鹅菏_{薄~}
	a	傻
ɯ	ɤ	个_{又音}
	ɚ	而
ai	ai	袋来开带盖拜挨牌柴败
	uai	ku 乖怪｜kʻu 拐_{又音}筷｜β快坏歪外
	ie	阶皆街解介戒芥界疥鞋
	a	大拉
	ia	佳
ei	i	毖祭艺米底犁鸡砌西荔蚁腻
	ɿ	蛳
	ʅ	制逝师使柿事

	ei	鐾美
	uei	危又音,~险｜β会开~位威围｜ku围龟柜葵贵｜kʻu规亏挥
	ai	筛矮
	y	婿与给与
oi	ei	杯陪配梅妹内雷贝
	uei	对队颓腿退罪催碎灰煨
ui	ei	累~计泪类又音
	uei	嘴吹睡醉锥锤水最岁税｜ŋi 蕊
	uai	帅
au	au	宝毛刀老灶高包闹罩潲
	iau	交搅教敲校孝效｜ŋi 咬
	ua	ŋi 抓
iu	iau	表苗椒桥笑窖钓尿料吆
	au	招赵照超朝烧少绍扰
eu	iau	绞窍觉又音撩又音吆又音鹞又音
	au	猫拗刨又音煲又音炒又音
ɐu	ou	谋头楼凑周抽臭手狗口喉厚沤｜ŋi 藕皱
	iou	扭流柳酒九秋秀｜ŋi 牛嗅｜j 有右
	u	补铺府亩浮妇新~,又音
	au	茂贸
œy	i	皮离寄倚戏比地梨器你李己喜机气季尾去计
	ɿ	死四肆
	ei	废肺碑被悲备眉飞肥费
	uei	微未味
	u	嗦朱煮主住处书输鼠树
	y	女居蛆虚句区鬚雨｜ŋi 鱼遇

第四章 南宁(心圩)平话语音与北京音的比较 / 79

	ian	便~宜
am	an	淡南蓝蚕三参甘含暗犯
	ian	监减鉴舰衔陷咸岩
	ai	癌
im	ian	镰尖签阉盐剑欠严店甜兼
	an	占~领闪陕染
em	ian	敛钳芡
	an	喊
ɐm	ən	森针枕砧深审｜ŋi 任壬
	in	林金襟浸侵心｜ŋi 饮｜j 阴音
	yn	寻
an	an	单炭兰寒安盏山板慢翻
	ian	艰简间闲限苋奸晏｜ŋi 眼颜雁
	uan	闩拴晚万赚｜ku 关惯｜β 幻还环弯
in	ian	变面剪线边天年见献檐
	an	展战扇善然燃鳝膳
	uan	专砖转传船｜β 软
	yan	ku 卷绢券权拳犬｜kʻu 圈劝｜β 员缘院冤元园远｜捐鹃全泉宣癣选旋
	in	姻
en	ian	贬扁匾辫便又音，~宜茧枧研水~：水碾
	an	弹又音
un	uan	短钻酸蒜官管灌欢缓碗暖卵乱川
	an	搬半伴盘满
	ian	浅
	ən	盆门闷
on	uan	鸳钻款

	ən	本嫩
	uən	尊村存寸孙损
ŋ	ən	根恩珍真尘趁身神奔喷分粪｜ŋi 人认
	in	民鳞津紧新银近欣品
	uən	吞墩樽伦蚊问｜ku 棍｜kʻu 坤｜β困婚温
	yn	ku 菌军裙｜kʻu 均勋｜β熏训运｜讯｜ŋi 孕
	ian	撚~人：整人
	uan	β换
	iŋ	亲~家｜β营
	yŋ	β兄永咏泳
œn	ən	圳慎贞侦
	in	聘
	uən	笋准春唇顺蒸
	yn	旬循｜j 匀
	əŋ	证秤升整程城声
	iŋ	陵兴鹰应病名领精轻姓瓶顶星颈倾
	yŋ	琼
aŋ	aŋ	帮忙塘狼葬桑缸糠绑蚌
	iaŋ	江虹讲降项巷
	uaŋ	庄状窗床爽亡｜ku 狂｜kʻu 筐框旷况
	əŋ	彭鲠橙｜kʻu 梗菜~
ɐŋ	əŋ	崩灯藤增恒甑衡等耿盟
	iŋ	凭
	aŋ	坑
	iaŋ	j 乡香享响央秧羊杨阳养样

	uŋ	k'u 轰
	ən	肯
eŋ	aŋ	章长场唱伤上尚让盲
	iaŋ	娘凉亮奖酱抢象仰镶
	uaŋ	霜
	əŋ	猛冷争撑生牲庚羹铛｜β横
	iŋ	行行走幸硬艇
	yŋ	β兄又音
uŋ	aŋ	榜方芳防房纺访放
	uaŋ	光荒王网枉往望双
	əŋ	篷梦风封蜂凤
	uəŋ	翁瓮䉤
	uŋ	东笼送公红农宗虫龙钟重共宏｜j荣
	yŋ	穷胸兇拥推雍｜ŋi雄熊｜j勇用
ap	a	乏答塔纳腊杂煤闸插
	ia	夹又音甲胛押鸭压
	ɤ	鸽蛤合盒
ip	ɤ	摺摄
	ie	蝶碟帖镊猎接怯业叶
	ia	夹又音，~子
ɐp	ʅ	汁执湿拾十
	i	立集急级吸辑
	u	ŋi 入
at	a	八抹发达捺辣擦札杀獭萨
	ia	辖压又音
	ua	刷袜｜ku刮｜β滑猾
	ɤ	割葛

	i	j 逸
	u	β窋
it	ɿ	必乙
	uo	说
	ɤ	哲折浙彻撤舌涉热设
	ie	鳖篾铁列节结切歇|β血
	ye	绝雪越|ku 蕨|k'u 决缺|β月
et	ua	β挖又音
	ye	β穴|j曰
ut	y	捋
	o	拨钵泼抹末沫勃没
	uo	夺脱阔活又音
ot	ɤ	核
ɐt	ʅ	侄质虱失实室吃|ŋi 日
	i	笔蜜栗吉七乞膝
	u	突术|ku 骨
	y	律率桔戌|β屈委~域
	o	佛
	uo	β活又音
œt	ʅ	织直食识式只隻尺石释
	i	力即息易交~壁踢历击锡鼻悉
	u	出
	y	剧
ak	ua	β划计~
	o	剥
	uo	托落洛骆作索霍朔|β或获
	ɤ	乐各壳额恶鹤

ɐk	ye	确觉学｜ŋi 岳
	au	烙凿
	iau	角
	i	鲫
	o	蔔萝~墨默
	ɤ	德特则测侧克刻扼
	ai	塞色
	ei	北得贼黑
	au	雹~子：冰雹
	iau	j 药
ek	o	魄
	uo	着穿（衣）弱｜j 若
	ɤ	泽格嚇额圻责册策革隔轭客
	ye	略雀｜j 约
	ai	伯白百拍迫麦脉择窄拆
	au	着睡~
	iau	脚
uk	u	木福独足竹熟哭屋缚
	y	绿菊续｜ŋi 玉狱｜j 育浴
	o	博膜莫驳
	uo	啄捉镯握郭扩国缩
	au	薄
	ou	粥｜ŋi 肉
	iou	六

三 声调的比较

(一) 由北京话出发看南宁平话与北京话声调的对应。

北京	南宁	例字
阴平55	阴 平 53	支家开高深村江灯生东
	阴入乙33	插接湿八脱七出黑拍叔
	阳 平 21	殊堤鲸帆
	阴 上 33	剖扳墩桥~
	阴 去 35	知~识青年妈阿渣又音眯杉糙猫究
	阳入甲24	抹曰
	阳入乙22	夹又音突屐拨
阳平35	阳 平 21	毛门泥螺牙窑容婆甜藤迟神壶穷
	阴入乙33	急察节决识得格福竹
	阳入乙22	杂盒碟十达滑舌侄石学白独
	阳入甲24	协穴额膜
	阴 平 53	于摩模喃芒~果
	阴 上 33	橙~果：橙子
	阳 去 22	旋腘~：手指纹骸
上声214	阴 上 33	屎锁寡土改洗保早请响恐
	阳 上 13	耳武野五买礼柳女雨远暖岭
	阴入乙33	甲铁血骨尺索壳北百窄
	阴 平 53	楷挤表手~橄岗卡
	阳 平 21	傻薯
	阴 去 35	署簸~一下吐~痰左又音与给跑扫~地喊伞柄
	阳 去 22	歿尔那腐伪累连~髓缆俭壤

去声 51	阳入甲 24	捋辱
	阳入乙 22	属
	阴　去 35	蔗化素快对暗变寸凳放
	阳　上 13	坐弟兄~舅厚被被子柱徛淡旱近重轻~
	阳　去 22	字二话路败帽汗项尚凤
	阴入乙 33	阔室壁戚各恶凶恶测色客粟
	阳入甲 24	腊叶辣袜热蜜力墨药木六
	阳入乙 22	涉术述剧戏~鹤划或获特缚续
	阴　平 53	爸岔跨苾剂绢殡拖瞪倡
	阳　平 21	饲喻刨
	阴　上 33	妇纪鳝腕映

（二）由南宁平话出发看南宁平话与北京话声调的对应。

南　宁	北　京	例　字
阴　平 53	阴平 55	支家开高深村江灯生东
	阳平 35	于摩模芒~果
	上声 214	楷挤表手~橄岗卡
	去声 51	爸岔跨苾剂绢殡拖瞪倡
阳　平 21	阳平 35	毛门泥螺牙窑容婆甜藤迟神壶穷
	阴平 55	殊堤鲸帆
	上声 214	傻薯
	去声 51	饲喻刨
阴　上 33	上声 214	屎锁寡土改洗保早请响恐
	阴平 55	剖扳墩桥~
	阳平 35	橙~果：橙子
	去声 51	妇纪鳝腕映

阳 上 13	上声 214	耳武野五买礼柳女雨远暖岭
	去声 51	坐弟兄~舅厚被被子柱徛淡旱近重轻~
阴 去 35	去声 51	蔗化素快对暗变寸凳放
	阴平 55	知~识青年妈阿渣又音眯杉糙猫究
	上声 214	署簸~一下吐~痰｜呕~左又音与给跑扫~地喊伞柄
阳 去 22	去声 51	字二话路败帽汗项尚凤
	阳平 35	旋䐃~：手指纹骸
	上声 214	戏尔那俯腐伪累连~髓缆俭壤
阴入乙 33	阴平 55	插接湿八脱七出黑拍叔
	阳平 35	急察节决识得格福竹
	上声 214	甲铁血骨尺索壳北百窄
	去声 51	阔室壁戚各恶凶恶测色客粟
阳入甲 24	去声 51	腊叶辣袜热蜜力墨药木六
	阴平 55	抹曰
	阳平 35	协穴额膜
	上声 214	捋辱
阳入乙 22	阳平 35	杂盒碟十达滑舌侄石学白独
	阴平 55	夹又音突屐拨
	上声 214	属
	去声 51	涉术述剧戏~鹤划或获特缚续

第 五 章

南宁（心圩）平话语音与中古音的比较

一 声母的比较

南宁（心圩）平话与中古音声母比较表

		全清			全浊	
帮 组	帮	包 pau^{53}	滂	炮 p'au^{35}	並	菢 pau^{22}
非 组	非	飞 fœy^{53}	敷	费 fœy^{35}	奉	肥 fœy^{21}
端泥组	端	东 tuŋ^{53}	透	通 t'uŋ^{53}	定	同 tuŋ^{21}
精 组	精	早 tsau^{33}	清	草 ts'au^{33}	从	曹 tsau^{21}
知 组	知	猪 tsœy^{53}	彻	抽 ts'ɐu^{53}	澄	重 tsuŋ^{13}
庄 组	庄	装 tsaŋ^{53}	初	窗 ts'aŋ^{53}	崇	状 tsaŋ^{22}
章 组	章	周 tsɐu^{53}	昌	臭 ts'ɐu^{35}	船	神 θɐn^{21}
日 母						
见晓组	见	公 kuŋ^{53} 关 kuan^{53}	溪	考 k'au^{33} 亏 k'uɐi^{53} 裤 ho^{35} 丘 jɐu^{53} 快 βai^{35}	群	勤 kɐn^{21} 裙 kuɐn^{21}
影 组	影	爱 ai^{35} 腰 iu^{53} 屋 uk^{33} 秧 jɐŋ^{53} 弯 βan^{53}				

	次浊		清	全浊	
明	帽 mau²²				帮组
微	尾 mœy¹³				非组
泥	农 nuŋ²¹	来 龙 luŋ²¹			端泥组
			心 嫂 θau³³	邪 袖 tsɐu²²	精组
					知组
			生 双 θuŋ⁵³		庄组
			书 手 θɐu³³	禅 寿 θɐu²²	章组
日	耳 ŋi¹³ 人 ŋien²¹				日母
疑	我 ŋa¹³ 牙 ŋia²¹		虾 ha⁵³ 香 jeŋ⁵³ 花 βa⁵³	汗 han²² 效 jau²² 话 βa²²	见晓组
云	有 jɐu¹³ 位 βɐi²² 雨 hœy¹³	以 油 jɐu²¹ 缘 βin²¹ 盐 him²¹			影组

有些字不合对应规律，列举如下（有些字注音后小字齐下标明"又音"的，表示这个读法是一种又读音）：

帮母　　谱 pʻu³³｜编 pʻin⁵³｜般 pʻun⁵³｜拨 pʻut²²｜迫 pʻek³³

滂母　　玻 po⁵³｜怖 pɐu³⁵

並母　　佩 pʻoi³⁵｜跑 pʻau³⁵｜叛 pʻun³⁵｜勃 pʻut²²

非母　　脯果～甫 pʻu³³

敷母　　捧 pʻuŋ³³

奉母　　浮～子：浮标 pɐu²¹ 又音｜辅 pʻu³³

微母　　文 fɐn²¹｜巫诬 u⁵³

端母　　鸟 niu¹³

透母　　贷 tai²²｜獭 tsʻat³³

定母　　挺 tʻœn³³｜艇 tʻeŋ¹³

精母	躁 ts'au³⁵ ｜ 剿 ~匪 ts'iu³³ ｜ 笺 ts'im⁵³ ｜ 雀 麻~：麻将 ts'ek³³
从母	辑 ts'ɐp³³ ｜ 贼 ts'ɐk²²
心母	僧 tsɐŋ⁵³ ｜ 速 ts'uk³³
邪母	似 ts'i³⁵ ｜ 斜 ts'e²¹ ｜ 邪 θe²¹ ｜ 隧 θui²² ｜ 涎 θan²¹ ｜ 旬 θœn²¹ ｜ 循 θœn²¹ ｜ 松 θuŋ⁵³ ｜ 俗 θuk²²
知母	爹 te⁵³ ｜ 剟戳击 tuk⁵⁵ ｜ 啄 ~木 tset³⁵：啄木鸟 tuk³³
彻母	侦 tsœn⁵³
澄母	瞪 tɐŋ⁵³ ｜ 橙 ~果：橙子 ts'aŋ³³ ｜ 术 θɐt²²
庄母	渣 甘蔗~ ŋia³⁵ ｜ 抓 ŋiau⁵³ ｜ 皱 ŋiau³⁵
崇母	镯 ts'uk³³ ｜ 柴 θai²¹ ｜ 士仕柿事 θei²² ｜ 愁 θɐu²¹ ｜ 床 θaŋ²¹ ｜ 煤 θap²²
生母	杉 ts'am³⁵ ｜ 产 ts'an³³ ｜ 刷 ts'at³³
书母	翅 ts'i³⁵ ｜ 春 ts'uŋ⁵³ ｜ 束 ts'uk³³
禅母	垂 tsui²¹ ｜ 酬 tsɐu²¹ ｜ 臣 tsen²¹ ｜ 殖 tsœt²²
日母	软 βin¹³ ｜ 染 nim¹³ ｜ 瓤 naŋ²¹ ｜ 而 lɯ²¹ ｜ 如 hi²¹ ｜ 扰 ~乱 hiu¹³ ｜ 然燃 hin²¹ ｜ 惹 je¹³ ｜ 绒茸 juŋ²¹ ｜ 若 jek²⁴ ｜ 辱 juk²⁴
见母	勾 ~子 ŋɐu⁵³
溪母	楷 kai⁵³ ｜ 企 kœy¹³ ｜ 撖撳 kɐm²² ｜ 廓 kuk³³ ｜ 券 kuin³⁵ ｜ 犬 kuin³³ ｜ 屈秃：~尾狗 kuɐt²² 又音
群母	芡 k'em¹³ ｜ 强勉~ k'eŋ³³
疑母	瓦 βa¹³ ｜ 外 βai²² ｜ 危 βei²¹ 又音 ｜ 原源元 βin²¹ ｜ 愿 βin²² ｜ 月 βit²⁴ ｜ 宜疑 ni²¹ ｜ 拟 ni¹³ ｜ 验 nim²² ｜ 业 nip²⁴ ｜ 逆 nœt²⁴ ｜ 娱 hi²¹ ｜ 尧 hiu²¹ ｜ 雅 ja³³
晓母	蓄 ts'uk³³ ｜ 吸 k'ɐp³³ ｜ 霍 k'ak³³ ｜ 朽 ~木 ŋɐu¹³ ｜ 嗅 ŋiau³⁵ ｜ 挥辉徽 k'uei⁵³ ｜ 勋 k'uɐn⁵³ ｜ 况 k'uaŋ³⁵ ｜ 轰 k'uɐŋ⁵³
匣母	舰 lam²² ｜ 校学~：上~ kau³⁵ ｜ 槛 k'am³³ ｜ 互 ŋo²² ｜ 缓 un¹³ ｜ 活 ut²² 又音 ｜ 睢 kuɐi²¹ ｜ 溃 k'uei³⁵
影母	桠 ~权：树杈 ŋa⁵³ ｜ 扼 ~要 ŋek²⁴ ｜ 恶可~ hu²² ｜ 饮 ŋiɐm³³
云母	炎 ŋim²¹ ｜ 于 i⁵³ ｜ 雄 ŋiuŋ²¹ ｜ 熊 ŋiuŋ²¹
以母	捐 kin⁵³/kuin⁵³ ｜ 阎 ŋim²¹ ｜ 盈 ŋœn²¹ ｜ 肄异 i³⁵ ｜ 也 i²² 又音 ｜ 演 im³³ ｜ 锐 ŋiui³⁵ ｜ 孕 ŋiɐn²²

二 韵母的比较

南宁（心圩）平话与中古音韵母比较表

	一等			二等			
	帮系	端系	见系	帮系	泥组	知庄组	见系
果 开		锣 la²¹ 左 tsa³⁵ 多 to⁵³	屙 a⁵³ 歌 ka⁵³ 鹅 ŋo²¹				
果 合	婆 pu²¹ 波 po⁵³	坐 tsu¹³ 妥 t'o³³	火 hu³³ 课 k'o³⁵				
假 开				巴 pa⁵³	拿 na²¹	茶 tsa²¹	家 ka⁵³ 牙 ŋia²¹
假 合							瓜 kua⁵³
遇 合	步 pɐu²² 谱 p'u³³	祖 tso³³	古 ko³³ 湖 hu²¹				
蟹 开	贝 poi³⁵	菜 ts'ai³⁵	盖 kai³⁵	排 pai²¹	奶 nai¹³	柴 θai²¹	界 kai³⁵
蟹 合	杯 poi⁵³	对 toi³⁵	灰 hoi⁵³ 会 βɐi²² 开~				怪 kuai³⁵
止 开							
止 合							
效 开	宝 pau⁵³	刀 tau⁵³	高 kau⁵³	貌 mau²²	闹 nau²²	罩 tsau³⁵	交 kau⁵³
流 开	某 mɐu³³	头 tɐu²¹	狗 kɐu³³				
咸开舒		胆 tam³³	暗 am³⁵			斩 tsam³³	咸 ham²¹
咸开入		答 tap³³	盒 hap²²			插 ts'ap³³	鸭 ap³³
咸合入							
深开舒							
深开入							
山开舒		餐 ts'an⁵³	看 han³⁵	板 pan³³		盏 tsan³³	闲 han²¹ 眼 ŋian¹³
山开入		辣 lat²⁴	割 kat³³	八 pat³³		杀 θat³³	辖 hat²²

续表

	一等			二等			
	帮系	端系	见系	帮系	泥组	知庄组	见系
山合舒	半 pun³⁵	蒜 θun⁵³	官 kun⁵³			栓 θan⁵³	关 kuan⁵³
山合入	泼 pʻut³³	脱 tʻut³³	阔 hut³³			刷 tsʻat³³	滑 βat²²
臻开舒		吞 tʻɐn⁵³	根 kɐn⁵³				
臻开入							
臻合舒	门 mun²¹ 喷 pʻɐn³⁵	墩 tɐn³³ 村 tsʻon⁵³	婚 βɐn⁵³				
臻合入	没 mut²⁴	突 tɐt²²	骨 kuɐt³³				
宕开舒	帮 paŋ⁵³	塘 taŋ²¹	糠 haŋ⁵³				
宕开入	薄 puk²²	索 θak³³	各 kak³³				
宕合舒			荒 huŋ⁵³				
宕合入			郭 kuk³³				
江开舒				绑 paŋ³³		窗 tsʻaŋ⁵³ 桩 tsuŋ⁵³	讲 kaŋ³³
江开入				剥 pak³³ 驳 puk³³		朔 θak³³ 捉 tsuk³³	学 hak²²
曾开舒	崩 pɐŋ⁵³	灯 tɐŋ⁵³	肯 hɐŋ³³				
曾开入	墨 mɐk²⁴	塞 θɐk³³	黑 hɐk³³				
曾合舒							
曾合入			国 kuk³³				
梗开舒				盲 mɐŋ²¹	冷 lɐŋ¹³	撑 tsʻɐŋ⁵³	行 hɐŋ²¹ 鹦 ɐn⁵³
梗开入				白 pek²²		窄 tsek³³	轭 ek³³
梗合舒							横 βɐŋ²¹
梗合入							获 βak²²
通合舒	蓬 puŋ²¹	宗 tsuŋ⁵³	公 kuŋ⁵³				
通合入	木 muk²⁴	独 tuk²²	哭 huk³³				

南宁（心圩）平话与中古音韵母比较表

三四等

帮系	端组	泥组	精组	庄组	知章组	日母	见系		
							茄 ki²¹/ke²¹①	果	开
							瘸 kue²¹	果	合
			借 tsi³⁵ 写 θe³³		蔗 tsi³⁵ 舍 θe³⁵	惹 je¹³	野 je¹³	假	开
								假	合
斧 fɐu³³ 武 mu¹³		女 nœy¹³ 吕 li¹³	鬚 θœy⁵³ 需 θi⁵³	初 tsʻo⁵³	猪 tsœy⁵³ 舒 θi⁵³	乳 ŋi¹³	雨 hœy¹³ 徐 hi²¹	遇	合
米 mɐi¹³	低 tɐi⁵³	泥 nɐi²¹	细 θɐi³⁵		制 tsɐi³⁵ 世 θi³⁵		鸡 kɐi⁵³ 系 hœy³⁵	蟹	开
肺 fœy³⁵			岁 θui³⁵		税 θui³⁵	芮 ŋiœy²²	桂 kuɐi³⁵	蟹	合
皮 pœy²¹	地 tœy²²	你 nœy¹³	四 θœy³⁵ 子 tsi³³		是 θi²²	二 ŋi²²	几 kœy³³ 棋 ki²¹	止	开
肥 fœy²¹		泪 lui²²	醉 tsui³⁵	帅 θui³⁵	睡 θui²²	蕊 ŋiui¹³	龟 kuɐi⁵³	止	合
瓢 piu²¹	钓 tiu³⁵	尿 niu²²	笑 θiu³⁵		照 tsiu³⁵		桥 kiu²¹	效	开
浮 pɐu²¹ 富 fu³⁵	丢 tɐu⁵³	流 lɐu²¹	酒 tsɐu³³	瘦 θɐu³⁵	手 θɐu³⁵		九 kɐu³³	流	开
贬 pen³³	店 tim³⁵	镰 lim²¹	尖 tsim⁵³		占 tsim³⁵	染 nim¹³	盐 him²¹	咸开舒	
	碟 tip²²	猎 lip²⁴	接 tsip³³		摄 θip³³		叶 hip²⁴	咸开入	
犯 fam²²								咸合舒	
法 fap³³								咸合入	
品 pʻen³³		林 lɐm²¹	心 θɐm⁵³	森 θɐm⁵³	针 tsɐm⁵³	任 ŋiɐm²²	金 kɐm⁵³	深开舒	
		立 lɐp²⁴	习 tsɐp²²		十 θɐp²²	入 ŋiɐp²⁴	急 kɐp³³	深开入	

续表

三四等									
帮系	端组	泥组	精组	庄组	知章组	日母	见系	
鞭 pin⁵³	田 tin²¹	年 nin²¹	钱 tsin²¹		战 tsin³⁵	燃 ŋin²¹	见 kin³⁵	山开舒
篾 mit²⁴	铁 t'it³³	列 lit²⁴	节 tsit³³		彻 ts'it³³	热 ŋit²⁴	结 kit³³	山开入
饭 fan²²		恋 lin²²	全 tsin²¹		砖 tsin²¹	软 βin¹³	拳 kuin²¹	山合舒
袜 mat²⁴		劣 lit²⁴	雪 θit³³		说 θit³³		血 βit³³	山合入
贫 pɐn²¹		鳞 lɐn²¹	新 θɐn⁵³	衬 ts'ɐn³⁵	阵 tsɐn²²	人 ŋiɐn²¹	近 kɐn¹³	臻开舒
蜜 mɐt²⁴		栗 lɐt²⁴	七 ts'ɐt³³	虱 θɐt³³	实 θɐt²²	日 ŋiɐt²⁴	一 ɐt³³	臻开入
分 fɐn⁵³		轮 lɐn²¹	榫 θɐn³³ 笋 θœn³³		顺 θœn²²	闰 ŋiɐn²²	菌 kuɐn¹³	臻合舒
物 mɐt²⁴		律 lɐt²⁴	戌 θɐt³³		术 θœt²² 出 ts'œt³³		屈 βɐt²²	臻合入
		娘 nɐŋ²¹	相 θɐŋ³⁵	装 tsaŋ⁵³	章 tsɐŋ⁵³	让 ŋɐŋ²²	姜 kɐŋ⁵³ 阳 jɐŋ²¹	宕开舒
		略 lek²⁴	鹊 ts'ek³³		着 tsek²²	弱 ŋek²⁴ 若 jek²⁴	脚 kek³³ 约 jek³³ 药 jɐk²⁴	宕开入
网 muŋ¹³							王 huŋ²¹ 筐 k'uaŋ⁵³	宕合舒
缚 fuk²²								宕合入
								江开舒
								江开入
凭 pɐŋ²¹		陵 lœn²¹	甑 tsœn³⁵		蒸 tsœn⁵³		兴 hœn⁵³	曾开舒
		力 lœt²⁴	息 θœt³³ 鲫 tsek³³	色 θek³³	直 tsœt²²		翼 jœt²⁴	曾开入
								曾合舒
							域 βɐt³³	曾合入
平 pœn²¹	钉 tœn³⁵	岭 lœn¹³	井 tsœn³³		程 tsœn²¹		轻 hœn⁵³	梗开舒
劈 p'œt³³	敌 tœt²²	历 lœt²⁴	惜 θœt³³		石 θœt²²		屐 kœt²² 译 jœt²⁴	梗开入

续表

三四等								
帮系	端组	泥组	精组	庄组	知章组	日母	见系	
							兄 βɐn^{53} 琼 kœn^{21}	梗合舒
							疫 βœt^{33}	梗合入
蜂 fuŋ^{53}		浓 nuŋ^{21}	从 tsuŋ^{21}	崇 tsuŋ^{21}	重 tsuŋ^{13}	茸 juŋ^{21}	穷 kuŋ^{21} 容 juŋ^{21}	通合舒
目 muk^{24}		六 luk^{24}	粟 θuk^{33}	缩 θuk^{22}	粥 tsuk^{33}	肉 ɲiuk^{24}	菊 kuk^{33} 玉 ɲiuk^{24}	通合入

① 茄 ki^{21} ~瓜：茄子/ke^{21} 番~：西红柿。

有些字不合对应规律，列举如下：

果开一　　大 tai^{22} | 个 kɯ^{35}/ki^{35} | 箇 kɯ^{35} 近指代词，这

假开二　　罅 ke^{35} 又音

假开三　　夜 ja^{22} 又音，~饭：晚饭 | 也 i^{22} 又音，他去我~去

遇合一　　模摹 mo^{53} | 墓 mo^{22} | 都 tu^{53} 首~ | 吐 t'u^{35} ~痰 | 呕~ | 嗉 θœy^{35}

遇合三　　雾 mo^{22} | 取娶 ts'o^{33}

蟹开二　　罢 pa^{22} | 筛 θɐi^{53} | 矮 ɐi^{33}

蟹开三四　厉 lœy^{22}

蟹合一　　坯 p'ɐi^{53} 生~砖：砖坯 | 最 tsui^{35} | 外 βai^{22}

蟹合二　　卦挂 kua^{35} | 画 βa^{22}/βe^{22} | 话 βa^{22}

蟹合三四　锐 ɲiui^{35}

止开三　　美 mɐi^{13} | 鼻 pœt^{22} ‖ 履 li^{13} | 尼 nɐi^{21} | 荔 lɐi^{13} | 腻 nɐi^{22}
　　　　　‖ 而 lɯ^{21} ‖ 忌 kɐi^{22} | 蚁 ŋɐi^{13} | 毅 ŋɐi^{22}

止合三　　类 loi^{22} 又音，我~：我们 | 喂 ui^{35} | 季 kœy^{35}

效开二　　刨 peu^{21} ~皮 | 猫 meu^{35} ‖ 炒 ts'eu^{33} 又音，少量地炒 ‖ 巧
　　　　　k'iu^{33} | 绞 keu^{33} | 觉 keu^{35} 又音 | 拗 eu^{33}

效开三四　飘 p'eu^{53} 又音 ‖ 掉 teu^{22} ‖ 撩 leu^{53} ‖ 乔 keu^{21} | 窍 k'eu^{35}
　　　　　| 吆 eu^{53} 又音 | 鹞 heu^{22} 又音

流开一　　剖 p'u^{33} 解~

流开三	矛 mau²¹ | 彪 piu⁵³ ‖ 廖 liu²²
咸开一舒	喊 hem³⁵/hen³⁵ ‖ 毯 tʻan³³ | 滥 lan²² | 蚕 tsan²¹ 又音
咸开一入	拉 lai⁵³ | 塌 tʻat³³
咸开二舒	赚 tsan²²
咸开二入	扎 tsat³³ ‖ 夹 kep²² 又音 | 压 at³³
咸开三四舒	敛 lem¹³ ‖ 潜 tsin²¹ ‖ 蟾 θɐm²¹ ‖ 钳 kem²¹ | 芡 kʻem¹³ | 檐 hin²¹
咸开三四入	跌 tit³³ ‖ 捷 tsit²² ‖ 涉 θit²²
咸合三舒	凡 fan²¹ | 帆 fan²¹
咸合三入	乏 fat²²
深开三入	蛰 tsœt³³ 惊~
山开一舒	弹 ten²¹ 又音，~玻珠：弹玻璃球 | ~手指：弹手指
山开二舒	拣 kin³³
山开二入	铡 tsap²²
山开三四舒	便 pœy²¹/pen²¹ 又音，~宜 | 扁匾 pen³³ | 辫 pen¹³ ‖ 典 tim³³ ~当 | 垫 tim²² ~背 ‖ 联 lim²¹ | 撚 nɐn³³ ~人：整人 ‖ 笺 tsʻim⁵³ | 迁 tsʻim⁵³ | 浅 tsʻun³³ ‖ 建 kim³⁵ | 健键 kim²² | 显 him³³ | 演 im³³ | 茧 ken³³ | 蚬 hen³³ | 研 ŋen²¹ | 燕 en³⁵ 又音
山合一舒	鸾 lon²¹ | 钻 tson³⁵ ‖ 款 kʻon³³ | 换 βan²²/βen²²
山合一入	活 βet²² 又音
山合二入	挖 βet³³
山合三四舒	川穿 tsʻun⁵³ | 串 tsʻun³⁵
山合三四入	曰 jet²⁴ | 穴 βet²⁴
臻开三舒	必 pit³³ ‖ 慎 θɐn²² ‖ 姻 in⁵³ | 湮 jœn⁵³
臻开三入	逸 jat³³ | 乙 it³³
臻合一舒	本 pon³³ ‖ 匀 jœn²¹
臻合一入	窟 βat³³ | 核 hot²²
宕开一入	落 lek³³ 又音，行~来：走下来
宕开三舒	霜 θeŋ⁵³ ‖ 瓤 naŋ²¹
宕合一舒	旷 kʻuaŋ³⁵

宕合一入　　霍 k'ak³³

宕合三舒　　亡 maŋ²¹

江开二舒　　腔 k'eŋ⁵³

江开二入　　握 uk³³

曾开三舒　　瞪 teŋ⁵³｜橙 ts'aŋ³³‖孕 ŋ en²²

曾合一入　　或 βak²²

梗开二舒　　彭 paŋ²¹｜烹 p'eŋ⁵³｜萌 meŋ²¹‖睁 tseŋ⁵³｜筝 tseŋ⁵³‖衡 heŋ²¹｜梗 k'ueŋ³³｜坑 k'eŋ⁵³｜耿 keŋ³³

梗开二入　　扼 ŋek²⁴ ~要｜额 ŋak²⁴ 又音，名~

梗开三四舒　盟 meŋ²¹‖艇 t'eŋ¹³

梗开三四舒　吃 het³³

梗合二舒　　矿 k'uaŋ³⁵｜轰 k'ueŋ⁵³｜宏 huŋ²¹

梗合三四舒　荣 juŋ²¹

通合三入　　玉 ŋiœy²² 又音，~米

三　声调的对比

阴入甲、阴入丙一般都是外来的，此处不列，详见第六章之三。

南宁（心圩）平话与中古音声调比较表

		阴平 53	阳平 21	阴上 33	阳上 13	阴去 35	阳去 22	阴入乙 33	阳入甲 24	阳入乙 22
平	清	高天猪 三婚飞								
	浊		毛南来 头桥咸							
上	清			比草口 手好粉						
	次浊				马女老					
	全浊				坐重厚		动件是			

续表

		阴平 53	阳平 21	阴上 33	阳上 13	阴去 35	阳去 22	阴入乙 33	阳入甲 24	阳入乙 22
去	清					霸再晒				
	次清					怕菜货				
	浊						卖洞轿 阵事坏			
入	清							八笔客 哭七杀		
	次浊								袜业辣 肉叶药	
	全浊									白独屐 杂石滑

有些字不合对应规律，列举如下：

清平　堤 tɐi²¹｜妨 fuŋ²¹‖菱βɐi³³｜扳 pan³³｜墩 tɐn³³‖知 tsi³⁵ ~识青年｜阿 a³⁵｜渣 ȵia³⁵｜坳 au³⁵｜杉 tsʻam³⁵

浊平　蟆 ma⁵³｜摩模 mo⁵³｜芒 maŋ⁵³ ~果｜黏 nim⁵³｜捞 lau⁵³｜撩 leu⁵³｜捐 kin⁵³｜巫诬 u⁵³｜于 i⁵³｜捐 kuin⁵³｜松 θuŋ⁵³ ~根：松树｜橙 tsʻaŋ³³｜闽 mɐn¹³｜佢 kœy¹³｜妈 ma³⁵｜猫 meu³⁵｜跑 pʻau³⁵｜骸 hai²²

清上　估 ku⁵³｜挤 tsɐi⁵³｜表 piu⁵³手~｜漂 pʻiu⁵³｜殴 ɐu⁵³｜橄 kam⁵³｜楷 kai⁵³‖傻 θo²¹‖始 θi¹³｜鸟 niu¹³｜洒 θa¹³｜肚 to¹³ 猪~｜否 fɐu¹³｜匪 fœy¹³｜企 kœy¹³｜朽 ŋɐu¹³｜癸 kuɐi³⁵｜拗 ɐu³⁵｜喊 hem³⁵｜矿 kʻuaŋ³⁵｜髓 θui²²｜尽 tsɐn²²

次浊上　唯βɐi²¹｜瞭 liu²¹｜哪 na³³｜伟βɐi³³｜纽扭 nɐu³³｜榄 lam³³｜撚 nɐn³³｜雅 ja³³｜演 im³³‖眯 mɐi³⁵｜与 hɐi³⁵给｜诱 jau³⁵‖尔 ȵi²² ~个：那个｜壤 ŋɐŋ²²

全浊上　辅 pʻu³³｜挺 tʻœn³³｜妇 fɐu³³｜强 kʻɐŋ³³ 勉~｜鳝 θin³³｜槛 kʻam³³‖似 tsʻi³⁵｜绍 θiu³⁵｜距 kœy³⁵｜范 fam³⁵｜诞 tan³⁵｜杏 hœn³⁵

清去　爸 pa⁵³ | 岔 tsʻa⁵³ | 跨 kʻua⁵³ | 勘 ham⁵³ | 绢 kuin⁵³ | 殡 pɐn⁵³ | 扽 tɐn⁵³ | 震 tsɐn⁵³ | 倡 tsʻeŋ⁵³ | 综 tsuŋ⁵³ | 瓮 uŋ⁵³ | 腕 un³³ | 映 œn³³ | 访 fuŋ³³ | 统 tʻuŋ³³ | 付赋 fu²² | 贷 tai²² | 爆 pau²² | 傅 fɐu²²师~ | 站 tsam²² | 扮 pan²² | 灒 tsan²² | 揿 kɐm²² | 锻 tun²² | 栋 tuŋ²² | 恶 hu²²可~

浊去　瞪 tɐŋ⁵³ | 剂 tsɐi⁵³ | 谜 mɐi²¹ | 疗 liu²¹ | 喻 hi²¹ | 饲 tsi²¹ | 薯 θœy²¹ | 仅 kɐn³³ | 咏泳 βɐn¹³ | 辆 leŋ¹³ | 议饩 ŋi¹³ | 妹 moi³⁵使~: 婢女 | 赖 lai³⁵ | 肄异 i³⁵ | 锐 ŋiui³⁵ | 校 kau³⁵学~ | 上~ | 佩 pʻoi³⁵ | 叛 pʻun³⁵ | 稚 tsi³⁵ | 署 θi³⁵ | 竞 kœn³⁵ | 系 hœy³⁵关~ | 效 jau³⁵~果 | 溃 kʻuɐi³⁵ | 鼻 pœt²²

清入　啄 tuk⁵⁵ | 扼 ŋɐk²⁴ | 拨 pʻut²² | 屈 kuɐt²²秃 | 夹 kap²²/kep²² | 别 pit²²区~

次浊入　拉 lai⁵³ | 摸 mo⁵³ | 逸 jat³³ | 域 βɐt³³ | 役疫 βœt³³ | 岳 ŋiak³³~飞 | 落 lɐk³³

全浊入　辑 tsʻɐp³³ | 镯 tsʻuk³³ | 辟 pœt³³ | 协 hip²⁴ | 穴 βɐt²⁴

第 六 章

语音演变特点

本章从中古音出发来看南宁（心圩）平话声韵调演变的特点。

一 声母演变的特点

（一）古全浊声母全部清化，今逢塞音、塞擦音无论平仄一律读不送气音。例如：

並母

阳平——婆 pu²¹ | 排 pai²¹ | 陪 poi²¹ | 袍 pau²¹ | 瓢 piu²¹ | 刨 pɐu²¹ | 脯 pɐu²¹ | 皮 pœy²¹ | 盘 pun²¹ | 贫 pɐn²¹ | 平 pœn²¹ | 旁 paŋ²¹ | 朋 pɐŋ²¹ | 蓬 puŋ²¹

阳上——倍 poi¹³ | 抱 pau¹³ | 被被子 pœy¹³ | 辫 pen¹³

阳去——蚌 paŋ²² | 败 pai²² | 鼙 pɐi²² | 菢 pau²² | 簿 pɐu²² | 避 pœy²² | 办 pan²² | 便方~ pin²² | 伴 pun²² | 笨 pɐn²² | 病 pœn²² | 凭皮证切 pɐŋ²²

阳入乙——拔 pat²² | 鼻来自入声 pɐt²² | 萄 pɐk²² | 白 pek²² | 薄 puk²²

定母

阳平——徒 to²¹ | 台 tai²¹ | 蹄 tɐi²¹ | 颓 toi²¹ | 桃 tau²¹ | 条 tiu²¹ | 头 tɐu²¹ | 潭 tam²¹ | 甜 tim²¹ | 弹 tan²¹ | 田 tin²¹ | 弹~玻珠：弹玻璃球 ten²¹ | 团 tun²¹ | 臀 tɐn²¹ | 停 tœn²¹ | 塘 taŋ²¹ | 藤 tɐŋ²¹ | 同 tuŋ²¹

阳上——舵 ta¹³ | 弟 tɐi¹³ | 淡 tam¹³ | 断 tun¹³

阳去——杜渡 to²² | 待代 tai²² | 第 tɐi²² | 队 toi²² | 道盗 tau²² | 调音~ tiu²² | 掉~头 tɐu²² | 豆 tɐu²² | 地 tœy²² | 垫~背 tim²² | 蛋 tan²² | 电 tin²² | 段 tun²² | 盾 tɐn²² | 定 tœn²² | 荡 taŋ²² | 邓 tɐŋ²² | 动 tuŋ²²

阳入乙——眨一~纸 tap²² | 碟 tip²² | 达 tat²² | 夺 tut²² | 突 tɐt²² | 笛 tœt²² | 度~衫:量衣服 tak²² | 特 tɐk²² | 独 tuk²²

从母

阳平——瓷 tsi²¹ | 财 tsai²¹ | 齐 tsɐi²¹ | 槽 tsau²¹ | 蚕 tsam²¹ | 残 tsan²¹ | 前 tsin²¹ | 存 tson²¹ | 秦 tsɐn²¹ | 情 tsœn²¹ | 藏 tsaŋ²¹ | 层 tsɐŋ²¹ | 墙 tsœŋ²¹ | 从 tsuŋ²¹

阳上——坐 tsu¹³ | 造 tsau¹³

阳去——自 tsi²² | 座 tso²² | 在 tsai²² | 罪 tsoi²² | 就 tsɐu²² | 暂 tsam²² | 渐 tsim²² | 贱 tsin²² | 静净 tsœn²² | 脏 tsaŋ²² | 赠 tsɐŋ²² | 匠 tsœŋ²²

阳入乙——杂 tsap²² | 集 tsɐp²² | 捷绝 tsit²² | 疾 tsɐt²² | 籍 tsœt²² | 凿 tsak²² | 族 tsuk²²

邪母

阳平——徐祠 tsi²¹ | 随 tsui²¹ | 寻 tsɐm²¹ | 祥 tsɐŋ²¹

阳去——巳 tsi²² | 寺 tsi²² | 谢 tse²² | 袖 tsɐu²² | 旋膕~:斗,圆形的指纹 tsin²² | 象 tsɐŋ²² | 诵 tsuŋ²²

阳入乙——习 tsɐp²² | 席 tsœt²² | 续 tsuk²²

澄母

阳平——迟 tsi²¹ | 茶 tsa²¹ | 锤 tsui²¹ | 潮 tsiu²¹ | 绸 tsɐu²¹ | 除 tsœy²¹ | 沉 tsɐm²¹ | 传 tsin²¹ | 尘 tsɐn²¹ | 程 tsœn²¹ | 场 tsɐŋ²¹ | 虫 tsuŋ²¹

阳上——柱苎 tsœy¹³ | 重轻~ tsuŋ¹³

阳去——痔治 tsi²² | 滞 tsɐi²² | 棹 tsau²² | 赵 tsiu²² | 宙 tsɐu²² | 住 tsœy²² | 传~记 tsin²² | 阵 tsɐn²² | 郑 tsœn²² | 丈 tsɐŋ²² | 仲 tsuŋ²²

阳入乙——侄 tsɐt²² | 术 θɐt²² | 直值 tsœt²² | 择着睡~ tsek²²

崇母

阳平——查 tsa²¹ | 锄 tso²¹ | 豺 tsai²¹ | 崇 tsuŋ²¹

阳去——助 tso²² | 寨 tsai²² | 栈 tsan²² | 状 tsaŋ²²

阳入乙——闸铡 tsap²² | 煠 θap²²

禅母

阳平——垂 tsui²¹ | 酬 tsɐu²¹ | 臣 tsɐn²¹

阳入乙——殖 tsœt²²

群母

阳平——茄~瓜：茄子 奇棋 ki²¹｜茄番~：西红柿 ke²¹｜葵 kuɐi²¹｜桥 kiu²¹｜求 kɐu²¹｜骑 kœy²¹｜钳 kem²¹｜琴 kɐm²¹｜勤 kɐn²¹｜群 kuɐn²¹｜琼 kœn²¹｜权 kuin²¹｜狂 kuaŋ²¹｜强 keŋ²¹｜穷 kuŋ²¹

阳上——舅 kɐu¹³｜佢第三人称单数，他 kœy¹³｜徛站立 kœy¹³｜妗~母：舅母 kɐm¹³｜近 kɐn¹³｜菌 kuɐn¹³

阳去——跪柜 kuɐi²²｜轿 kiu²²｜旧 kɐu²²｜巨具 kœy²²｜健 kim²²｜件 kin²²｜共 kuŋ²²

阳入乙——及 kɐp²²｜杰 kit²²｜极屐剧 kœt²²｜局 kuk²²

（二）古精、知、庄、章四组今读合并为［ts　tsʻ　θ］一组。具体说精、从、邪，知、澄，庄、章母今读［ts］，清、彻、初、昌母今读［tsʻ］，心、生、船、书母今读［θ］。崇母部分字和禅母少数几个字今读［ts］，崇母部分字和禅母多数字今读［θ］。从、邪、澄、崇、禅母今读［ts］例见上（一），其余例见下：

精母——资 tsi⁵³｜左 tsa³⁵｜姐 tse³³｜祖 tso³³｜再 tsai³⁵｜祭 tsɐi³⁵｜醉 tsui³⁵｜灶 tsau³⁵｜椒 tsiu⁵³｜酒 tsɐu³³｜簪 tsam⁵³｜尖 tsim⁵³｜浸 tsɐm³⁵｜赞 tsan³⁵｜剪 tsin³³｜钻 tson³⁵｜津 tsɐn⁵³｜睛 tsœn⁵³｜葬 tsaŋ³⁵｜曾 tsɐŋ⁵³｜浆 tseŋ⁵³｜宗 tsuŋ⁵³｜接 tsip³³｜节 tsit³³｜卒 tsɐt³³｜积 tsœt³³｜作 tsak³³｜鲫 tsek³³｜足 tsuk³³

知母——追 tsui⁵³｜罩 tsau³⁵｜朝~早：午前 tsiu⁵³｜昼 tsɐu³⁵｜猪 tsœy⁵³｜站 tsam²²｜展 tsin³³｜珍 tsɐn⁵³｜征 tsœn⁵³｜张 tseŋ⁵³｜中 tsuŋ⁵³｜扎 tsat³³｜哲 tsit³³｜着~衫：穿衣 tsek³³｜竹 tsuk³³

庄母——榨 tsa³⁵｜阻 tso³³｜债 tsai³⁵｜爪 tsau³³｜邹 tsɐu⁵³｜斩 tsam³³｜盏 tsan³³｜臻 tsɐn⁵³｜壮 tsaŋ³⁵｜筝 tseŋ⁵³｜争 tsɐŋ⁵³｜眨 tsap³³｜札 tsat³³｜侧 tsɐk³³｜窄 tsek³³｜捉 tsuk³³

章母——支 tsi⁵³｜遮 tse⁵³｜制 tsɐi³⁵｜锥 tsui⁵³｜招 tsiu⁵³｜周 tsɐu⁵³｜珠 tsœy⁵³｜占 tsim³⁵｜针 tsɐm⁵³｜砖 tsin⁵³｜真 tsɐn⁵³｜蒸 tsœn⁵³｜章 tseŋ⁵³｜钟 tsuŋ⁵³｜摺 tsip³³｜汁 tsɐp³³｜折 tsit³³｜质 tsɐt³³｜只隻 tsœt³³｜烛 tsuk³³

清母——次 tsʻi³⁵｜搓 tsʻa⁵³｜笡 tsʻe³⁵｜粗 tsʻo⁵³｜猜 tsʻai⁵³｜妻 tsʻɐi⁵³｜催 tsʻoi⁵³｜脆 tsʻui³⁵｜草 tsʻau³³｜锹 tsʻiu⁵³｜秋 tsʻɐu⁵³｜蛆 tsʻœy⁵³｜惨 tsʻam³³｜签 tsʻim⁵³｜侵 tsʻɐm⁵³｜餐 tsʻan⁵³｜千 tsʻin⁵³｜浅 tsʻun³³｜村 tsʻon⁵³

| 亲 tsˈɐŋ⁵³ | 清 tsˈœŋ⁵³ | 仓 tsˈaŋ⁵³ | 枪 tsˈeŋ⁵³ | 葱 tsˈuŋ⁵³ | 擦 tsˈat³³ | 切 tsˈit³³ | 七 tsˈɐt³³ | 戚 tsˈœt³³ | 鹊 tsˈek³³ | 促 tsˈuk³³

彻母——耻 tsˈi³³ | 超 tsˈiu⁵³ | 抽 tsˈɐu⁵³ | 趁 tsˈɐn³⁵ | 椿 tsˈœn⁵³ | 撑 tsˈeŋ⁵³ | 宠 tsˈuŋ³³ | 彻 tsˈit³³ | 坼 tsˈek³³ | 畜 tsˈuk³³

初母——差 tsˈa⁵³ | 初 tsˈo⁵³ | 钗 tsˈai⁵³ | 炒 tsˈau³³ | 铲 tsˈan³³ | 衬 tsˈɐn³⁵ | 窗 tsˈaŋ⁵³ | 铛 tsˈeŋ⁵³ | 插 tsˈap³³ | 察 tsˈat³³ | 测 tsˈɐk³³ | 策 tsˈek³³

昌母——| 齿 tsˈi³³ | 车 tsˈe⁵³ | 吹 tsˈui⁵³ | 臭 tsˈɐu³⁵ | 处 tsˈœy³⁵ | 串 tsˈun³⁵ | 春 tsˈœn⁵³ | 唱 tsˈeŋ³⁵ | 充 tsˈuŋ⁵³ | 尺 tsˈœt³³ | 触 tsˈuk³³。

心母——私 θi⁵³ | 锁 θu³³ | 写 θe³³ | 蓑 θo⁵³ | 赛 θai³⁵ | 西 θɐi⁵³ | 碎 θoi³⁵ | 岁 θui³⁵ | 扫 θau³⁵ | 笑 θiu³⁵ | 修 θɐu⁵³ | 死 θœy³³ | 三 θam⁵³ | 心 θɐm⁵³ | 伞 θan³⁵ | 线 θin³⁵ | 酸 θun⁵³ | 孙 θon⁵³ | 新 θɐn⁵³ | 星 θœn⁵³ | 嗓 θaŋ³³ | 相 θeŋ⁵³ | 松 θuŋ⁵³ | 萨 θat³³ | 雪 θit³³ | 膝 θɐt³³ | 息 θœt³³ | 索 θak³³ | 塞 θek³³ | 削 θek³³ | 粟 θuk³³

生母——沙 θa⁵³ | 梳 θo⁵³ | 晒 θai³⁵ | 师 θɐi⁵³ | 帅 θui³⁵ | 潲 θau³⁵ | 稍 θiu⁵³ | 瘦 θɐu³⁵ | 衫 θam⁵³ | 森 θɐm⁵³ | 山 θan⁵³ | 爽 θaŋ³³ | 生 θeŋ⁵³ | 双 θuŋ⁵³ | 杀 θat³³ | 虱 θɐt³³ | 朔 θak³³ | 色 θek³³ | 缩 θuk³³

船母——蛇 θi²¹ | 射 θe²² | 船 θin²¹ | 神 θɐn²¹ | 唇 θœn²¹ | 舌 θit²² | 实 θɐt²² | 食 θœt²² | 赎 θuk²²

书母——诗 θi⁵³ | 捨 θe³³ | 水 θui³³ | 烧 θiu⁵³ | 收 θɐu⁵³ | 鼠 θœy³³ | 陕 θim³³ | 深 θɐm⁵³ | 身 θɐn⁵³ | 声 θœn⁵³ | 伤 θeŋ⁵³ | 摄 θip³³ | 湿 θɐp³³ | 设 θit³³ | 室 θɐt³³ | 识 θœt³³ | 叔 θuk³³

崇母——柴 θai²¹ | 事 θɐi²² | 愁 θɐu²¹ | 床 θaŋ²¹ | 煠 θap²²

禅母——是 θi²² | 逝 θɐi²² | 睡 θui²² | 绍 θiu²² | 仇 θɐu²¹ | 薯 θœy²¹ | 蟾 θɐm²¹ | 蝉 θin²¹ | 晨 θɐn²¹ | 成 θœn²¹ | 尚 θeŋ²² | 十 θɐp²² | 涉 θit²² | 石 θœt²² | 熟 θuk³³

（三）古邪母与从母合并今读塞擦音声母〔ts〕，例如：祠 = 瓷 tsi²¹ | 祥 = 墙 tseŋ²¹ | 巳寺 = 自 tsi²² | 袖 = 就 tsɐu²² | 习 = 集 tsɐp²²。另例见上（一）。

（四）古晓、匣母今逢零韵头读〔h〕声母；逢韵头〔i u〕，声母脱落，韵头分别变作〔j β〕。例如：

晓母

h——嬉 hi⁵³ | 火 hu³³ | 虾 ha⁵³ | 罅 he³⁵ | 虎 ho³³ | 海 hai³³ | 灰 hoi⁵³ | 好 hau³³ | 嚣 hiu⁵³ | 戏 hœy³⁵ | 险 him³³ | 喊 hem³⁵ | 汉 han³⁵ | 献 hin³⁵ | 蚬 hen³³ | 欢 hun⁵³ | 欣 hɐn⁵³ | 兴 hœn⁵³ | 亨 hɐŋ⁵³ | 荒 huŋ⁵³ | 歇 hit³³ | 黑 hek³³ | 嚇 hek³³

j——休 jau⁵³ | 乡香 jɐŋ⁵³

β——花 βa⁵³ | 靴 βe⁵³ | 悔 βɐi³³ | 婚 βɐn⁵³ | 血 βit³³

匣母

h——禾 hu²¹ | 下 ₍敲~：歇一会儿₎ ha²² | 壶 ho²¹ | 豪 hau²¹ | 厚 hɐu¹³ | 系 hœy³⁵ | 咸 ham²¹ | 嫌 him²¹ | 苋 han²² | 贤 hin²¹ | 痕 hɐn²¹ | 形 hœn²¹ | 杭 haŋ²¹ | 衡 hɐŋ²¹ | 行₍走₎ heŋ²¹ | 红 huŋ²¹ | 盒 hap²² | 协 hip²⁴ | 辖 hat²² | 核 hot²² | 学 hak²²

j——夏下~午 ja²² | 效~果 jau³⁵

β——华 βa²¹ | 画 βe²² | 坏 βai²² | 会 βɐi²¹ | 环 βan²¹ | 县 βin²² | 魂 βɐn²¹ | 横 βɐŋ²¹ | 滑 βat²² | 穴 βɐt²⁴ | 活 βɐt²² | 或 βak²²

（五）古溪母常用字与晓母合并，读法随晓母走，参见上文（四）。例如：

h——科 hu⁵³ | 苦 ho³³ | 开 hai⁵³ | 恢 hoi⁵³ | 敲 hau⁵³ | 口 hɐu³³ | 去 hœy³⁵ | 坎 ham³³ | 欠 him³⁵ | 钦 hɐm⁵³ | 看 han³⁵ | 牵 hin⁵³ | 宽 hun⁵³ | 轻 hœn⁵³ | 糠 haŋ⁵³ | 肯 hɐŋ³³ | 空 huŋ⁵³ | 怯 hip³³ | 阔 hut³³ | 吃 hɐt³³ | 壳 hak³³ | 客 hek³³ | 哭 huk³³

j——丘 jau⁵³

β——快 βai³⁵ | 困累, 疲倦 βɐn³⁵ | 窟 βat³³ | 屈委~ βɐt³³

（六）古微母常用字今读同明母 [m]。例如：

无 mu²¹ | 武 mu¹³ | 务 mu²² | 雾 mo²² | 未味 mœy²² | 尾 mœy¹³ | 晚 man¹³ | 万＝慢 man²² | 蚊＝民 mɐn²¹ | 问 mɐn²² | 网 muŋ¹³ | 望忘＝梦 muŋ²² | 袜＝抹 mat²⁴ | 物 mɐt²⁴

（七）古云、以母部分字混入晓、匣母，今读 [h] 声母。例如：

云——羽宇 hi¹³ | 雨 hœy¹³ | 芋 hœy²² | 王 huŋ²¹ | 旺 huŋ²² | 往 huŋ¹³ | 粤越 hit²⁴

以——馀 hi²¹ | 已以 hi¹³ | 与 hɐi³⁵ | 窑 hiu²¹ | 鹞 heu²² | 姨移 hœy²¹ |

易容~hœy²² ǀ 盐 him²¹ ǀ 延 hin²¹ ǀ 赢 hœn²¹ ǀ 叶 hip²⁴ ǀ 阅 hit²⁴ ǀ 易交 ~hœt²⁴

二　韵母演变的特点

（一）古咸、深摄舒声今读［m］尾韵，入声读［p］尾韵；山、臻、曾三、梗三四舒声读［n］尾韵，入声读［t］尾韵；宕、江、曾一等、梗二等、通舒声读［ŋ］尾韵，入声读［k］尾韵。［m　n　ŋ］鼻音尾与［p　t　k］塞音尾井然相配，保留了中古音的格局。例如：

咸（m/p）——胆 tam³³ ǀ 男 nam²¹ ǀ 三 θam⁵³ ǀ 敢 kam⁵³ ǀ 斩 tsam³³ ǀ 减 kam³³ ǀ 钳 kem²¹ ǀ 欠 him³⁵ ǀ 店 tim³⁵ ‖ 杂 tsap²² ǀ 甲 kap³³ ǀ 鸭 ap³³ ǀ 叶 hip²⁴ ǀ 碟 tip²²

深（m/p）——心 θɐm⁵³ ǀ 林 lɐm²¹ ǀ 枕 tsɐm³³ ǀ 音 jɐm⁵³ ǀ 饮 ɲiɐm³³ ‖ 汁 tsɐp³³ ǀ 十 θɐp²² ǀ 入 ɲiɐp²⁴

山（n/t）——单 tan⁵³ ǀ 兰 lan²¹ ǀ 看 han³⁵ ǀ 板 pan³³ ǀ 山 θan⁵³ ǀ 连 lin²¹ ǀ 边 pin⁵³ ǀ 半 pun³⁵ ǀ 关 kuan⁵³ ǀ 软 βin¹³ ǀ 县 βin²² ‖ 辣 lat²¹ ǀ 割 kat³³ ǀ 节 tsit³³ ǀ 铁 t'it³³ ǀ 脱 t'ut³³ ǀ 刮 kuat³³ ǀ 雪 θit³³ ǀ 血 βit³³

臻（n/t）——吞 t'ɐn⁵³ ǀ 根 kɐn⁵³ ǀ 贫 pɐn²¹ ǀ 斤 kɐn⁵³ ǀ 门 mun²¹ ǀ 雲 βɐn²¹ ‖ 密 mɐt²⁴ ǀ 七 ts'ɐt⁴⁴ ǀ 日 ɲiɐt²⁴ ǀ 出 ts'œt³³

曾开三（n/t）——蒸 tsœn⁵³ ǀ 兴 hœn⁵³ ǀ 胜 θœn³⁵ ‖ 力 lœt²⁴ ǀ 直 tsœt²² ǀ 识 sœt³³ ǀ 翼 jœt²⁴ ǀ 域 βœt³³

梗开三四（n/t）——平 pœn²¹ ǀ 颈 kœn³³ ǀ 钉 tœn³⁵ ǀ 醒 θœn³³ ǀ 兄 βœn⁵³ ‖ 尺 ts'œt³³ ǀ 石 θœt²² ǀ 曆 lœt²⁴

宕（ŋ/k）——帮 paŋ⁵³ ǀ 塘 taŋ²¹ ǀ 糠 haŋ⁵³ ǀ 床 θaŋ²¹ ǀ 墙 tsɐŋ²¹ ǀ 伤 θɐŋ⁵³ ǀ 样 jɐŋ²² ǀ 荒 huŋ⁵³ ǀ 房 fuŋ²¹ ǀ 王 huŋ²¹ ‖ 索 θak³³ ǀ 薄 puk²² ǀ 脚 kek³³ ǀ 药 jɐk²⁴

江开二（ŋ/k）——绑 paŋ³³ ǀ 讲 kaŋ³³ ǀ 巷 haŋ²² ǀ 桩 tsuŋ⁵³ ‖ 剥 pak³³ ǀ 角 kak³³ ǀ 学 hak²² ǀ 捉 tsuk³³

曾开一（ŋ/k）——崩 pɐŋ⁵³ ǀ 灯 tɐŋ⁵³ ǀ 层 tsɐŋ²¹ ǀ 肯 hɐŋ³³ ‖ 北 pɐk³³ ǀ 德 tɐk³³ ǀ 贼 ts'ɐk²² ǀ 黑 hɐk³³

梗二（ŋ/k）——百 pek³³ ǀ 盲 meŋ²¹ ǀ 争 tseŋ⁵³ ǀ 铛炒菜锅 ts'eŋ⁵³ ǀ 耕

kɐŋ⁵³ | 硬 ŋɐŋ²² | 矿 kʻuaŋ³⁵ ‖ 麦 mek²⁴ | 坼 tsʻek³³ | 格 kek³³ | 轭 ek³³ | 获 βak²²

通（ŋ/k）——篷 puŋ²¹ | 东 tuŋ⁵³ | 笼 luŋ²¹ | 送 θuŋ³⁵ | 工 kuŋ⁵³ | 红 huŋ²¹ | 风 fuŋ⁵³ | 中 tsuŋ⁵³ | 弓 kuŋ⁵³ | 浓 nuŋ²¹ | 用 juŋ²² ‖ 木 muk²⁴ | 读 tuk²² | 鹿 luk²⁴ | 竹 tsuk³³ | 族 tsuk²² | 榖 kuk³³ | 哭 huk³³ | 服 fuk²² | 六 luk²⁴ | 菊 kuk³³ | 足 tsuk³³

（二）古蟹、效、咸、山摄开口一二等今读无别。例如：

蟹开一——来 lai²¹ | 菜 tsʻai³⁵ | 材 tsai²¹ | 鳃 θai⁵³ | 开 hai⁵³ | 爱 ai³⁵ | 带 tai³⁵ | 泰 tʻai³⁵ | 奈 nai²² | 盖 kai³⁵ | 害 hai²²

蟹开二——排 pai²¹ | 斋 tsai⁵³ | 界 kai³⁵ | 买 mai¹³ | 奶 nai¹³ | 柴 θai²¹ | 捱 ŋai²¹ | 鞋 hai²¹

效开一——保 pau³³ | 毛 mau²¹ | 刀 tau⁵³ | 套 tʻau³⁵ | 脑 nau¹³ | 牢 lau²¹ | 早 tsau³³ | 曹 tsau²¹ | 嫂 θau³³ | 告 kau³⁵ | 考 kʻau³³ | 薅 hau⁵³

效开二——包 pau⁵³ | 茅 mau²¹ | 闹 nau²² | 罩 tsau³⁵ | 炒 tsʻau³³ | 潲 θau³⁵ | 交 kau⁵³ | 咬 ŋiau¹³ | 孝 hau³⁵ | 坳 au³⁵

咸开一——含 ham²¹ | 暗 am³⁵ | 篮 lam²¹ | 三 θam⁵³ | 淡 tam¹³ | 敢 kam³³ | 搭 tap³³ | 纳 nap²⁴ | 杂 tsap²² | 鸽 kap³³ | 合 hap²²

咸开二——站 tsam²² | 减 kam³³ | 咸 ham²¹ | 衫 θam⁵³ | 插 tsʻap³³ | 峡 jap³³ | 胛 kap³³ | 押 ap³³。

山开一——摊 tʻan⁵³ | 难 nan²² | 餐 tsʻan⁵³ | 散 θan³³ | 看 han³⁵ | 寒 han²¹ | 安 an⁵³ | 达 tat²² | 辣 lat²⁴ | 擦 tsʻat³³ | 割 kat³³

山开二——盏 tsan³³ | 简 kan³³ | 眼 ŋian¹³ | 闲 han²¹ | 班 pan⁵³ | 晏 an³⁵ | 八 pat³³ | 察 tsʻat³³ | 杀 θat³³

（三）古流、臻摄开口一三等今读相混。例如：

流开一——头 tɐu²¹ | 楼 lɐu²¹ | 走 tsɐu³³ | 狗 kɐu³³ | 藕 ŋiɐu¹³ | 厚 hɐu¹³ | 呕 ɐu³⁵

流开三——流 lɐu²¹ | 酒 tsɐu³³ | 袖 tsɐu²² | 抽 tsʻɐu⁵³ | 臭 tsʻɐu³⁵ | 手 θɐu³³ | 九 kɐu³³ | 牛 ŋiɐu²¹ | 嗅 ŋiɐu³⁵

臻一——吞 tʻɐn⁵³ | 恩 ɐn⁵³ | 奔 pɐn⁵³ | 婚 βɐn⁵³ ‖ 卒 tsɐt³³ | 骨 kuɐt³³

臻三——宾 pɐn⁵³ | 鳞 lɐn²¹ | 新 θɐn⁵³ | 斤 kɐn⁵³ | 文 mɐn⁵³ | 问 mɐn²² | 分 fɐn⁵³ | 军 kuɐn⁵³ | 云 βɐn²¹ ‖ 笔 pɐt³³ | 七 tsʻɐt³³ | 一 ɐt³³

（四）古果开一、假开二合并，今读［a］韵母。例如：

果开一——舵 ta¹³｜锣 la²¹｜左 tsa³⁵｜搓 ts'a⁵³｜我 ŋa¹³｜屙 a⁵³

假开二——巴 pa⁵³｜霸 pa³⁵｜麻 ma²¹｜茶 tsa²¹｜榨 tsa³⁵｜叉 ts'a⁵³｜沙 θa⁵³｜家 ka⁵³｜假 ka³³｜虾 ha⁵³｜鸦 a⁵³

（五）古宕开三与梗二合并今读［eŋ/ek］韵母。例如：

宕开三——娘 neŋ²¹｜亮 leŋ²²｜酱 tseŋ³⁵｜枪 ts'eŋ⁵³｜匠 tseŋ²²｜箱 θeŋ⁵³｜象 tseŋ²²｜胀 tseŋ³⁵｜畅 ts'eŋ³⁵｜肠 tseŋ²¹｜霜 θeŋ⁵³｜掌 tseŋ³³｜厂 ts'eŋ³³｜商 θeŋ⁵³｜尚 θeŋ²²｜让 ŋeŋ²²｜姜 keŋ⁵³｜仰 ŋeŋ¹³｜鹊 ts'ek³³｜削 θek³³｜着~衫：穿衣 tsek³³｜弱 ŋek²⁴｜脚 kek³³｜约 jek³³

梗二——盲 meŋ²¹｜冷 leŋ¹³｜铛炒菜锅 ts'eŋ⁵³｜生 θeŋ⁵³｜硬 ŋeŋ²²｜行走 heŋ²¹｜耕 keŋ⁵³｜横 βeŋ²¹‖白 pek²²｜麦 mek²⁴｜坼 ts'ek³³｜择 tsek²²｜窄 tsek³³｜客 hek³³｜额 ŋek²⁴｜嚇吓唬 hek³³｜軛 ek³³

（六）古遇合一今读［o］韵母，果合一今读［u］韵母。例如：

遇合一——模 mo⁵³｜徒 to²¹｜赌 to³³｜土 t'o³³｜奴 no²¹｜炉 lo²¹｜祖 tso³³｜素 θo³⁵｜古 ko³³｜裤屌 ho³⁵｜五 ŋo¹³｜壶 ho²¹｜乌 o⁵³ ~鸦

果合一——婆 pu²¹｜磨 mu²²｜朵 tu³³｜糯 nu²²｜螺 lu²¹｜坐 tsu¹³｜锁 θu³³｜果 ku³³｜火 hu³³

（七）古遇摄合口三等除非组和庄组外，常用字与止摄开口、止摄合口微韵非组部分常用字合并今读［œy］韵母。例如：

遇——女 nœy¹³｜滤 lœy²²｜蛆 ts'œy⁵³｜猪 tsœy⁵³｜煮 tsœy³³｜薯 θœy²¹｜居 kœy⁵³｜去 hœy³⁵｜鱼 ŋiœy²¹｜虚 hœy⁵³‖鬚 θœy⁵³｜柱 tsœy¹³｜朱 tsœy⁵³｜区 k'œy⁵³｜雨 hœy¹³

止——皮 pœy²¹｜离 lœy²¹｜寄 kœy³⁵｜戏 hœy³⁵‖枇 pœy²¹｜眉 mœy²¹｜地 tœy²²｜梨 lœy²¹｜四 θœy³⁵｜饥 kœy⁵³‖你 nœy¹³｜厘 lœy²¹｜记 kœy³⁵｜医 œy⁵³‖既 kœy³⁵｜气 hœy³⁵｜稀 hœy⁵³｜衣 œy⁵³｜肥 fœy²¹｜尾 mœy¹³

（八）宕摄合口一等与通摄合并今读［uŋ/uk］韵母。例如：

宕——光 kuŋ⁵³｜广 kuŋ³³｜荒慌 huŋ⁵³｜黄皇蝗王 huŋ²¹｜放 fuŋ³⁵｜房 fuŋ²¹｜网 muŋ¹³｜忘 muŋ²²｜桩 uŋ³³‖扩 k'uk³³｜缚 fuk²²

通——篷 puŋ²¹｜东 tuŋ⁵³｜葱 ts'uŋ⁵³｜工 kuŋ⁵³｜洪 huŋ²¹｜农 nuŋ²¹｜梦 muŋ²²｜虫 tsuŋ²¹｜崇 tsuŋ²¹｜充 ts'uŋ⁵³｜封 fuŋ⁵³｜龙 luŋ²¹｜从 tsuŋ²¹｜恐 k'uŋ³³｜共 kuŋ²²｜胸 huŋ⁵³｜容 juŋ²¹‖读 tuk²²｜禄 luk²⁴｜哭 huk³³｜屋

uk³³ | 福 fuk³³ | 竹 tsuk³³ | 粥 tsuk³³ | 熟 θuk²² | 肉 ŋiuk²⁴ | 绿 luk²⁴ | 玉 ŋiuk²⁴

（九）古曾摄开口三等、梗摄开口三四等与臻摄合口三等合并今读[œn/œt]韵母。例如：

曾——陵 lœn²¹ | 征 tsœn⁵³ | 秤 ts'œn³⁵ | 升 θœn⁵³ | 兴 hœn⁵³ | 鹰 œn⁵³ ‖ 力 lœt²⁴ | 息 θœt³³ | 值 tsœt²² | 职 tsœt³³ | 食 θœt²² | 极 kœt²² | 亿 œt³³

梗——兵 pœn⁵³ | 命 mœn²² | 京 kœn⁵³ | 迎 ŋœn²¹ | 影 œn³³ | 岭 lœn¹³ | 井 tsœn³³ | 姓 θœn³⁵ | 程 tsœn²¹ | 正 tsœn³⁵ | 声 θœn⁵³ | 瓶 pœn²¹ | 顶 tœn³³ | 灵 lœn²¹ | 腥 θœn⁵³ | 经 kœn⁵³ | 刑 hœn²¹ ‖ 碧 pœt³³ | 屐 kœt²² | 积 tsœt³³ | 惜 θœt³³ | 只隻 tsœt³³ | 益 œt³³ | 壁 pœt³³ | 踢 t'œt³³ | 历 lœt²⁴ | 戚 ts'œt³³ | 激 kœt³³

臻——笋 θœn³³ | 准 tsœn³³ | 春 ts'œn⁵³ | 唇 θœn²¹ | 顺 θœn²² | 匀 jœn²¹ ‖ 出 ts'œt³³

三　声调演变的特点

（一）古平上去各依声母的清浊分化为阴、阳两类。例如：

阴平——杯 poi⁵³ | 飘 p'iu⁵³ | 风 fuŋ⁵³ | 翻 fan⁵³ | 刀 tau⁵³ | 天 t'in⁵³ | 租 tso⁵³ | 村 ts'on⁵³ | 西 θei⁵³ | 猪 tsœy⁵³ | 抽 ts'ɐu⁵³ | 装 tsaŋ⁵³ | 铛 ts'eŋ⁵³ | 梳 θo⁵³ | 针 tsɐm⁵³ | 春 ts'œn⁵³ | 烧 θiu⁵³ | 光 kuŋ⁵³ | 开 hai⁵³ | 灰 hoi⁵³ | 音 jɐm⁵³

阳平——麻 ma²¹ | 文 fɐn²¹ | 年 nin²¹ | 炉 lo²¹ | 人 ŋiɐn²¹ | 牙 ŋia²¹ | 园 βin²¹ | 盐 him²¹ | 盘 pun²¹ | 肥 fœy²¹ | 头 tɐu²¹ | 才 tsai²¹ | 祠 tsi²¹ | 茶 tsa²¹ | 床 θaŋ²¹ | 蛇 θi²¹ | 晨 θɐn²¹ | 勤 kɐn²¹ | 红 huŋ²¹

阴上——补 pɐu³³ | 品 p'ɐn³³ | 粉 fɐn³³ | 底 tei³³ | 腿 t'oi³³ | 井 tsœn³³ | 草 ts'au³³ | 洗 θei³³ | 长 tseŋ³³ | 丑 ts'ɐu³³ | 斩 tsam³³ | 炒 ts'ɐu³³ | 使 θei³³ | 主 tsœy³³ | 齿 ts'i³³ | 手 θɐu³³ | 鬼 kuɐi³³ | 口 hɐu³³ | 好 hau³³ | 稳 βɐn³³

阳上——米 mɐi¹³ | 尾 mœy¹³ | 暖 nun¹³ | 老 lau¹³ | 软 βin¹³ | 五 ŋo¹³ | 远 βin¹³ | 野 je¹³ | 倍 poi¹³ | 淡 tam¹³ | 坐 tsu¹³ | 柱 tsœy¹³ | 上 θeŋ¹³ | 近 kɐn¹³ | 厚 hɐu¹³

阴去——半 pun³⁵ | 怕 p'a³⁵ | 粪 fɐn³⁵ | 肺 fœy³⁵ | 钓 tiu³⁵ | 套 t'au³⁵ |

醉 tsui³⁵ ｜ 寸 ts'on³⁵ ｜ 四 θœy³⁵ ｜ 罩 tsau³⁵ ｜ 趁 ts'ɐn³⁵ ｜ 榨 tsa³⁵ ｜ 衬 ts'ɐn³⁵ ｜ 瘦 θɐu³⁵ ｜ 照 tsiu³⁵ ｜ 秤 ts'œn³⁵ ｜ 世 θi³⁵ ｜ 界 kai³⁵ ｜ 气 hœy³⁵ ｜ 货 hu³⁵ ｜ 案 an³⁵

阳去——命 mœn²² ｜ 问 mɐn²² ｜ 嫩 non²² ｜ 乱 lun²² ｜ 二 ŋi²² ｜ 硬 ŋeŋ²² ｜ 右 jau²² ｜ 用 juŋ²² ｜ 病 pœn²² ｜ 饭 fan²² ｜ 代 tai²² ｜ 自 tsi²² ｜ 袖 tsɐu²² ｜ 箸 tsœy²² ｜ 事 θɐi²² ｜ 顺 θœn²² ｜ 睡 θui²² ｜ 旧 kɐu²² ｜ 坏 βai²²

（二）部分古全浊上声字清浊分调之前就混入了去声，后发生清浊分调随浊去今读阳去。例如：

簿 pɐu²² ｜ 犯 fam²² ｜ 道 tau²² ｜ 罪 tsoi²² ｜ 象 tseŋ²² ｜ 丈 tseŋ²² ｜ 柿 θɐi²² ｜ 是 θi²² ｜ 件 kin²² ｜ 户 ho²²

（三）古入声今读依声母的清浊三分。清入今读阴入乙［33］，次浊入今读阳入甲［24］，全浊入今读阳入乙［22］。例如：

阴入乙——汁 tsɐp³³ ｜ 笔 pɐt³³ ｜ 骨 kuɐt³³ ｜ 北 pek³³ ｜ 黑 hek³³ ｜ 职 tsœt³³ ｜ 识 θœt³³ ｜ 壁 pœt³³ ｜ 尺 ts'œt³³ ｜ 竹 tsuk³³ ｜ 屋 uk³³ ‖ 插 ts'ap³³ ｜ 鸭 ap³³ ｜ 八 pat³³ ｜ 割 kat³³ ｜ 索 θak³³ ｜ 壳 hak³³ ｜ 挖 βet³³ ｜ 脚 kek³³ ｜ 客 hek³³ ｜ 帖 t'ip³³ ｜ 铁 t'it³³ ｜ 雪 θit³³ ｜ 缺 k'uit³³ ｜ 阔 hut³³

阳入甲——袜 mat²⁴ ｜ 木 muk²⁴ ｜ 月 βit²⁴ ｜ 纳 nap²⁴ ｜ 辣 lat²⁴ ｜ 六 luk²⁴ ｜ 热 ŋit²⁴ ｜ 额 ŋek²⁴ ｜ 翼 jœt²⁴ ｜ 药 jɐk²⁴ ｜ 叶 hip²⁴

阳入乙——薄 puk²² ｜ 白 pek²² ｜ 罚 fat²² ｜ 滑 βat²² ｜ 活 βet²² ｜ 碟 tip²² ｜ 毒 tuk²² ｜ 杂 tsap²² ｜ 直 tsœt²² ｜ 石 θœt²² ｜ 熟 θuk²² ｜ 及 kɐp²² ｜ 学 hak²²

（四）阴入甲和阴入丙两个调辖字较少，而且一般都写不出来，大概是来自粤语或壮语的词。例如：

阴入甲——□［t'ɐp⁵⁵］套入：~笔｜□［lɐt⁵⁵］脱落：~链｜□［t'œt⁵⁵］鱼~：瘊子｜□［fit⁵⁵］光亮：~头｜哋［tek⁵⁵］箇~：这些｜嘧［mɐk⁵⁵］盒儿：烟~｜铁~｜□［muk⁵⁵］雾

阴入丙——□［ŋiap³⁵］心~：心烦｜□［nep³⁵］~菜：搛菜｜□［kop³⁵］搂抱：~住佢｜□［mɐp³⁵］投掷：~过去｜爤［lat³⁵］~水：热水｜□［ket³⁵］~伤：刺伤，划伤｜□［t'ot³⁵］挪动｜□［lut³⁵］下滑：裤~喇｜□［tsak³⁵］~头：锄头｜□［ek³⁵］ko²¹ ~：腋窝

（五）阴去调实际包含两个变体，拼［p' t' ts' k' h k'u］实际

调值是［24］，拼其他声母是［35］。这就是所谓"送气分调"。例略。

四　小结

上列除了一之（二）的心母今读同生、书母外，（一）至（六），二之（一）至（六），三之（一）至（三）为南宁平话所共有的特点。其余以及一之（二）的心母今读同生、书母等为心圩或少数南宁平话所具有的特点。可参看第一章之二（二）南宁平话内部的一致性及其差异。

第 七 章

分类词汇表

说明

1. 每个条目汉字打头，写不出的字用同音字替代，并在右上角标以等号"="；无同音字替代的则用方框"□"表示。之后用国际音标注音。

2. 条目里可有可无的字及其标音加括号"（ ）"表示。

3. 释义和举例。跟普通话同义或近义无需解释的释义从略；举例用"~"表示所释条目。

4. 有些需要说明的情况附在条目最后并用双竖线"‖"隔开。

5. 两行以上的条目第二行起低一格。

6. 意思相同或相近的条目排在一起。第一条顶格排列；其余各条均另起一行低一格排列，无需解释的释义从略。

7. 本词汇表收录了南宁（心圩）平话词汇3千多条，按意义分为29类，按类排列。类目及次序见下。

8. 本词汇分类目录

一 天文	二 地理	三 时令、时间
四 农业	五 植物	六 动物
七 房舍	八 器具、用品	九 称谓
十 亲属	十一 身体	十二 疾病、医疗
十三 衣服、穿戴	十四 饮食	十五 红白大事

十六　日常生活　　十七　讼事　　　　　十八　交际
十九　商业、交通　　二十　文化、教育　　二十一　文体活动
二十二　动作　　　　二十三　位置　　　　二十四　代词等
二十五　形容词　　　二十六　副词、介词等　二十七　量词
二十八　附加成分　　二十九　数字等

一　天文

（一）日、月、星

日头 ȵiɐt^{24} t'ɐu^{21} 太阳
当阳 taŋ^{53} jɐŋ^{21} 向阳
背阴 poi^{35} jɐm^{53} 阳光照不到
日蚀 ȵiɐt^{24} θœt^{22}
天狗吃日头 t'in^{53} kɐu^{33} hɐt^{33} ȵiɐt^{24} tɐu^{21}
日□ ȵiɐt^{24} kuɐŋ^{22} 日晕
阳光 jɐŋ^{21} kuŋ^{53}
月亮 βit^{24} lɐŋ^{22}
月蚀 βit^{24} θœt^{22}
天狗吃月亮 t'in^{53} kɐu^{33} hɐt^{33} βit^{24} lɐŋ^{22}
月□ βit^{24} kuɐŋ^{22} 月晕
星子 θœn^{53} tsi^{33} 星星
天光星 t'in^{53} kuŋ^{53} θœn^{53} 启明星
银河 ȵiɐn^{21} ho^{21}
星子偷恋 θœn^{53} tsi^{33} t'ɐu^{53} lin^{22} 流星
扫□星 θau^{35} tsa^{22} θœn^{53} 扫把星，彗星

（二）风、云、雷、雨

风 fuŋ^{53}
大风 tai^{22} fuŋ^{53}
细风 θɐi^{35} fuŋ^{53} 小风
绞鸡风 keu^{33} kɐi^{53} fuŋ^{53} 龙卷风
顶头风 tœn^{33} t'ɐu^{21} fuŋ^{53} 逆风
顺风 θœn^{22} fuŋ^{53}
刮风 kuat^{33} fuŋ^{53}
风停喇 fuŋ^{53} t'œn^{21} ·la 风停了
云 βɐn^{21}
乌云 o^{53} βɐn^{21} 黑云
雷公 loi^{21} kuŋ^{53} 雷
雷公喊喇 loi^{21} kuŋ^{53} hem^{35} ·la 打雷了
雷公劈喇 loi^{21} kuŋ^{53} p'œt^{33} ·la 雷打了
闪电 θim^{33} tin^{22}
雷公□眼 loi^{21} kuŋ^{53} mep^{22} ȵian^{13} 雷公眨眼，"□mep^{22}" 是闪动的意思

雨 hœy¹³
落雨 lak²⁴ hœy¹³ 下雨
开始落喇 hai⁵³ θi¹³ lak²⁴ ·la 掉点了
细雨 θɐi³⁵ hœy¹³ 小雨
□雨 ŋiɐŋ³⁵ hœy¹³ 毛毛雨
大雨 tai²² hœy¹³
沤雨 ɐu³⁵ hœy¹³ 连阴雨
过云雨 ku³⁵ βɐn²¹ hœy¹³ 雷阵雨
雨晴喇 hœy¹³ tsœn²¹ ·la 雨停了
虹 kaŋ³⁵
淋雨 lɐm²¹ hœy¹³

(三) 冰、雪、霜、露

冰 pœn⁵³
结冰 kit³³ pœn⁵³
雹子 pɐk²² tsi³³
雪 θit³³
落雪 lak²⁴ θit³³ 下雪
棉花雪 min²¹ βa⁵³ θit³³ 鹅毛雪
米雪 mɐi¹³ θit³³ 雪珠子
雪融喇 θit³³ iuŋ²¹ ·la 雪化了
雾水 mo²² θui³³ 露水
落雾水 lak²⁴ mo²² θui³³ 下露水
□ muk⁵⁵ 雾
落□ lak²⁴ muk⁵⁵ 下雾

(四) 气候

天气 t'in⁵³ hœy³⁵
晴天 tsœn²¹ t'in⁵³
阴天 jɐm⁵³ t'in⁵³
天热 t'in⁵³ ŋit²⁴ 天气热
天冷 t'in⁵³ lɐŋ¹³ 天气冷
天旱 t'in⁵³ han¹³
浸喇 tsɐm³⁵ ·la 涝了

二 地理

(一) 地

平原 pœn²¹ βin²¹
旱地 han¹³ tœy²²
水田 θui³³ tin²¹
菜地 ts'ai³⁵ tœy²²
荒地 huŋ⁵³ tœy²²
沙土地 θa⁵³ t'o³³ tœy²²
沙滩地 θa⁵³ t'an⁵³ tœy²² 河滩地
岭地 lœn¹³ tœy²² 坡地，山地

(二) 山

岭 lœn¹³ 山
石头岭 θɐt²² tɐu²¹ lœn¹³ 半石半土的山
石头山 θɐt²² tɐu²¹ θan⁵³ 石山
半腰岭 pun³⁵ iu⁵³ lœn¹³ 山腰
岭脚 lœn¹³ kek³³ 山脚
岭坳 lœn¹³ au³⁵ 山坳，山口
山坳 θan⁵³ au³⁵
碌 luk²⁴ 山谷，山涧，两山夹水
□ lœn³⁵ 山坡

岭顶 lɶn¹³ tɶn³³ 山头，山的顶部

（三）江、河、湖、海、水

江 kaŋ⁵³ 河

江里头 kaŋ⁵³ lɶy¹³ tɐu²¹ 河里

水沟 θui³³ kɐu⁵³ 水渠

圳 tsɶn³⁵ 较大的水渠

湖 hu²¹

潭 tam²¹ 水潭

塘 taŋ²¹ 水塘

汙 u⁵³ 小水坑

凼 tɐm¹³ 小水坑

海 hai³³

江边 kaŋ⁵³ pin⁵³ 河岸

江礓头 kaŋ⁵³ ham³⁵ tɐu²¹ 垂直的河岸

河堤 ho²¹ tɐi²¹

坝 pa³⁵ 水坝

洲 tsɐu⁵³ 水中陆地

沙滩 θa⁵³ tʻan⁵³ 河滩

水 θui³³

清水 tsʻɶn⁵³ θui³³

冻⁼水 tuŋ³⁵ θui³³ 浑水

雨水 hœy¹³ θui³³

涝水 lau²² θui³³ 洪水

毛⁼涝水 mau²¹ lau²² θui³³ 发大水

涝水头 lau²² θui³³ tɐu²¹ 洪峰

咘水 mo³⁵ θui³³ 泉水 ‖ "咘"壮语用字

湮水 jɶn⁵³ θui³³ 凉水 ‖ "湮"集韵谆韵伊真切："寒皃。或从因"

爤水 lat³⁵ θui³³ 热水

□□水 ɐm³⁵ nɐm³⁵ θui³³ 温水

滚水 kuɐn³³ θui³³ 开水

（四）石沙、土块、矿物

石头 θɶt²² tɐu²¹

大石头 tai²² θɶt²² tɐu²¹ 大石块

细石头 θɐi³⁵ θɶt²² tɐu²¹ 小石块

石板 θɶt²² pan³³

马卵石 ma¹³ lun¹³ θɶt²² 鹅卵石

沙 θa⁵³ 沙子

沙土 θa⁵³ tʻo³³ 含沙很多的土

沙滩 θa⁵³ tʻan⁵³

泥砖 nɐi²¹ tsin⁵³ 土坯

生坯砖 θɐŋ⁵³ pʻɐi⁵³ tsin⁵³ 砖坯

青砖 tsʻɶn⁵³ tsin⁵³ 青色的砖

机砖 kœy⁵³ tsin⁵³ 机器打制的砖

砖□ tsin⁵³ kʻɐt⁵⁵ 碎砖

瓦 βa¹³

瓦子 βa¹³ tsi³³ 碎瓦

灰尘 hoi⁵³ tsɐn²¹

烂涊 lan²² pam²² 烂泥

泥 nɐi²¹ 泥土

金 kɐm⁵³

银 ŋɐn²¹

铜 tuŋ²¹

铁 t'it³³
锡 θœt³³
煤 moi²¹
火油 hu³³ jɐu²¹ 煤油
汽油 hœy³⁵ jɐu²¹
石灰 θœt²² hoi⁵³
水泥 θui³³ nɐi²¹
　　洋灰 jɐŋ²¹ hoi⁵³
摄石 θip³³ θœt²² 磁石
炭 t'an³⁵ 木炭

（五）城乡处所

地方 tœy²² fuŋ⁵³
城市 θœn²¹ θi¹³
城墙 θœn²¹ tsɐŋ²¹
壕沟 hau²¹ kɐu⁵³
城里头 θœn²¹ lœy¹³ tɐu²¹ 城内
城外头 θœn²¹ βai²² tɐu²¹ 城外
城门 θœn²¹ mun²¹
巷子 haŋ²² tsi³³ 胡同；过道
农村 nuŋ²¹ ts'un⁵³ 乡村
山里头 θan⁵³ lœy¹³ tɐu²¹ 山沟，
　　偏僻的山村
老家 lau¹³ ka⁵³ 家乡
圩 hœy⁵³ 集市，也写作"墟"
赶圩 kan³³ hœy⁵³ 赶集
　　趁圩 ts'ɐn³⁵ hœy⁵³
街道 kai⁵³ tau²²
路 lo²²
大路 tai²² lo²²

细路 θɐi³⁵ lo²² 小路

三　时令、时间

（一）季节

春天 ts'œn⁵³ t'in⁵³
夏天 ja²² t'in⁵³
秋天 ts'ɐu⁵³ t'in⁵³
冬天 tuŋ⁵³ t'in⁵³
立春 lɐp²⁴ ts'œn⁵³
雨水 hœy¹³ θui³³
惊蛰 kœn⁵³ tsɐp²²
春分 ts'œn⁵³ fɐn⁵³
清明 ts'œn⁵³ mœn²¹
谷雨 kuk³³ hœy¹³
立夏 lɐp²⁴ ja²²
小满 θiu³³ mun¹³
芒种 maŋ⁵³ tsuŋ³⁵
夏至 ja²² tsi³⁵
小暑 θiu³³ θœy³³
大暑 tai²² θœy³³
立秋 lɐp²⁴ ts'ɐu⁵³
处暑 ts'œy³⁵ θœy³³
白露 pek²² lo²²
秋分 ts'ɐu⁵³ fɐn⁵³
寒露 han²¹ lo²²
霜降 θœŋ⁵³ kaŋ³⁵
立冬 lɐp²⁴ tuŋ⁵³
小雪 θiu³³ θit³³
大雪 tai²² θit³³

冬至 tuŋ⁵³ tsi³⁵

小寒 θiu³³ han²¹

大寒 tai²² han²¹

通书 t'uŋ⁵³ θœy⁵³ 历书

阴历 jɐm⁵³ lœt²⁴ 农历

阳历 jɐŋ²¹ lœn²⁴ 公历

(二) 节日

年三十夜 nin²¹ θam⁵³ θap²² ja²² 除夕

年初一 nin²¹ ts'o⁵³ ɐt³³

拜年 pai³⁵ nin²¹

正月十五 tsœn⁵³ βit²⁴ θɐp²² ŋo¹³ 元宵节

五月初五 ŋo¹³ βit²⁴ ts'o⁵³ ŋo¹³ 端午节

八月十五 pat³³ βit²⁴ θɐp²² ŋo¹³ 中秋节

七月初七 ts'ɐt³³ βit²⁴ ts'o⁵³ ts'ɐt³³ 七夕，农历七月初七的晚上

七月十四 ts'ɐt³³ βit²⁴ θɐp²² θi³⁵ 中元节

七月节 ts'ɐt³³ βit²⁴ tsit³³

九月初九 kɐu³³ βit²⁴ ts'o⁵³ kɐu³³ 重阳节

(三) 年

今年 kɐm⁵³ nin²¹

旧年 kɐu²² nin²¹ 去年

明年 mœn²¹ nin²¹

前年 tsin²¹ nin²¹

大前年 tai²² tsin²¹ nin²¹ 紧挨在前年之前的那一年

往年 huŋ¹³ nin²¹

后年 hɐu²² nin²¹

大后年 tai²² hɐu²² nin²¹ 紧接在后年之后的那一年

每年 moi¹³ nin²¹

年初 nin²¹ ts'o⁵³ 一年开头的一段时间

年头 nin²¹ tɐu²¹

年中 nin²¹

年尾 nin²¹ mœy¹³ 年底

年底 nin²¹ tɐi³³

上半年 θɐŋ²² pun³⁵ nin²¹

下半年 ja²² pun³⁵ nin²¹

论年 lɐn²² nin²¹ 整年

(四) 月

正月 tsœn⁵³ βit²⁴

十二月 θɐp²² ŋi²² βit²⁴ 腊月

闰月 ŋien²² βit²⁴

月初 βit²⁴ ts'o⁵³

月头 βit²⁴ tɐu²¹

月中 βit²⁴ tsuŋ⁵³

月底 βit²⁴ tɐi³³

月尾 βit¹³ mœy¹³

一个月 ɐt³³ kɯ³⁵ βit²⁴

先两个月 θin⁵³ lɛŋ¹³ kɯ³⁵ βit²⁴ 前个月

先个月 θin⁵³ kɯ³⁵ βit²⁴ 上个月
箇个月 kɯ³⁵ kɯ³⁵ βit²⁴ 这个月
下个月 ja²² kɯ³⁵ βit²⁴
每个月 moi¹³ kɯ³⁵ βit²⁴
上旬 θeŋ²² θœn²¹
中旬 tsuŋ⁵³ θœn²¹
下旬 ja²² θœn²¹
月大 βit²⁴ tai²² 大建，农历有30天的月份
月小 βit²⁴ θiu³³ 小建，农历的小月份，只有29天

（五）日、时

今日 kɐm⁵³ ŋiɐt²⁴ 今天
谢日 tsi²² ŋiɐt²⁴ 昨天
明日 mœn²¹ ŋiɐt²⁴ 明天
后日 hɐu²² ŋiɐt²⁴ 后天
大后日 tai²² hɐu²² ŋiɐt²⁴ 大后天
第二日 tei²² ŋi²² ŋiɐt²⁴ 次日，第二天
前日 tsin²¹ ŋiɐt²⁴ 前天
大前日 tai²² tsin²¹ ŋiɐt²⁴ 大前天
前几日 tsin²¹ kœy³³ ŋiɐt²⁴ 前几天
星期日 θœn⁵³ kœn²¹ ŋiɐt²⁴ 星期天
礼拜日 lɐi¹³ pai³⁵ ŋiɐt²⁴
一个礼拜 ɐt³³ kɯ³⁵ lɐi¹³ pai³⁵ 一星期
论日 lɐn²² ŋiɐt²⁴ 整天
每日 moi¹³ ŋiɐt²⁴ 每天

十几日 θɐp²² kœn³³ ŋiɐt²⁴ 十几天
上午 θeŋ²² ŋo¹³
下午 ja²² ŋo¹³
半日 pun³⁵ ŋiɐt²⁴ 半天
大半日 tai²² pun²² ŋiɐt²⁴ 大半天
东边映喇 tuŋ⁵³ pin⁵³ œn³³ ·la 凌晨
早早 tsau³³ tsau³³ 清晨
朝早 tsiu⁵³ tsau³³ 午前
晏中 an³⁵ tsuŋ⁵³ 中午
下午 ja²² ŋo¹³ 午后
白日 pek²² ŋiɐt²⁴ 白天
眼角麻 ŋian¹³ kak³³ ma²¹ 黄昏
夜来 ja²² lɐi²¹ 夜晚
半夜 pun³⁵ ja²²
上半夜 θeŋ²² pun³⁵ jɛ²²
下半夜 ja²² pun³⁵ jɛ²²
论夜 lɐn²² ja²² 整夜
夜夜 ja²² ja²² 每天晚上

（六）其他时间概念

年份 nin²¹ fɐn²²
月数 βit²⁴ θo³⁵ 月份
日子 ŋiɐt²⁴ tsi³³
几时 kœy³³ θi²¹ 什么时候
以前 hi¹³ tsin²¹ 先前
啱先 ŋam⁵³ θin⁵³ 刚才
几早 kœy³³ tsau³³
头先 tɐu²¹ θin⁵³
后尾 hɐu²² mœy¹³ 后来
箇阵 kɯ³⁵ tsɐn²² 现在

四 农业

（一）农事

春耕 ts'œn⁵³ keŋ⁵³
夏收 ja²² θɐu⁵³
秋收 ts'ɐu⁵³ θɐu⁵³
整地 tsœn³³ tœy²²
下秧 ja²² jɐu⁵³ 下种
插田 ts'ap³³ tin²¹ 插秧
薅田 hau⁵³ tin²¹ 耘田
谷线 kuk³³ θin³⁵ 谷穗
割谷 kat³³ kuk³³ 割稻子
踩谷 ts'ai³³ kuk³³ 打场
禾堂 hu²¹ taŋ²¹ 场院
□地 tsak³⁵ tœy²² 锄地
松土 θuŋ⁵³ t'o³³
则⁼肥 tsɐk³³ fœy²¹ 施肥
淋粪 lɐm²¹ fɐn³⁵ 浇粪
粪坑 fɐn³⁵ k'ɐŋ⁵³
积肥 tsœt³³ fœy²¹
□粪 tsœn³³ fɐn³⁵ 拾粪
猪粪 tsœy⁵³ fɐn³⁵
牛粪 ŋiɐu²¹ fɐn³⁵
鸡粪 kɐi⁵³ fɐn³⁵
化肥 βa³⁵ fœy²¹
淋水 lɐm²¹ θui³³ 浇水
等水 tɐŋ³³ θui³³ 灌水
开水 hai⁵³ θui³³ 排水
□水 mot³⁵ θui³³ 打水

水井 θui³³ tsœn³³

（二）农具

水桶 θui³³ t'uŋ³³
井索 tsœn³³ θak³³ 井绳
水车 θui³³ ts'e⁵³
马车 ma¹³ ts'e⁵³ 大车
牛车 ŋiɐu²¹ ts'e⁵³ 大车
牛轭 ŋiɐu²¹ ek³³
牛雾⁼ ŋiɐu²¹ mo²² 牛笼嘴
牛鼻簪 ŋiɐu²¹ pœt²² tsam⁵³ 牛鼻拳儿
犁 lei²¹
犁身 lei²¹ θɐn⁵³
犁手 lei²¹ θɐu³³ 犁把
犁头 lei²¹ tɐu²¹ 犁铧
耙 pa²¹ 耙子
洞⁼ tuŋ²² 趆子
谷甑 kuk³³ tsœn³⁵ 囤
风柜 fuŋ⁵³ kuɐi²² 扇车
石牛 θœt²² ŋiɐu²¹ 石磙
石□ θœt²² lin³⁵
泥磨 nɐi²¹ mu²² 砻
石磨 θœt²² mu²²
磨盘 mu²² pun²¹
磨耳 mu²² ŋi¹³ 磨把
磨心 mu²² θɐm⁵³ 磨脐儿
□箕 lɐŋ⁵³ kœy⁵³ 筛子
箩斗 la²¹ tɐu³³ 箩
碓 toi³⁵

手杵 θɐu³³ tsʻœy³³ 碓杵
沙耙 θa⁵³ pa²¹ 钉耙
钉□ tœn⁵³ tsak³⁵ 镐
□头 tsak³⁵ tɐu²¹ 锄头
铡刀 tsap²² tau⁵³
禾镰 hu²¹ lim²¹ 割稻子带齿的镰刀
勾刀 kɐu⁵³ tau⁵³ 割草的镰刀
柴刀 θai²¹ tau⁵³ 砍刀
木铲 muk²⁴ tsʻan³³ 木锨
铁铲 tʻit³³ tsʻan³³ 铁锨
洋铲 jɐŋ²¹ tsʻan³³
簸箕 pu³⁵ kœy⁵³
插箕 tsʻap³³ kœy⁵³ 撮箕
□□ ŋiap³⁵ ŋia³³ 垃圾
筐 kʻuaŋ⁵³
箩筐 lo²¹（la²¹）kʻuaŋ⁵³
箩头 lo²¹（la²¹）tɐu²¹ 说得较少
担竿 tam³⁵ kan⁵³ 扁担
担担 tam⁵³ tam³⁵ 挑担子
扫杆 θau³⁵ kan³³ 扫把，笤帚

五 植物

（一）农作物

作物 tsak³³ mɐt²⁴ 庄稼
粮食 lɐŋ²¹ θœt²²
粮仓 lɐŋ²¹ tsʻaŋ⁵³
麦 mek²⁴ 麦子
三角麦 θan⁵³ kak³³ mek²⁴ 荞麦
粟米 θuk³³ mɐi¹³ 小米儿，
粟 θuk³³ 谷子
玉米 ŋiœy²² mɐi¹³
高粱 kau⁵³ lɐŋ²¹
谷 kuk³³ 水稻，稻谷
早造 tsau³³ tsau²² 早稻
晚造 man¹³ tsau²² 晚稻
□ βɐŋ⁵³ 稗子
□谷 pau²¹ kuk³³ 秕子
米 mɐi¹³ 大米
糯米 nu²² mɐi¹³
占米 tsim⁵³ mɐi¹³ 籼米，与糯米相对
糙米 tsʻau³⁵ mɐi¹³
白米 pek²² mɐi¹³
棉花 min²¹ βa⁵³
棉花果 min²¹ βa⁵³ ku³³ 棉花桃儿
火子 hu³³ tsi³³ 麻秆
□棍 lak³³ kuɐn³⁵
苎麻 tsœy¹³ ma²¹
芝麻 tsi⁵³ ma²¹
向日葵 jɐŋ³⁵ ŋiɐt²⁴ kuɐi²¹
葵花籽 kuɐi²¹ βa⁵³ tsi³³ 葵花子儿
（番）薯（fan⁵³）θœy²¹ 白薯
芋头 hœy²² tɐu²¹
慈姑 tsi²¹ ku⁵³ 荸荠，慈姑
白慈姑 pek²² tsi²¹ ku⁵³ 慈姑
淮山 βai²¹ θan⁵³ 薯蓣，山药
藕 ŋɐu¹³ 莲藕
莲子 lin²¹ tsi³³

（二）豆类、菜蔬

黄豆 huŋ²¹ tɐu²² 黄色大豆
绿豆 luk²⁴ tɐu²²
黑豆 hɐk³³ tɐu²² 黑色大豆
细红豆 θɐi³⁵ huŋ²¹ tɐu²² 红小豆
豌豆 βan³³ tɐu²²
豆角 tɐu²² kak³³ 豇豆
四季豆 θœy³⁵ kœy³⁵ tɐu²² 扁豆
蚕豆 tsam²¹ tɐu²²
茄瓜 ki²¹ kua⁵³ 茄子
黄瓜 huŋ²¹ kua⁵³
丝瓜 θi⁵³ kua⁵³ 有棱的丝瓜
水瓜 θui³³ kua⁵³ 无棱的丝瓜
苦瓜 ho³³ kua⁵³
南瓜 nam²¹ kua⁵³
冬瓜 tuŋ⁵³ kua⁵³
葫芦 ho²¹ lo²¹
牛腿瓜 ŋiɐu²¹ tʻoi³³ kua⁵³ 瓠子
葱 tsʻuŋ⁵³ 葱，葱叶
洋葱头 jeŋ²¹ tsʻuŋ⁵³ tɐu²¹ 洋葱
葱头 tsʻuŋ⁵³ tɐu²¹ 葱白
蒜 θun³⁵ 蒜，青蒜
蒜头 θun³⁵ tɐu²¹
蒜苔 θun³⁵ tai²¹ 蒜苗
蒜溶 θun³⁵ juŋ²¹ 蒜泥
扁菜 pen³³ tsʻai³⁵ 韭菜
　韭菜 kɐu³³ tsʻai³⁵
扁菜黄 pen³³ tsʻai³⁵ huŋ²¹ 韭黄
　韭菜黄 kɐu³³ tsʻai³⁵ huŋ²¹

马铃薯 ma¹³ lœn²¹ θœy²¹
番茄 fan⁵³ ke²¹ 西红柿
金钱桔 kɐm⁵³ tsin²¹ kɐt³³ 当水果
　吃的小西红柿
姜 keŋ⁵³
菜椒 tsʻai³⁵ tsiu⁵³ 柿子椒
　灯笼椒 teŋ⁵³ luŋ²¹ tsiu⁵³
辣椒 lat²⁴ tsiu⁵³
辣椒粉 lat²⁴ tsiu⁵³ fen³³ 辣椒面儿
芥菜 kai³⁵ tsʻai³⁵
芥末 kai³⁵ mut²⁴
胡椒 hu²¹ tsiu⁵³
菠菜 po⁵³ tsʻai³⁵
京白菜 kœn⁵³ pek²² tsʻai³⁵ 白菜
爷=菜 je²¹ tsʻai³⁵ 洋白菜
白菜 pek²² tsʻai³⁵ 小白菜
莴笋 o⁵³ θœn³³
莴笋叶 o⁵³ θœn³³ hip²⁴
生菜 θeŋ⁵³ tsʻai³⁵
芹菜 kœn²¹ tsʻai³⁵
芫荽 him²¹ θɐi⁵³
　香菜 jeŋ⁵³ tsʻai³⁵
茼蒿 taŋ²¹ hau⁵³ 蒿子菜，蒿子
　秆儿
萝葡 lo²¹（la²¹）pɐk²² 萝卜
稆喇 mau⁵³ ·la（萝卜等）糠了
萝葡叶 lo²¹ pɐk²² hip²⁴ 萝卜缨儿
萝葡干 lo²¹ pɐk²² kan⁵³ 萝卜干儿
红萝葡 huŋ²¹ lo²¹ pɐk²² 胡萝卜
□□头 ka³⁵ la³⁵ tɐu²¹ 苤蓝
茭白菜 kau⁵³ pek²² tsʻai³⁵ 茭白

油菜 jɐu²¹ tsʻai³⁵
菜心 tsʻai³⁵ θɐm⁵³ 油菜苔
油菜籽 jɐu²¹ tsʻai²⁴ tsi³³
蕹菜 uŋ³⁵ tsʻai³⁵
麻村蕹 ma²¹ tsʻon⁵³ uŋ³⁵ 麻村产的一种蕹菜，很有名

（三）树木

树林 θœy²² lɐm²¹
树苗 θœy²² miu²¹
木根 muk²⁴ kɐn⁵³ 树干，树木
木尾 muk²⁴ mœy¹³ 树梢
木荡= muk²⁴ taŋ²² 树根
木头 muk²⁴ tɐu²¹
树叶 θœy²² hip²⁴
桠枝 ŋa⁵³ tsi⁵³ 树枝
种树 tsuŋ³⁵ θœy²² 植树
　栽树 tsai⁵³ θœy²²
斩木 tsam³³ muk²⁴ 砍树
松根 θuŋ⁵³ kɐn⁵³ 松树
松叶 θuŋ⁵³ hip²⁴ 松针
松子 θuŋ⁵³ tsi³³ 松球
松香 θuŋ⁵³ jɐŋ⁵³
杉木 tsʻam³⁵ muk²⁴ 杉树，杉蒿
杉叶 tsʻam³⁵ hip²⁴ 杉针
桑根 θaŋ⁵³ kɐn⁵³ 桑树
桑子 θaŋ⁵³ tsi³³ 桑葚儿
桑叶 θaŋ⁵³ hip²⁴ 桑叶
柳根 lɐu¹³ kɐn⁵³ 柳树
黄荆叶 huŋ²¹ kœn⁵³ hip²⁴ 荆条

桐油根 tuŋ²¹ jɐu²¹ kɐn⁵³ 桐油树
桐油果 tuŋ²¹ jɐu²¹ ku³³ 桐子
桐油 tuŋ²¹ jɐu²¹
苦楝根 ho³³ lin²² kɐn⁵³ 苦楝树
　花心木 βa⁵³ θɐm⁵³ muk²⁴
红豆根 huŋ²¹ tɐu²² kɐn⁵³ 红豆树
竹（根）tsuk³³（kɐn³³）竹子
簕竹 lɐk²⁴ tsuk³³ 一种节和枝带刺的竹子
竹笋 tsuk³³ θœn³³
冬笋 tuŋ⁵³ θœn³³
春笋 tsʻœn⁵³ θœn³³
竹壳 tsuk³³ hak³³ 笋壳
竹篙 tsuk³³ kau⁵³ 竹竿儿
竹叶 tsuk³³ hip²⁴
竹篾 tsuk³³ mit²⁴ 篾片，竹子劈成的薄片
篾肚 mit²⁴ to¹³ 篾黄
篾青 mit²⁴ tsʻœn⁵³
篾皮 mit²⁴ pœy²¹

（四）瓜果

果子 ku³³ tsi³³ 水果
果干 ku³³ kan⁵³ 干果
桃子 tau²¹ tsi³³ 桃
李子 lœy¹³ tsi³³
苹果 pɐn²¹ ku³³
枣子 tsau³³ tsi³³ 枣儿
梨 lœy²¹
枇杷 pœy²¹ pa²¹

柿子 θɐi²²tsi³³
柿饼 θɐi²²pœn³³
石榴 θœt²²lɐu²¹
薄⁼子 puk²²tsi³³ 柚子
蜜柚 mɐt²⁴jɐu²² 一种比较甜的柚子
沙田柚 θa⁵³tin²¹jɐu²² 一种柚子，以广西容县所产最有名
柑子 kam⁵³tsi³³ 桔子
桔丝 kɐt³³θi⁵³ 桔络，橘瓣上的丝
金桔 kɐm⁵³kɐt³³ 金桔树的果实
橙果 tsʻaŋ³³ku³³ 橙子
木瓜 muk²⁴kua⁵³
龙眼 luŋ²¹ŋian¹³
桂圆 kuɐi³⁵βin²¹ 龙眼肉，去壳核的干龙眼
荔枝 lɐi²²tsi⁵³
芒果 maŋ⁵³ku³³
菠萝 po⁵³lo²¹
橄榄 kam⁵³lam³³
白果 pek²²ku³³ 银杏
板栗 pan³³lɐt²⁴ 栗子
核桃 hot²²tau²¹
西瓜 θɐi⁵³kua⁵³
瓜子 kua⁵³tsi³³ 瓜子儿
香瓜 jɐŋ⁵³kua⁵³ 甜瓜
黑慈姑 hɐk³³tsi²¹ku⁵³ 荸荠
地豆 tœy²²tɐu²² 花生
　花生 βa⁵³θɐŋ⁵³
地豆仁 tœy²²tɐu²²ŋiɐn²¹ 花生仁

花生仁 βa⁵³θɐŋ⁵³ŋiɐn²¹
地豆衣 tœy²²tɐu²² 花生皮

（五）花草、菌类

桂花 kuɐi³⁵βa⁵³
菊花 kuk³³βa⁵³
梅花 moi²¹βa⁵³
凤仙花 fuŋ²²θin⁵³βa⁵³
莲花 lin²¹βa⁵³ 荷花
莲叶 lin²¹hip²⁴
莲蓬 lin²¹puŋ²¹
水仙花 θui³³θin⁵³βa⁵³
茉莉花 mut²⁴lœy²¹βa⁵³
克夫花 kʻɐk³³fɐu⁵³βa⁵³ 含羞草
护⁼□花 ho²²te³⁵βa⁵³ 牵牛花
杜鹃花 to¹³kuin⁵³βa⁵³
芙蓉花 fu²¹juŋ²¹βa⁵³
万年青 man²²nin²¹tsʻœn⁵³
仙人掌 θin⁵³ŋiɐn²¹tseŋ³³
□mɐt³³ 摘
花果 βa⁵³ku³³ 花蕾
花叶 βa⁵³hip²⁴ 花瓣儿
花蕊 βa⁵³ŋui¹³
香信 jɐŋ⁵³θɐn³⁵ 香菇
　香菇 jɐŋ⁵³ku⁵³
蘑菇 mo²¹ku⁵³
冬菇 tuŋ⁵³ku⁵³
青苔 tsʻœn⁵³tai²¹

六 动物

(一) 牲畜

头牲 tɐu²¹ θeŋ⁵³ 牲口
公马 kuŋ⁵³ ma¹³
母马 mɐu¹³ ma¹³
牯牛 ko³³ ŋiɐu²¹ 公牛
鐉牛 θin³⁵ ŋiɐu²¹ 犍牛，阉过的公牛
母牛 mɐu¹³ ŋiɐu²¹
牸牛 tsi²² ŋiɐu²¹ 还没生育过的小母牛
㹁牛 θa⁵³ ŋiɐu²¹ 黄牛
水牛 θui³³ ŋiɐu²¹
牛犊 ŋiɐu²¹ tuŋ²¹ 牛犊
牛儿 ŋiɐu²¹ ŋi²¹ 小牛
骆驼 lak²⁴ to²¹
羊 jeŋ²¹
绵羊 min²¹ jeŋ²¹
山羊 θan⁵³ jeŋ²¹
羊儿 jeŋ²¹ ŋi²¹ 羊羔
狗 kɐu³³
公狗 kuŋ³³ kɐu³³
母狗 mɐu¹³ kɐu³³
狗儿 kɐu³³ ŋi²¹ 小狗儿，幼犬
哈巴狗 ha⁵³ pa⁵³ kɐu³³
吠 fœy²² 狗叫
狗相□ kɐu³³ θeŋ³³ nɐŋ³⁵ 狗交配
猫 mɐu³⁵

公猫 kuŋ⁵³ mɐu³⁵
母猫 mɐu¹³ mɐu³⁵
公猪郎 kuŋ⁵³ tsœy⁵³ laŋ²¹ 公种猪
阉猪 im⁵³ tsœy⁵³ 阉过的公猪或母猪
母猪 mɐu¹³ tsœy⁵³
牸猪 tsi²² tsœy⁵³ 未生育过的小母猪
猪儿 tsœy⁵³ ŋi²¹ 猪崽，小猪
阉猪 im⁵³ tsœy⁵³ 给猪做阉割手术
兔 t'o³⁵ 兔子
鸡 kɐi⁵³
公鸡 kuŋ⁵³ kɐi⁵³
细公鸡 θɐi³⁵ kuŋ⁵³ kɐi⁵³ 鸡角，小公鸡
鐉鸡 θin³⁵ kɐi⁵³ 被阉割过的公鸡
阉鸡 im⁵³ kɐi⁵³ 给鸡做阉割手术
母鸡 mɐu¹³ kɐi⁵³
赖菢鸡 lai²² pau²² kɐi⁵³ 抱窝鸡
项⁼鸡 haŋ²² kɐi⁵³ 还没下过蛋的小母鸡
鸡儿 kɐi⁵³ ŋi²¹ 小鸡儿
鸡蛋 kɐi⁵³ tan²²
屙蛋 a⁵³ tan²² 下蛋
菢 pau²² 孵
鸡冠 kɐi⁵³ kun⁵³
鸡灵 kɐi⁵³ lœn²¹ 鸡脖子下的冠
鸡爪 kɐi⁵³ tsau³³ 鸡爪子
鸭 ap³³

公鸭 kuŋ⁵³ ap³³
母鸭 mɐu¹³ ap³³
鸭儿 ap³³ ŋi²¹ 小鸭子
鸭蛋 ap³³ tan²²
鹅 ŋo²¹
鹅儿 ŋo²¹ ŋi²¹ 小鹅儿

（二）鸟、兽

野兽 je¹³ θɐu³⁵
狮子 θɐi⁵³ tsi³³
大虫 tai²² tsuŋ²¹ 老虎
　老虎 lau¹³ ho³³
母老虎 mɐu¹³ lau¹³ ho³³
马骝 ma¹³ lɐu²¹ 猴子
熊 ŋiuŋ²¹
豹子 pau³⁵ tsi³³
狐狸 ho²¹ lœy²¹
黄鼠狼 huŋ²¹ θœy³³ laŋ²¹
老鼠 lau¹³ θœy³³
蛇 θi²¹
肥母猪 fœy²¹ mɐu¹³ tsœy⁵³ 石龙
　子，蜥蜴的一种
水獭 θui³³ ts'at³³
□儿 tset³⁵ ŋi²¹ 小鸟儿
乌鸦 o⁵³ a⁵³
鸦□ a⁵³ ts'at³⁵ 喜鹊
麻□儿 ma²¹ tset³⁵ ŋi²¹ 麻雀
燕子 en³⁵ tsi³³
雁 ŋian²²
鹁鸠 puk²² kɐu⁵³ 斑鸠

鹁鸽 puk²² kap³³ 鸽子
鹌鹑 am⁵³ ts'œn⁵³
鹧鸪 tsi³⁵ ko⁵³
啄木□ tuk³³ muk²⁴ tset³⁵ 啄木鸟
猫头鹰 mɐu³⁵ tɐu²¹ œn⁵³
暗鹠 am³⁵ heu²²
鹦鹉 œn⁵³ mu¹³
报巴 pau³⁵ pa⁵³ 八哥儿
白鹤 pek²² hak²²
□鹰 mɐu²¹ œn⁵³ 老鹰
鹞子 hiu²² tsi³³
野鸡 je¹³ kɐi⁵³
水鸭 θui³³ ap³³ 野鸭
鸬鹚 lo²¹ tsi²¹
飞鼠 fœy⁵³ θœy³³ 蝙蝠
翼 jæt²⁴ 翅膀
嘴 tsui³³
□儿窠 tset³⁵ ŋi²¹ tɐu³⁵ 鸟窝

（三）虫类

蚕 tsam²¹
蚕蛹 tsam²¹ juŋ¹³
蚕粪 tsam²¹ fɐn³⁵ 蚕沙，家蚕的
　屎
蜘蛛 tsi⁵³ tsœy⁵³
蚂□子 ma¹³ mɐt³⁵ tsi³³ 蚂蚁
髻蛾 kɐi³⁵ ŋa²¹ 蝼蛄
地杀⁼ tœy²² θat³³ 一种生活在墙
　根下的多足灰白小虫子，
　入药

土润⁼ t'o³³ ŋiɐn²² 蚯蚓
蜗牛 o⁵³ ŋiɐu²¹
□屎虫 mœn³³ θi³³ tsuŋ²¹ 蜣螂
百足 pek²² tsuk³³ 蜈蚣
□蛇 kep²² θi²¹ 壁虎
狗毛虫 kɐu³³ mau²¹ tsuŋ²¹ 毛虫
米虫 mɐi¹³ tsuŋ²¹ 肉虫，米里的米色虫
润⁼ ŋiɐn²² 蚜虫
饭蚊 fan²² mɐn²¹ 苍蝇
蚊子 mɐn²¹ tsi³³
沙虫 θa⁵³ tsuŋ²¹ 孑孓
虱 θɐt³³ 虱子
壁虱 pœt³³ θɐt³³ 臭虫
狗虱 kɐu³³ θɐt³³ 跳蚤
牛蚊 ŋiɐu²¹ mɐn²¹ 牛虻
土狗 t'o³³ kɐu³³ 蟋蟀，灶蟋蟀
臊甲 θau⁵³ kap³³ 蟑螂
□ t'ɐk³³ 蝗虫
马螂□ ma¹³ laŋ²¹ k'aŋ²¹ 螳螂
喳喇虫 tsa³⁵ la³⁵ tsuŋ²¹ 蝉
蜜蜂 mɐt²⁴ fuŋ⁵³
胡蜂 ho²¹ fuŋ⁵³ 马蜂
锥 tsui⁵³（马蜂）蜇（人）
蜂窦 fuŋ⁵³ tɐu³⁵ 蜂窝
蜜糖 mɐt²⁴ taŋ²¹ 蜂蜜
□□虫 me²² me²² tsuŋ²¹ 萤火虫
臭虫 ts'ɐu²⁴ tsuŋ²¹ 臭大姐
□灯虫 pak³³ tɐŋ⁵³ tsuŋ²¹ 灯蛾
蝴蝶 hu²¹ tip²²
朋⁼衣 pɐŋ²¹ œy⁵³ 蜻蜓

瓜虫 kua⁵³ tsuŋ²¹ 花大姐，瓢虫

（三）鱼虾类

鱼 ŋiœy²¹ 鱼儿
鲤鱼 lœy¹³ ŋiœy²¹
鲫鱼 tsɐk³³ ŋiœy²¹
草鱼 ts'au³³ ŋiœy²¹
鲩鱼 βan¹³ ŋiœy²¹ 野生草鱼
黄鱼 huŋ²¹ ŋiœy²¹
鳜鱼 kuɐi³⁵ ŋiœy²¹
鳗鱼 man²² ŋiœy²¹ 新词
带鱼 tai³⁵ ŋiœy²¹ 新词
鲈鱼 lo²¹ ŋiœy²¹ 新词
滑漦鱼 βat²² θan²¹ ŋiœy²¹ 鲇鱼
塘角鱼 taŋ²¹ kak³³ kak³³ ŋiœy²¹ 胡子鲶，鲶鱼的一种，灰黑色
埃及塘角鱼 ai⁵³ kɐp²² taŋ²¹ kak³³ kak³³ ŋiœy²¹ 据说从埃及引进的塘角鱼，故名，个儿比较大
罗非鱼 lo²¹ fœy⁵³ ŋiœy²¹ 一种个儿较大的鲫鱼，据说从非洲引进
生鱼 θɐŋ⁵³ ŋiœy²¹ 黑鱼
墨鱼 mɐk²⁴ ŋiœy²¹
鱿鱼 jɐu²¹ ŋiœy²¹
虫鱼 tsuŋ²¹ ŋiœy²¹ 胖头鱼
金鱼 kɐm⁵³ ŋiœy²¹
狗钻鱼 kɐu³³ tson³⁵ ŋiœy²¹ 泥鳅

黄鳝鱼 huŋ²¹θin³³ŋiœy²¹ 黄鳝
白鳝鱼 pek²²θin³³ŋiœy²¹ 白鳝
鱼干 ŋiœy²¹kan⁵³ 鱼干儿
鱼鳞 ŋiœy²¹lɐn²¹
鱼鲠 ŋiœy²¹k'aŋ³³ 鱼刺
鱼泡 ŋiœy²¹p'au³⁵ 鱼鳔儿
鱼掌 ŋiœy²¹tseŋ³³ 鱼鳍
鱼鳃 ŋiœy²¹θai⁵³
鱼春 ŋiœy²¹ts'œn⁵³ 鱼子，鱼的卵
　鱼蛋 ŋiœy²¹tan²²
鱼花 ŋiœy²¹βa⁵³ 鱼苗儿
　鱼苗 ŋiœy²¹miu²¹
钓鱼 tiu³⁵ŋiœy²¹
钓（鱼）鞭 tiu³⁵（ŋiœy²¹）pin⁵³ 钓鱼竿儿
钓钩 tiu³⁵kɐu⁵³ 钓鱼钩儿
鱼□ ŋiœy²¹lœn³³ 鱼篓儿
鱼网 ŋiœy²¹muŋ¹³
虾 ha⁵³
虾仁 ha⁵³ŋiɐn²¹ 去头去壳的鲜虾
虾米 ha⁵³mɐi¹³ 干的去头去壳的虾
虾子蛋 ha⁵³tsi³³tan²² 虾子，虾的卵，晒干制后做调味品
龟 kuɐi⁵³
鳖 pit³³
擒⁼钳 kɐm²¹kem²¹ 螃蟹
蛤 kap³³ 一种个儿较大的青蛙
蚵子 k'ue³³tsi³³ 一类个儿较小的青蛙
薄⁼辘⁼蚵 puk²²luk⁵⁵k'ue³³ 蝌蚪
蟾蜍 θɐm²¹θœy²¹
蚂蟥 ma¹³huŋ²¹ 水蛭
螺蛳 lu²¹θɐi⁵³
螺蚬 lu²¹hen³³ 蚌
　螺蚌 lu²¹paŋ¹³

七　房舍

（一）房子

屋 uk³³ 住宅，房子（整所）
起 hœy³³ 造（房子）：~屋
庭前 tœn²¹tsin²¹ 院子
围墙 βɐi²¹tseŋ²¹ 院墙
房 fuŋ²¹ 屋子（单间）
外房 βai²²fuŋ²¹ 外间
里房 lœy¹³fuŋ²¹ 外间
中厅 tsuŋ⁵³t'œn⁵³ 正房
廊房 laŋ²¹fuŋ²¹ 厢房
厅 t'œn⁵³ 客厅
平房 pɐn²¹fuŋ²¹
楼房 lɐu²¹fuŋ²¹
洋房 jɐŋ²¹fuŋ²¹ 旧时称新式楼房
楼上 lɐu²¹θeŋ²²
楼底 lɐu²¹tɐi²² 楼下
骑楼 ke²¹lɐu²¹ 门楼儿
楼梯 lɐu²¹t'ɐi⁵³
梯 t'ɐi⁵³ 梯子

阳台 jɐŋ²¹ tai²¹
晒台 θai³⁵ tai²¹
茅屋 mau²¹ uk³³ 用草房盖的房屋；堆放柴草的屋子

（二）房屋结构

屋脊 uk³³ tsœt³³
屋顶 uk³³ tœn³³
屋檐 uk³³ him²¹ 房檐
　屋淫= uk³³ jɐm²¹
梁 lɐŋ²¹
横条 βɐŋ²¹ tiu²¹ 檩
桷子 kak³³ tsi³³ 椽子
柱 tsœy¹³
墩子 tɐn³³ tsi³³ 柱下石
级 k'ɐp³³ 台阶儿
天花板 t'in⁵³ βa⁵³ pan³³
大门 tai²² mun²¹ 正门
后门 hɐu²² mun²¹
侧门 tsɐk³³ mun²¹ 边门儿
门槛 mun²¹ k'am³³ 门坎儿
门背 mun²¹ poi³⁵ 门后，门扇的后面
门闩哥 mun²¹ θan⁵³ ko⁵³ 门闩
门板 mun²¹ pan³³ 门扇
锁 θu³³
锁匙 θu³³ θi²¹ 钥匙
窗眼 ts'aŋ⁵³ ŋian¹³ 窗子
窗台 ts'aŋ⁵³ tai²¹
走廊 tsɐu³³ laŋ²¹

巷子 haŋ²² tsi³³ 过道；胡同
楼道 lɐu²¹ tau²²
楼板 lɐu²¹ pan³³

（三）其他设施

灶边 tsau³⁵ pin⁵³ 厨房
灶 tsau³⁵
粪坑 fɐn³⁵ k'ɐŋ⁵³ 厕所
磨屋 mu²² uk³³ 磨房
牛栏 ŋiɐu²¹ lan²¹ 牛圈
猪栏 tsœy⁵³ lan²¹ 猪圈
猪槽 tsœy⁵³ tsau²¹ 猪食槽
羊楼 jɐŋ²¹ lɐu²¹ 羊圈
狗窦 kɐu³³ tɐu³⁵ 狗窝
鸡窦 kɐi⁵³ tɐu³⁵ 鸡窝
鸡笼 kɐi⁵³ luŋ²¹
鸡罩 kɐi⁵³ tsau³⁵
茅屋 mau²¹ uk³³ 堆放柴草的屋子；用草房盖的房屋
茅公 mau²¹ kuŋ⁵³ 柴草堆

八　器具、用具

（一）一般家具

家私 ka⁵³ θi⁵³ 家具
柜 kuɐi²² 柜子
台 tai²¹ 桌子
圈台 lon²¹ tai²¹ 圆桌
四方台 θi³⁵ fuŋ⁵³ tai²¹ 方桌
案台 an³⁵ tai²¹ 条案

办公台 pan²² kuŋ⁵³ tai²¹ 办公桌
吃饭台 hɐt³³ fɐn²² tai²¹ 饭桌
台布 tai²¹ poi³⁵
台围 tai²¹ βei²¹ 围桌
柜桶 kuɐi²² tʻuŋ³³ 抽屉
椅子 œy³³ tsi³³
睡椅 θui²² œy³³ 躺椅
挨椅 ai⁵³ œy³³ 椅子背儿
椅掌 œy³³ tsʻeŋ³⁵ 椅子掌儿
板凳 pan³³ tɐŋ³⁵
斗凳 tɐu³³ tɐŋ³⁵ 方凳
细板凳 θei³⁵ pan³³ tɐŋ³⁵ 小板凳
圞凳 lon²¹ tɐŋ³⁵ 圆凳
高凳 kau⁵³ tɐŋ³⁵ 高凳子
（茅）墩头（mau²¹）tɐn³³ tɐu²¹ 蒲团

（二）卧室用具

床 θaŋ²¹
床板 θaŋ²¹ pan³³ 铺板
竹床 tsuk³³ θaŋ²¹
蚊帐 mɐn²¹ tseŋ³⁵ 帐子
蚊帐钩 mɐn²¹ tseŋ³⁵ kɐu⁵³
蚊帐淫⁼ mɐn²¹ tseŋ³⁵ jɐm²¹ 蚊帐檐
床毯 θaŋ²¹ tʻan³³ 毯子
被 pœy¹³ 被子
被里 pœy¹³ lœy¹³
被面 pœy¹³ min²²
棉胎 min²¹ tʻai⁵³ 棉花胎

床单 θaŋ²¹ tan⁵³
垫被 tim²² pœy¹³ 褥子
席 tsœt²² 草席
竹席 tsuk³³ tsœt²²
枕头 tsɐm³³ tɐu²¹
枕套 tsɐm³³ tʻau³⁵ 枕头套儿
枕心 tsɐm³³ θɐm⁵³ 枕头心儿
梳妆台 θo⁵³ tsaŋ⁵³ tai²¹
镜 kœn³⁵ 镜子
手提箱 θɐu³³ tei²¹ θeŋ⁵³
皮箕 pœy²¹ luŋ³⁵ 皮箱
皮箱 pœy²¹ θeŋ⁵³
挂衣架 kua³⁵ œy⁵³ kʻa³⁵ 立在地上挂衣服的架子
晒衣架 θai³⁵ œy⁵³ kʻa³⁵
尿桶 niu²² tʻuŋ³³ 马桶
尿钵 niu²² put³³ 夜里小便用的钵头，相当于夜壶
火笼 hu³³ luŋ²¹ 手炉
火盆 hu³³ pun²¹
暖水壶 nun¹³ θui³³ ho²¹ 汤壶；热水瓶

（三）炊事用具

风箱 fuŋ⁵³ θeŋ⁵³
炉头 lo²¹ tɐu²¹ 炉子
火钳 hu³³ kem²¹
火铲 hu³³ tsʻan³³
柴茅 θai²¹ mau²¹ 柴草
禾秆 hu²¹ kan³³ 稻秆

麦秆 mek²⁴ kan³³ 麦秸
高粱秆 kau⁵³ leŋ²¹ kan³³ 高粱秆儿
豆秆 tɐu²² kan³³ 豆秸
木糠 muk²⁴ haŋ⁵³ 锯末
刨花 pau²¹ βa⁵³
火柴 hu³³ θai²¹
火铛墨 hu³³ tsʻeŋ⁵³ mɐk²⁴ 锅烟子
烟囱 in⁵³ tsʻuŋ⁵³
锅 ku⁵³
钢锅 kaŋ⁵³ ku⁵³ 铁锅
锑锅 tʻɐi⁵³ ku⁵³ 铝锅
沙煲 θa⁵³ pau⁵³ 砂锅
大锅 tai²² ku⁵³
细锅 θɐi³⁵ ku⁵³ 小锅
锅盖 ku⁵³ kai³⁵
锅铲 ku⁵³ tsʻen³³（或 tsʻan³³）
水壶 θui³³ ho²¹
碗 un³³
海碗 hai³³ un³³
茶杯 tsa²¹ poi⁵³
碟 tip²² 碟子
饭匙（挑）fan²² θi²¹（tʻiu⁵³）
调羹 tiu²¹ keŋ⁵³ 羹匙
筷箸 kʻuai³⁵ tsœy²² 筷子
筷箸筒 kʻuai³⁵ tsœy²² tuŋ²¹ 筷子筒
酒杯 tsɐu³³ poi⁵³
盘 pun²¹ 盘子
酒壶 tsɐu³³ ho²¹
钅 tʻap³³ 一种矮而肚大口小的坛子
埕 tsœn²¹ 一种坛子
罐 kun³⁵ 罐子
瓢 piu²¹
捞篱 lau²¹ lœy²¹ 笊篱
撩箕 leu⁵³ kœy⁵³ 筲箕
樽 tsɐn⁵³ 酒瓶类的瓶子
瓶 pœn²¹ 瓶子
樽窒 tsɐn⁵³ tsɐt³³ 瓶塞儿
樽盖 tsɐn⁵³ kai³⁵ 瓶盖儿
瓶盖 pœn²¹ kai³⁵
瓜擦 kua⁵³ tsʻat³³ 礤床儿
瓜刨 kua⁵³ pau²¹ 给瓜刨皮用的刨子
菜刀 tsʻai³⁵ tau⁵³
砧板 tsɐm⁵³ pan³³
水桶 θui³³ tʻuŋ³³ 挑水用的桶
囗船 lin³⁵ θin²¹ 研船
蒸笼 tsœn⁵³ luŋ²¹
饭桶 fan²² tʻuŋ³³ 装饭的桶
饭甑 fan²² tsɐŋ³⁵ 蒸饭的甑子
甑底 tsɐŋ³⁵ tɐi³³ 箅子
蒸笼 tsœn⁵³ luŋ²¹
蒸笼底 tsœn⁵³ luŋ²¹ tɐi³³ 箅子
瓮缸 uŋ³⁵ kaŋ⁵³ 水缸
潲缸 θau³⁵ kaŋ⁵³ 泔水缸
潲水 θau³⁵ θui³³ 泔水
抹台布 mat²⁴ tai²¹ poi³⁵ 抹布
拖把 tʻo⁵³ pa³³

（四）工匠用具

刨 pau²¹ 刨子
斧头 fɐu³³ tɐu²¹ 斧子
鐇 p'un⁵³ 锛子
锯 kœy³⁵ 锯子
凿 tsak²² 凿子，錾子；曲起的指关节
尺 ts'œt³³ 尺子
曲尺 k'uk³³ ts'œt³³
折尺 tsip³³ ts'œt³³ 可以折叠的尺子
卷尺 kuin³³ ts'œt³³
墨斗 mɐk²⁴ tɐu³³
墨斗线 mɐk²⁴ tɐu³³ θin³⁵
铁钉 t'it³³ tœn⁵³ 钉子
洋钉 jɐŋ²¹ tœn⁵³ 铁钉的旧时说法
钳 kem²¹ 钳子
老虎钳 lau¹³ ho³³ kem²¹
钉锤 tœn⁵³ tsui²¹
□ nep³⁵ 镊子
索 θak³³ 绳子
活叶 βɐt²² hip²⁴
浆刀 tsɐŋ⁵³ tau⁵³ 瓦刀
钢批 kaŋ⁵³ p'ɐi⁵³ 抹子
托板 t'ak³³ pan³³ 泥板，瓦工用来盛抹墙物的木板
纸筋 tsi³³ kɐn⁵³ 麻刀，抹墙用的碎麻，放在泥灰中增加凝聚力
浆桶 tsɐŋ⁵³ t'uŋ³³ 灰斗子
钢砧 kaŋ⁵³ tsɐm⁵³ 砧子，打铁时垫铁块用
剃刀 t'ɐi³⁵ tau⁵³
飞剪 fœy⁵³ tsin³³ 推子
发剪 fat³³ tsin³³ 理发剪
梳 θo⁵³ 梳子
鐾布 pɐi²² poi³⁵ 鐾刀布
剃头椅 t'ɐi³⁵ tɐu²¹ œy³³ 理发椅
衣车 œy⁵³ ts'e⁵³ 缝纫机
剪刀 tsin³³ tau⁵³ 剪子
烫斗 t'aŋ³⁵ tɐu³³ 熨斗
炳鸡 nat³³ kɐi⁵³ 烙铁
棉花弓 min²¹ βa⁵³ kuŋ⁵³ 弹棉花用的弓子
纺车 fuŋ³³ ts'e⁵³
□布机 tɐm³³ poi³⁵ kœy⁵³ 旧式织布机
梭 θo⁵³ 织布用的工具

（五）其他生活用品

嘢 ŋe¹³ 东西
面盆 min²² pun²¹ 脸盆
面盆架 min²² pun²¹ k'a³⁵ 脸盆架
洗面水 θɐi³³ min²² θui³³ 洗脸水
洗身盆 θɐi³³ θɐn⁵³ pun²¹ 澡盆
香枧 jɐŋ⁵³ ken³³ 香皂
洗衫枧 θɐi³³ θam⁵³ ken³³ 肥皂
洗衫粉 θɐi³³ θam⁵³ fɐn³³ 洗衣粉

手巾 θɐu³³ kɐn⁵³ 毛巾
木钵 muk²⁴ put³³ 脚盆，洗脚用的盆
抹脚布 mat²⁴ kek³³ poi³⁵ 擦脚布
气灯 hœy³⁵ tɐŋ⁵³
蜡烛 lap²⁴ tsuk³³
火油灯 hu³³ jɐu²¹ tɐŋ⁵³ 煤油灯，有玻璃罩的
灯心 tɐŋ⁵³ θɐm⁵³
灯通 tɐŋ⁵³ t'uŋ⁵³ 灯罩
灯盏 tɐŋ⁵³ tsan³³
灯草 tɐŋ⁵³ ts'au³³
灯油 tɐŋ⁵³ jɐu²¹
灯笼 tɐŋ⁵³ luŋ²¹
手提包 θɐu³³ tɐi²¹ pau⁵³
银包 ŋɐn²¹ pau⁵³ 钱包
私章 θi⁵³ tsɐŋ⁵³ 私人用的图章
望远镜 muŋ²² βin¹³ kœn³⁵
糊浆 ho²¹ tsɐŋ⁵³ 浆糊
顶戒 tœn³³ kai³⁵ 顶针儿
车线 ts'e⁵³ θin³⁵ 线轴儿
针耳 tsɐm⁵³ ŋi¹³ 针鼻儿
针口 tsɐm⁵³ hɐu³³ 针尖
针步 tsɐm⁵³ pɐu²² 针脚
穿针 ts'un⁵³ tsɐm⁵³ 把线穿过针鼻儿
锥子 tsui⁵³ tsi³³
锥 tsui⁵³ 用锥子锥；(蜂等)蜇
耳厚 ŋi¹³ hɐu¹³ 耳挖子
洗衫板 θɐi³³ θam⁵³ pan³³ 洗衣板儿

□衫棒 tɐp²² θam⁵³ paŋ²² 棒槌
鸡毛扫 kɐi⁵³ mau²¹ θau³⁵ 鸡毛掸子
扇 θin³⁵ 扇子
关扇 kuan⁵³ θin³⁵ 蒲扇
拐棒 k'uai³³ paŋ²² 拐杖
牙签 ŋia²¹ ts'im⁵³
□□纸 t'et³³ θot³³ tsi³³ 手纸

九　称谓

（一）一般称谓

男人 nam²¹ ŋiɐn²¹
女人 nœy¹³ ŋiɐn²¹
婴儿 œn⁵³ ŋi²¹
细蚊仔 θɐi³⁵ mɐn⁵³ tsai³³ 小孩儿
男仔 nam²¹ tsai³³ 男孩儿
女仔 nœy¹³ tsai³³ 女孩儿
老头 lau¹³ tɐu²¹ 老头儿
老嘢 lau¹³ ŋe¹³ 老头子
老太婆 lau¹³ t'ai³⁵ pu²¹
后生哥 hɐu²² θɐŋ⁵³ ko⁵³ 小伙子
街上人 kai⁵³ θɐŋ²² ŋiɐn²¹ 城里人
瓜佬 kua⁵³ lau¹³ 乡巴佬，带贬义
村上人 ts'on⁵³ θɐŋ²² ŋiɐn²¹ 乡下人
一家人 ɐt³³ ka⁵³ ŋiɐn²¹ 一家子
来路人 lai²¹ lo²² ŋiɐn²¹ 外地人
本地人 pon³³ tœy²² ŋiɐn²¹

（番）鬼佬（fan⁵³）kuɐi³³ lau¹³ 外国人

自己人 tsi²² kœy³³ ŋiɐn²¹

外头人 βai²² tɐu²¹ ŋiɐn²¹ 外人

客人 hek³³ ŋiɐn²¹

老同 lau¹³ tuŋ²¹ 同庚，同年出生的人

内行 noi²² haŋ²¹

外行 βai²² haŋ²¹

半桶水 pun³⁵ t'uŋ³³ θui³³ 半瓶醋

光棍 kuŋ⁵³ kuɐn³⁵ 单身汉

老大姐 lau¹³ tai²² tse³³ 老姑娘

童养媳 tuŋ²¹ jeŋ¹³ θœt³³

二婚婆 ŋi²² βɐn⁵³ pu²¹ 女的二婚头

二婚公 ŋi²² βɐn⁵³ kuŋ⁵³ 男的二婚头

寡妇 kua³³ fu²²

　寡母婆 kua³³ mɐu¹³ pu²¹

老举⁼婆 lau¹³ kœy³³ pu²¹ 婊子

老契婆 lau¹³ k'œy³⁵ pu²¹ 姘头

野仔 je¹³ tsai³³ 私生子

犯人 fan²² ŋiɐn²¹ 囚犯

差头 ts'ai⁵³ tɐu²¹ 衙役

□鬼 ŋɐn⁵³ kuɐi³³ 吝啬鬼

败家仔 pai²² ka³³ tsai³³ 败家子

救⁼化 kɐu³⁵ βa³⁵ 旧时称乞丐

　乞儿 hɐt³³ ŋi⁵³ 乞丐

江湖佬 kaŋ⁵³ hu²¹ lau¹³ 走江湖的

骗子 p'in³⁵ tsi³³

　棍⁼子 kuɐn³⁵ tsi³³

烂仔 lan²² tsai³³ 流氓

拐子佬 kuai³³ tsi³³ lau¹³ 拍花子的

人贩 ŋiɐn²¹ fan³⁵ 人贩子

土匪 t'o³³ fœy¹³

贼 ts'ɐk²² 土匪，强盗，贼，扒手

夜摸 je²² mo⁵³ 夜间偷东西的人

白□ pek²² nem⁵³ 小偷

　扒手 pa²¹ θɐu³³ 新词

（二）职业称谓

工 kuŋ⁵³ 工作

工人 kuŋ⁵³ ŋiɐn²¹

雇工 ku³⁵ kuŋ⁵³ 雇佣工人或被雇佣的工人

长工 tseŋ²¹ kuŋ⁵³ 长期雇佣的工作或工人

短工 tun³³ kuŋ⁵³ 短期雇佣的工作或工人

零工 lœn²¹ kuŋ⁵³ 零散雇佣的工作或工人

农民 nuŋ²¹ mɐn²¹

生意佬 θeŋ⁵³ œy³⁵ lau¹³ 做买卖的

老板 lau¹³ pan³³

主家 tsœy³³ ka⁵³

东家 tuŋ⁵³ ka⁵³

老板娘 lau¹³ pan³³ nɐŋ²¹

伙计 hu³³ kɐi³⁵ 店铺里的帮工；生意合作的人

学徒 hak²² to²¹
客人 hek³³ ŋiɛn²¹ 顾客
小贩 θiu³³ fan³⁵
摊贩 tʻan⁵³ fan³⁵
先生 θin⁵³ θeŋ⁵³ 私塾先生
教师 kau³⁵ θɐi⁵³ 教员
学生 hak²² θeŋ⁵³
同学 tuŋ²¹ hak²²
书友 θœy⁵³ jɐu¹³ 旧时称同学
朋友 pɐŋ²¹ jɐu¹³
警察 kœn³³ tsʻat³³
医生 œy⁵³ θeŋ⁵³
司机 θi⁵³ kœy⁵³
　卡˭佬 kʻa⁵³ lau¹³ 不太尊重的称呼，新词
手艺工 θɐu³³ ŋɐi²² kuŋ⁵³ 手艺人
木工佬 muk²⁴ kuŋ⁵³ lau¹³ 木匠
泥水佬 nɐi²¹ θui³³ lau¹³ 瓦匠
锡匠 θœt³³ tseŋ²²
铜匠 tuŋ²¹ tseŋ²²
打铁佬 ta³³ tʻit³³ lau¹³ 铁匠
补铛佬 pɐu³³ tsʻeŋ⁵³ lau¹³ 补锅的
焊洋铁壶嘅 han²² jɐŋ²¹ tʻit³³ hoʊ²¹ kɯ³⁵ 焊洋铁壶的
裁缝佬 tsai²¹ fuŋ²¹ lau¹³ 裁缝
飞发佬 fœy⁵³ fat³³ lau¹³ 理发员
劏猪佬 tʻaŋ⁵³ tsœy⁵³ lau¹³ 屠户
担夫 tam⁵³ fɐu²¹ 脚夫，挑夫
　挑夫 tʻiu⁵³ fɐu²¹
　脚夫 kek³³ fɐu⁵³
轿夫头 kiu²² fɐu⁵³ tɐu²¹ 轿夫

撑船佬 tsʻeŋ⁵³ θin²¹ lau¹³ 艄公
管家 kun³³ ka⁵³
伙计 hu³³ kœy³⁵ 店铺里的帮工；生意合作的人
厨子佬 tsœy²¹ tsi³³ lau¹³ 厨师
奶妈 nai¹³ ma³⁵
长工 tseŋ²¹ kuŋ⁵³ 长期雇佣的工作或工人
老婢 lau¹³ pœy²² 年纪较大的女仆
使妹 θɐi³³ moi³⁵ 丫环
接生娘 tsip³³ θeŋ⁵³ neŋ²¹ 接生婆
和尚 hu²¹ θeŋ²²
尼姑婆 nɐi²¹ ku⁵³ pu²¹ 尼姑
道士佬 tau²² θɐi²² lau¹³ 道士

十　亲属

（一）长辈

长辈 tseŋ³³ poi³⁵
老一班 lau¹³ ɐt³³ pan⁵³ 老一辈
阿祖公 a³⁵ tso³³ kuŋ⁵³ 曾祖父
阿祖婆 a³⁵ tso³³ pu²¹ 曾祖母
阿公 a³⁵ kuŋ⁵³ 祖父
阿婆 a³⁵ pu²¹ 祖母
外公 βai²² kuŋ⁵³ 外祖父
外婆 βai²² pu²¹ 外祖母
老子 lau¹³ tsi³³ 背称父亲
阿叔 a³⁵ θuk³³ 面称父亲
老娘 lau¹³ neŋ⁵³ 背称母亲

婶 θɐm³³ 面称母亲；叔母
外老 βai²² lau¹³ 背称岳父
外母 βai²² mɐu¹³ 背称岳母
家公 ka⁵³ kuŋ⁵³ 背称丈夫的父亲
家婆 ka⁵³ pu²¹ 婆婆，背称丈夫的母亲
后父 hɐu²² fu²² 继父
后娘 hɐu²² neŋ⁵³ 继母
伯爷 pek³³ je²¹ 伯父
伯娘 pek³³ neŋ²¹ 伯母
叔 θuk³³ 叔父
婶 θɐm³³ 叔母，也用于面称母亲
舅爷 kɐu¹³ je²¹ 舅父
妗娘 kɐm¹³ neŋ²¹ 舅母
娘姐 neŋ²¹ tse³³ 姑妈
阿姑 a³⁵ ku⁵³ 姑姑
姨娘 hœy²¹ neŋ²¹ 姨妈
娘爷 neŋ²¹ je²¹ 姑夫
   姑丈 ku⁵³ tseŋ²²
姨爷 hœy²¹ je²¹ 姨夫
亲家爷 ts'ɐn³⁵ ka⁵³ je²¹ 姻伯，弟兄的岳父，姐妹的公公
姑太婆 ku⁵³ t'ai³⁵ pu²¹ 姑奶奶，父之姑母
姨婆 hœy²¹ pu²¹ 姨奶奶

(二) 平辈

同（班）辈 tuŋ²¹（pan⁵³）poi³⁵ 平辈
两公婆 leŋ¹³ kuŋ⁵³ pu²¹ 夫妻俩
老公 lau¹³ kuŋ⁵³ 丈夫
老婆 lau¹³ pu²¹ 妻子
细婆 θei³⁵ pu²¹ 小老婆
伯爷 pek³³ je²¹ 大伯子，夫之兄
叔 θuk³³ 小叔子，夫之弟
娘姐 neŋ²¹ tse³³ 大姑子，夫之姐
姑 ku⁵³ 小姑子，夫之妹
舅 kɐu¹³ 背称内兄弟，妻之兄弟
姨娘 hœy²¹ neŋ²¹ 背称大姨子、小姨子
兄弟 βɐn⁵³ tɐi¹³ 弟兄
姐妹 tse³³ moi²² 姊妹
阿哥 a³⁵ ko⁵³ 哥哥
阿嫂 a³⁵ θau³³ 嫂子
阿弟 a³⁵ tɐi¹³ 弟弟
细婶 θei³⁵ θɐm³³ 背称弟媳
姐 tse³³ 姐姐
姐夫 tse³³ fɐu⁵³
阿妹 a³⁵ moi²² 妹妹
姑爷 ko⁵³ je²¹ 妹夫
堂兄弟 taŋ²¹ βɐn⁵³ tɐi¹³
堂兄 taŋ²¹ βɐn⁵³
堂弟 taŋ²¹ tɐi¹³
堂姊妹 taŋ²¹ tsi³³ moi²²
堂姐 taŋ²¹ tse³³
堂妹 taŋ²¹ moi²²
表兄弟 piu³³ βɐn⁵³ tɐi²²
表哥 piu³³ ko⁵³ 表兄
表嫂 piu³³ θau³³
表弟 piu³³ tɐi²²
表姐妹 piu³³ tse³³ moi²² 表姊妹

表姐 piu³³ tse³³

表妹 piu³³ moi²²

(三) 晚辈

晚辈 man¹³ poi³⁵

男女 nam²¹ nœy¹³ 子女，儿子和女儿的总称

仔 tsai³³ 儿子

大仔 tai²² tsai³³ 大儿子

晚仔 man¹³ tsai³³ 小儿子

养仔 jɐŋ¹³ tsai³³ 养子

新妇 fɐn⁵³ fɐu³³ 儿媳妇，儿之妻。"新"受"妇"同化读[f]声母

女 nœy¹³ 女儿

姑爷 ko⁵³ je²¹ 女婿，面称孙女婿

孙 θon⁵³ 孙子

孙新妇 θon⁵³ fɐn⁵³ fɐu³³ 孙媳妇

孙女 θon⁵³ nœy¹³

孙姑爷 θon⁵³ ko⁵³ je²¹ 背称孙女婿

塞仔 θɐk³³ tsai³³ 重孙

塞女 θɐk³³ nœy¹³ 重孙女

外甥仔 βai²² θɐŋ⁵³ tsai³³ 外甥，外孙

外甥女 βai²² θɐŋ⁵³ nœy¹³ 外甥女，外孙女

侄仔 tsɐt²² tsai³³ 侄儿

侄女 tsɐt²² nœy¹³

内侄仔 noi²² tsɐt²² tsai³³

内侄女 noi²² tsɐt²² nœy¹³

(四) 其他

老襟 lau¹³ kʻɐm⁵³ 连襟

亲家 tsʻɐn³⁵ ka²¹

亲家娘 tsʻɐn³⁵ ka⁵³ nɛŋ²¹ 亲家母

亲戚 tsʻɐn⁵³ tsʻœt³³

寻亲戚 tsɐm²¹ tsʻɐn⁵³ tsʻœt³³ 走亲戚

搭秤嘢 tap³³ tsʻœn³⁵ ŋe³⁵ 带犊儿，贬义。"嘢"是肉的意思

十一 身体

(一) 五官

身体 θɐn⁵³ tʻɐi³³

身材 θɐn⁵³ tsai²¹

头 tɐu²¹

剢头 tuk⁵⁵ tɐu²¹ 奔头儿

光头 kuŋ⁵³ tɐu²¹ 秃头

□头 lo³⁵ tɐu²¹ 秃顶

头顶心 tɐu²¹ tɐn³³ θɐm⁵³ 头顶

后脑头 hɐu²² nau¹³ tɐu²¹ 后脑勺

颈 kœn³³ 脖子

后颈槽 hɐu²² kœn³³ tsau²¹ 后脑窝子

头发 tɐu²¹ fat³³

白头叔 pek²² tɐu²¹ θuk³³ 少年白

□ lo³⁵ 掉（头发）

额前头 ŋek²⁴ tsin²¹ tɐu²¹ 额

囟门头 θœn³⁵mun²¹tɐu²¹ 囟门
午未 ŋo¹³mœy²² 鬓角
飘子 p'eu⁵³tsi³³ 辫子
髻子 kɐi³⁵tsi³³ 发髻
□ ts'ɐm³⁵ 刘海儿
面 min²² 脸，脸蛋儿
面墩 min²²tɐn⁵³ 颧骨
酒窝 tsɐu³³u⁵³ 酒靥
人中 ŋiɐn²¹tsuŋ⁵³
腮巴 θai⁵³pa⁵³ 腮帮子
眼 ŋian¹³
眼眶 ŋian¹³k'uaŋ⁵³
眼睛 ŋian¹³tsœn⁵³ 眼珠儿
白眼仁 pek²²ŋian¹³ŋiɐn²¹ 白眼珠儿
黑眼仁 hɐk³³ŋian¹³ŋiɐn²¹ 黑眼珠儿
眼瞳 ŋian¹³tuŋ²¹ 瞳仁儿
眼角 ŋian¹³kak³³ 眼角儿
眼头 ŋian¹³tɐu²¹ 大眼角
眼泡 ŋian¹³p'au⁵³ 眼圈儿
眼泪 ŋian¹³lui²²
眼珠屎 ŋian¹³tsœy⁵³θi³³ 眼屎
眼皮 ŋian¹³pœy²¹ 眼皮儿
单眼皮 tan⁵³ŋian¹³pœy²¹ 单眼皮儿
双眼皮 θuŋ⁵³ŋian¹³pœy²¹ 双眼皮儿
眼睫毛 ŋian¹³mɐi³⁵mau²¹ 眼睫毛
眉毛 mœy²¹mau²¹
皱眉头 ŋiɐu³⁵mœy²¹tɐu²¹

鼻 pœt²² 鼻子
鼻涕 pœt²²t'ɐi³⁵
鼻涕屎 pœt²²t'ɐi³⁵θi³³ 干鼻涕
鼻窟 pœt²²βat³³ 鼻孔
鼻毛 pœt²²mau²¹
鼻尖 pœt²²tsim⁵³ 鼻子尖儿
鼻梁桥 pœt²²lɐŋ²¹kiu²¹ 鼻梁儿
鼻翼 pœt²²jœt²⁴ 鼻翅儿
酒糟鼻 tsɐu³³tsau⁵³pœt²² 酒糟鼻子
口 hɐu³³ 嘴巴
口唇 hɐu³³θœn²¹ 嘴唇儿
　　嘴唇 tsui³³θœn²¹
涎 θan²¹ 唾沫，唾沫星儿，口水
脷钱 lœy²²tsin²¹ 舌头
舌苔 θit²²t'ai⁵³
脷钱短 lœy²²tsin²¹tun³³ 大舌头，口齿不清
牙齿 ŋia²¹tsi³³
当门牙 taŋ⁵³mun²¹ŋia²¹ 门牙
大牙 tai²²ŋia²¹
狗牙 kɐu³³ŋia²¹ 虎牙
沙牙 θa⁵³ŋia²¹ 硬的牙垢
牙齿屎 ŋia²¹ts'i³³θi³³ 软的牙垢
牙肉 ŋia²¹ŋiuk²⁴ 牙床
虫牙 tsuŋ²¹ŋia²¹
耳朵 ŋi¹³tu³³
耳朵窟 ŋi¹³tu³³βat³³ 耳朵眼儿
耳朵屎 ŋi¹³tu³³θi³³ 耳屎
耳背 ŋi¹³poi²² 耳朵听觉不灵
下巴 ja²²pa²¹

喉咙 hɐu²¹luŋ²¹

喉剢ᵌ hɐu²¹tuk⁵⁵ 喉结

胡子 ho²¹tsi³³

赖胡 lai³⁵ho²¹ 络腮胡子

八字胡 pat³³tsi²²ho²¹

胡须 ho²¹θœy⁵³ 下巴须

（二）手、脚、胸、背

膊头 puk³³tɐu²¹ 肩膀

饭匙骨 fan²²θi²¹kuɐt³³ 肩胛骨

手臂 θɐu³³pœy³⁵ 胳膊

米臂钎 mɐi¹³pœy³⁵ts'im⁵³ 胳膊肘儿

□□ ko²¹ek³⁵ 腋窝

手颈 θɐu³³kœn³³ 手腕子

左手 tsa³⁵θɐu³³

右手 jɐu²²θɐu³³

手指 θɐu³³tsi³³

凿 tsak²² 曲起的指关节；凿子

手指罅 θɐu³³tsi³³ha³⁵ 手指缝

肾皮 θɐn¹³pœy²¹ 手茧子

拇头娘 mɐu¹³tɐu²¹nɐŋ⁵³ 大拇指

食指 θœt²²tsi³³

中指 tsuŋ⁵³tsi³³

无名指 mu²¹mœn²¹tsi³³

尾手指 mœy¹³θɐu³³tsi³³ 小拇指

手甲 θɐu³³kap³³ 指甲

手甲心 θɐu³³kap³³θɐm⁵³ 指甲心

手指头 θɐu³³tsi³³tɐu²¹ 手指头肚儿

拳锤 kuin²¹tsui²¹ 拳头

手掌 θɐu³³tseŋ³³

　巴掌 pa⁵³tseŋ³³

手板心 θɐu³³pan³³θɐm⁵³ 手心

手背 θɐu³³poi³⁵

脚 kek³³ 腿，脚

大腿 tai²²t'oi³³

大腿□ tai²²t'oi³³kep²² 大腿根儿

脚杆 kek³³kan³³ 小腿

罢ᵌ子肉 pa²²tsi³³ŋiuk²⁴ 腿肚子

马面骨 ma¹³min²²kuɐt³³ 胫骨

膝头 θɐt³³tɐu²¹ 膝盖

唐ᵌ索ᵌ骨 taŋ²¹θak³³kuɐt³³ 胯骨

腿底 t'oi³³tɐi³³ 裆

屁股 p'œy³⁵ku⁵³

　屁□ p'œy³⁵θot³³

屎窟 θi³³βat³³ 肛门

屁股臀 p'œy²⁵ku⁵³tɐn²¹ 屁股蛋儿

屁□槽 p'œy²⁵θot³³tsau²¹ 屁股沟儿

尾刀骨 mœy¹³tau⁵³kuɐt³³ 尾骨

屌鸠 teu³⁵kɐu⁵³ 男阴

　□ ts'ot²²

□儿 tset³⁵ŋi²¹ 赤子阴

卵脬 lun¹³p'au⁵³ 阴囊

卵毛 lun¹³mau²¹ 男阴毛

屄 hɐi⁵³ 女阴

屄毛 hɐi⁵³mau²¹ 女阴毛

屌屄 tiu³³hɐi⁵³ 交合

屌水 teu³⁵θui³³ 精液

脚颈 kek³³kœn³³ 脚腕子
脚眼□ kek³³ŋian¹³tɐk⁵⁵ 踝子骨
打赤脚 ta³³tsʻœt³³kek³³ 光着脚
脚面 kek³³min²² 脚背
脚板 kek³³pan³³ 脚掌
脚板心 kek³³pan³³θɐm⁵³ 脚心
脚尖 kek³³tsim⁵³
脚趾头 kek³³tsi³³tɐu²¹
脚甲 kek³³kap³³ 脚趾甲
脚屎 kek³³tuk³³ 脚跟儿
　脚后跟 kek³³hɐu²²kɐn⁵³
脚迹 kek³³tsœt³³ 脚印
鸡眼 kɐi⁵³ŋian¹³ 一种脚病
心坎 θɐm⁵³ham³³ 心口儿
胸膛 huŋ⁵³taŋ²¹ 胸脯
□骨 θek³³kuɐt³³ 肋骨
□pe³⁵ 乳房
奶 nai¹³ 乳汁
肚 to¹³ 肚子
细肚 θɐi³⁵to¹³ 小肚子
肚脐 to¹³tsɐi²¹ 肚脐眼
腰 iu⁵³
背脊 poi³⁵tsœt³³
　背脢 poi³⁵moi²¹
腰脊骨 iu⁵³tsœt³³kuɐt³³ 脊梁骨

（三）其他

螺旋 lu²¹tsin²² 头发旋
双旋 θuŋ⁵³tsin²² 双旋儿
指纹 tsi³³mɐn²¹

胭旋 lu²¹tsin²² 斗，圆形的指纹
箕 kœy⁵³ 簸箕形的指纹
肉毛管 ŋiuk²⁴mau²¹kun³³ 寒毛
痣 tsi³⁵
骨 kuɐt³³
筋 kɐn⁵³
血 βit³³
血管 βit³³kun³³
脉 mek²⁴
五脏 ŋo¹³tsaŋ²²
心 θɐm⁵³
肝 kan⁵³
肺 fœy³⁵
胆 tam³³
脾 pœy²¹
胃 βei²²
肾 θɐn¹³
肠 tsɐŋ²¹
大肠 tai²²tsɐŋ²¹
细肠 θɐi³⁵tsɐŋ²¹ 小肠
盲肠 mɐŋ²¹tsɐŋ²¹

十二　疾病、医疗

（一）一般用语

病喇 pœn²²·la 病了
细病 θɐi³⁵pœn²² 小病
大病 tai²²pœn²² 重病
病好啲喇 pœn²²hau³³tek⁵⁵·la 病好些了，病轻了

病好喇 pœn²² hau³³ ·la
请医生 ts'œn³³ œy⁵³ θeŋ⁵³
医病 œy⁵³ pœn²² 治病
看病 han³⁵ pœn²²
把脉 pa³³ mek²⁴ 号脉
开药单 hai⁵³ jɐk²⁴ tan⁵³ 开药方
药单 jɐk²⁴ tan⁵³ 偏方儿
执药 tsɐp³³ jɐk²⁴ 抓药
买药 mai¹³ jɐk²⁴
药材铺 jɐk²⁴ tsai²¹ p'ɐu³⁵ 中药铺
药店 jɐk²⁴ tim³⁵ 药房
药煲 jɐk²⁴ peu⁵³ 药罐
煎药 tsin⁵³ jɐk²⁴
药膏 jɐk²⁴ kau⁵³ 西医的膏状外敷药
膏药 kau⁵³ jɐk²⁴ 一种中医外用药，涂在布或纸上贴在患处
药粉 jɐk²⁴ fɐn³³ 药面儿
涂药 to²¹ jɐk²⁴ 擦药膏，上药
□药 pop³³ jɐk²⁴ 上药，敷药
表汗 piu³³ han²² 发汗
去风 hœy³⁵ fuŋ⁵³
退热 tui³⁵ ŋit²⁴ 去火
去湿 hœy³⁵ θɐp³³
解毒 kai³³ tuk²² 去毒
消食 θiu³³ θœt²²
针灸 tsɐm⁵³ kɐu³⁵ 扎针
角 kak³³ 拔火罐

（二）内科

屙肚 a⁵³ to¹³ 泻肚子

发热 fat³³ ŋit²⁴ 发烧
发冷 fat³³ leŋ¹³
起鸡皮 hœy³³ kɐi⁵³ pœy²¹ 起鸡皮疙瘩
伤风 θeŋ⁵³ fuŋ⁵³
咳 k'ɐk³³ 咳嗽
咳嗽 k'ɐk³³ θɐu³⁵
气喘 hœy³⁵ ts'un³³
气管炎 hœy³⁵ kun³³ ŋim²¹
发痧 fat³³ θa⁵³
中暑 tsuŋ³⁵ θœy³³
热气升 ŋit²⁴ hœy³⁵ θœn⁵³ 上火
肚滞 to¹³ tsɐi²² 积滞
肚痛 to¹³ t'uŋ³⁵ 肚子疼
胸痛 huŋ⁵³ t'uŋ³⁵ 胸口疼
头昏 tɐu²¹ βɐn⁵³ 头晕
头牵＝ tɐu²¹ hin⁵³ 头刺痛
昏车 βɐn⁵³ ts'e⁵³ 晕车
昏船 βɐn⁵³ θin²¹ 晕船
头痛 tɐu²¹ t'uŋ³⁵ 头疼
想哕 θeŋ³³ βe³³ 恶心想吐
哕喇 βe³³ ·la 吐了
干哕 kan⁵³ βe³³ 干呕，想吐而吐不出东西
大卵脬 tai²² lun¹³ p'au⁵³ 疝气
肠头突 tsɐŋ²¹ tɐu²¹ tɐt²² 脱肛
子宫突 tsi³³ kuŋ⁵³ tɐt²² 子宫脱垂
打摆子 ta³³ pai³³ tsi³³ 发疟疾
发□ fat³³ la³⁵ 霍乱
出麻 t'œt³³ ma²¹ 出麻疹
出水痘 ts'œt³³ θui³³ tɐu²²

出天花 tsʻœt³³tʻin⁵³βa⁵³
种痘 tsuŋ³⁵tɐu²² 种牛痘
伤寒 θeŋ⁵³han²¹
黄疸 huŋ²¹tan³³ 病人的皮肤、黏膜和眼球的巩膜发黄的症状
肝炎 ka⁵³ŋim²¹
肺炎 fœy³⁵ŋim²¹
胃病 βɐi²²pœn²²
盲肠炎 meŋ²¹tseŋ²¹ŋim²¹
痨病 lau²¹pœn²² 肺结核病

（三）外科

跌伤 tit³³θeŋ⁵³
碰伤 pʻuŋ³⁵θeŋ⁵³
□皮 tʻat³³pœy²¹ 蹭破皮儿
□伤 ket³⁵θeŋ⁵³ 刺伤
出血 tsʻœt³³βit³³
□ɐu³³ 淤（血）
红肿 huŋ²¹tsuŋ³³
化脓 βa³⁵nuŋ²¹ 溃脓
结疤 kit³³pa⁵³ 结痂
疤 pa⁵³ 伤疤，疤痕
痄腮 tsa³⁵θai⁵³ 腮腺炎
成疮 θœn²¹tsʻaŋ⁵³ 长疮
成疔 θœn²¹tœn⁵³ 长疔
痔疮 tsi²²tsʻaŋ⁵³
癣 θin³³
牛皮癣 ŋɐu²¹pœy²¹θin³³
痱子 fœy³⁵tsi³³

汗斑 han²²pan⁵³
鱼□ ŋiœy²¹tʻœt⁵⁵ 瘊子
落云 lak²⁴βɐn²¹ 雀斑
酒刺 tsɐu³³tsʻi³⁵ 粉刺
臊牯羊气 θau⁵³ko³³jeŋ²¹hœy³⁵ 狐臭
口臭 hɐu³³tsʻɐu³⁵
马骝嗉 ma¹³lɐu²¹θœy³⁵ 大脖子
鼻塞 pœt²²θɐk³³ 鼻子不灵，齉鼻儿
舵船背 ta¹³θin²¹poi³⁵ 水蛇腰
公鸭声 kuŋ⁵³ap³³θœn⁵³ 公鸭嗓儿
独眼龙 tuk²²ŋian¹³luŋ²¹ 一只眼儿
单眼子 tan⁵³ŋian¹³tsi³³
近视眼 kɐn¹³θi²²ŋian¹³
老花眼 lau¹³βa⁵³ŋian¹³
突眼鸡 tɐt²²ŋian¹³kɐi⁵³ 鼓眼泡儿
斗鸡眼 tɐu³⁵kɐi⁵³ŋian¹³ 斗鸡眼儿
阴阳眼 jɐm⁵³jeŋ²¹ŋian¹³ 羞明
羊吊 jeŋ²¹tiu³⁵ 癫痫
猪癫 tsœy⁵³tin⁵³

（四）残疾等

□脚 pɐi⁵³kek³³ 瘸子
□□ pɐi⁵³tʻɐu⁵³
瘸佬 kue²¹lau¹³

□背 ko²¹ poi³⁵ 罗锅儿
聋鬼 luŋ²¹ kuɐi³³ 聋子
哑佬 a³³ lau¹³ 哑巴
□佬 tɐŋ¹³ lau¹³ 结巴
盲佬 mɐŋ²¹ lau¹³ 瞎子
痴仔 tsʻi⁵³ tsai³³ 傻子
□手佬 pɐi⁵³ θɐu³³ lau¹³ 拐子，手残者
□头佬 lo³⁵ tɐu²¹ lau¹³ 秃子
麻□ ma²¹ pe²¹ 脸上的麻子；有麻子的人
麻鬼 ma²¹ kuɐi³³ 有麻子的人
□嘴 heu¹³ tsui³³ 豁唇子
□牙佬 heu³⁵ ŋia²¹ lau¹³ 豁牙子
□手指 pe⁵³ θɐu³³ tsi³³ 六指儿
左□ tsa³⁵ peu²¹ 左撇子
抽风 tsʻɐu⁵³ fuŋ⁵³
中风 tsuŋ³⁵ fuŋ⁵³
瘫喇 tʻan⁵³ ·la 瘫痪

十三　衣服穿戴

（一）服装

穿着 tsʻun⁵³ tsek³³
打扮 ta³³ pan²²
衫裤 θam⁵³ ho³⁵ 衣服裤子
制服 tsɐi³⁵ fuk²²
唐装 taŋ²¹ tsaŋ⁵³ 中装
西装 θɐi⁵³ tsaŋ⁵³
长袍 tsɐŋ²¹ pau²¹ 长衫

马褂 ma¹³ kua³⁵
旗袍 ki²¹ pau²¹
棉衫 min²¹ θam⁵³ 棉衣，棉袄
中褛 tsuŋ⁵³ lɐu⁵³ 大衣
衬衫 tsʻɐn³⁵ θam⁵³ 衬衣
外衫 βai²² θam⁵³ 外衣
内衣 noi²² œy⁵³ 男内衣
汗衫 han²² θam⁵³ 女内衣
皮褂 pœy²¹ kua³⁵ 坎肩儿
背心 poi³⁵ θɐm⁵³ 汗背心
□衫 laŋ⁵³ θam⁵³ 毛线衣
背心 poi³⁵ θɐm⁵³ 汗背心
衣襟 œy⁵³ kʻɐm⁵³ 衣襟儿
大襟 tai²² kʻɐm⁵³
细襟 θɐi³⁵ kʻɐm⁵³ 小襟
对襟 toi³⁵ kʻɐm⁵³ 对襟儿
下摆 ja²² pai³³
衫领 θam⁵³ lœn¹³ 领子
衫袖 θam⁵³ tsɐu²² 袖子
长袖 tsɐŋ²¹ tsɐu²¹
短袖 tun³³ tsɐu²²
裙 kuɐn²¹ 裙子
裤 ho³⁵ 裤子
单裤 tan⁵³ ho³⁵
三角内裤 θam⁵³ kak³³ noi²² ho³⁵ 裤衩儿
屈头裤 kuɐt²² tɐu²¹ ho³⁵ 短裤
连脚裤 lin²¹ kek³³ ho³⁵
开裆裤 hai⁵³ taŋ⁵³ ho³⁵
封裆裤 fuŋ⁵³ taŋ⁵³ ho³⁵ 死裆裤
裤裆 ho³⁵ taŋ⁵³

裤头 ho³⁵tɐu²¹ 裤腰
裤头带 ho³⁵tɐu²¹tai³⁵ 裤腰带
裤脚 ho³⁵kek³³ 裤腿儿
荷包 ho²¹pau⁵³ 兜儿
扣子 kʻɐu³⁵tsi³³ 纽扣
扣襻 kʻɐu³⁵ pʻan³⁵ 用布做的扣住纽扣的套
母扣 mɐu¹³kʻɐu³⁵ 扣眼儿

（二）鞋帽

鞋 hai²¹ 鞋子
拖鞋 tʻo⁵³hai²¹
棉鞋 min²¹ hai²¹
皮鞋 pœy²¹hai²¹
毡鞋 tsim⁵³ hai²¹
布鞋 poi³⁵hai²¹
鞋底 hai²¹tɐi³³ 鞋底儿
鞋面 hai²¹min²² 鞋帮儿
鞋楦 hai²¹hin⁵³ 鞋楦子
鞋抽 hai²¹tsʻɐu⁵³ 有些鞋后可以用手揪住往上提的部分
水鞋 θui³³hai²¹ 雨鞋
木屐 muk²⁴kœt²² 木板鞋
棕屐 tsuŋ⁵³kœt²² 棕制绳带的木板鞋
鞋带 hai²¹tai³⁵ 鞋带儿
袜 mat²⁴ 袜子
线袜 θin³⁵ mat²⁴
丝袜 θi⁵³ mat²⁴
长袜 tseŋ²¹mat²⁴
短袜 tun³³mat²⁴
袜带 mat²⁴tai³⁵ 扎住不让袜子下滑的带子
帽 mau²² 帽子
皮帽 pœy²¹mau²²
礼帽 lɐi¹³ mau²²
瓜皮帽 kua⁵³ pœy²¹ mau²²
军帽 kuɐn⁵³ mau²²
草帽 tsʻau³³ mau²²
笠帽 lɐp²⁴ mau²² 斗笠
四塘帽 θœy³⁵ taŋ²¹ mau²² 尖顶的较大的斗笠，多见于南宁四塘，故名
帽檐 mau²²hin²¹ 帽檐儿

（三）装饰品

首饰 θɐu³³ θœt³³
镯 tsʻuk³³ 镯子
戒指 kai³⁵tsi³³
项链 haŋ²²lin²²
项圈 haŋ²² kʻuin⁵³
百家锁 pek³³ ka⁵³ θu³³ 小儿佩戴的锁形金银饰品
别针 pit²² tsɐm⁵³ 别针儿
簪 tsam⁵³ 簪子
耳环 ŋi¹³ βan²¹
胭脂 in⁵³tsi⁵³
面粉 min²² fɐn³³ 化妆用的白色或淡红色的粉末

（四）其他穿戴用品

围裙 βɐi²¹kuɐn²¹
拦胸 lan²¹huŋ⁵³ 围嘴儿
□ pʻen³³ 尿布
汗巾 han²²kɐn⁵³ 手绢儿
领巾 lɐn¹³kɐn⁵³ 长条的围巾
手袜 θɐu³³mat²⁴ 手套
眼镜 ŋian¹³kœn³⁵
伞 θan³⁵
蓑衣 θo⁵³œy⁵³
雨衣 hœy¹³œy⁵³
手表 θɐu³³piu⁵³

十四 饮食

（一）伙食

吃饭 hɐt³³fan²²
早朝 tsau³³tsiu⁵³ 早饭
晏 an³⁵ 午饭：吃～
夜饭 ja²²fan²² 晚饭
吃嗰嘢 hɐt³³ kɯ³³ ŋe¹³ 吃的东西，食物
嘴头 tsui³³tɐu²¹ 零食
点心 tim³³θɐm⁵³
茶点 tsa²¹tim³³
宵夜 θiu⁵³je²² 夜宵
吃宵夜 hɐt³³θiu⁵³je²² 吃夜宵

（二）米食

饭 fan²² 米饭

剩饭 θœn²²fan²² 吃剩下的饭
旧饭 kɐu²²fan²² 不是本餐新做的饭，剩饭
烵 nuŋ⁵³（饭）煳（了）
馊 θɐu⁵³
烧皮 θiu⁵³pœy²¹ 锅巴
粥 tsuk³³
米汤 mɐi¹³tʻaŋ⁵³ 煮饭滗出来的汁儿
米糊 mɐi¹³ho²¹ 用米磨成的粉做的糊状食物
粽子 tsuŋ³⁵tsi³³

（三）面食

面粉 min²²fɐn³³
面条 min²²tiu²¹ 面条儿，挂面、干切面等
面 min²²
汤面 tʻaŋ⁵³ min²² 带汤的面条
□肉 θɐm²¹ŋiuk²⁴ 臊子，肉末
面片 min²² pʻin³⁵ 面片儿
面糊 min²² ho²¹ 用面做成的糊状食物
馒头 man²¹tɐu²¹ 新词
包子 pau⁵³tsi³³
油条 jɐu²¹tiu²¹
烧饼 θiu⁵³pœn³³
花卷 βa⁵³kuin³³ 花卷儿，新词
饺子 kau³³tsi³³
心 θɐm⁵³（饺子等）馅儿

馄饨 βen²¹ t'ɐn⁵³ 习惯写作同音的"云吞"
蛋糕 tan²² kau⁵³
汤圆 t'aŋ⁵³ βin²¹
月饼 βit²⁴ pœn³³
饼干 pœn³³ kan⁵³
发糕种 fat³³ kau⁵³ tsuŋ³³ 酵子，发酵用的面团

（四）肉、蛋

肉□ ŋiuk²⁴ nɐp⁵⁵ 肉丁。"□nɐp⁵⁵"是"粒"的意思
肉片 ŋiuk²⁴ p'in³⁵
肉丝 ŋiuk²⁴ θi⁵³
□肉 θɐm²¹ ŋiuk²⁴ 肉末，臊子
肉皮 ŋiuk²⁴ pœy²¹
肉松 ŋiuk²⁴ θuŋ⁵³ 新词
猪脚 tsœy⁵³ kek³³ 肘子
猪蹄 tsœy⁵³ tɐi²¹ 猪蹄儿
脢肉 moi²¹ ŋiuk²⁴ 里脊
蹄筋 tɐi²¹ kɐn⁵³
牛脷（钱）ŋiɐu²¹ lœy²² (tsin²¹) 牛舌头
猪脷（钱）tsœy⁵³ lœy²² (tsin²¹) 猪舌头
下水 ja²² θui³³ 作菜肴用的猪牛等的内脏
猪肺 tsœy⁵³ fœy³⁵
排骨 pai²¹ kuɐt³³
猪肠 tsœy⁵³ tseŋ²¹ 猪肠子

大肠 tai²² tseŋ²¹ 猪大肠
粉肠 fɐn³³ tseŋ²¹ 猪小肠
牛肚 ŋiɐu²¹ to¹³ 牛肚儿
猪肝 tsœy⁵³ kan⁵³
猪腰 tsœy⁵³ iu⁵³ 猪腰子
鸡杂 kɐi⁵³ tsap²² 鸡杂儿，作菜肴用的鸡内脏
鸡肾 kɐi⁵³ θɐn¹³ 鸡肫
猪红 tsœy⁵³ huŋ²¹ 猪血
鸡血 kɐi⁵³ βit³³
炒鸡蛋 ts'au³³ kɐi⁵³ tan²²
荷包蛋 ho²¹ pau⁵³ tan²²
煮鸡蛋 tsœy³³ kɐi⁵³ tan²² 水煮鸡蛋，无论带壳不带
蛋糕 tan²² kau⁵³ 蛋羹
皮蛋 pœy²¹ tan²² 松花蛋
咸蛋 ham²¹ tan²² 咸鸭蛋
风肠 fuŋ⁵³ tseŋ²¹ 腊肠
鸡蛋汤 kɐi⁵³ tan²² t'aŋ⁵³

（五）菜

送饭菜 θuŋ³⁵ fan²² ts'ai³⁵ 下饭菜
素菜 θo³⁵ ts'ai³⁵
荤菜 βen⁵³ ts'ai³⁵
咸菜 ham²¹ ts'ai³⁵
便饭菜 pin²² fan²² ts'ai³⁵ 小菜儿
豆腐 tɐu²² fɐu²²
豆腐皮 tɐu²² fɐu²² pœy²¹ 新词
腐竹 fu²² tsuk³³
豆腐干 tɐu²² fɐu²² kan⁵³ 豆腐

干儿

油腐 jɐu²¹ fɐu²¹ 豆腐泡儿

豆腐肉丸 tɐu²² fɐu²² ȵiuk²⁴ βin²¹ 塞上馅儿豆腐泡儿

豆腐花 tɐu²² fɐu²² βa⁵³ 豆腐脑儿

豆浆 tɐu²² tsɐŋ⁵³

腐乳 fu²² ȵi¹³ 豆腐乳

凉粉 lɐŋ²¹ fɐn³³ 一种黑色的果冻状的食品

粉丝 fɐn³³ θi⁵³ 用绿豆制作的，细条状

粉条 fɐn³³ tiu²¹ 用白薯制作的，粗条状

藕粉 ȵiɐu¹³ fɐn³³

豆豉 tɐu²² θi²²

豆粉 tɐu²² fɐn³³ 芡粉

木耳 muk²⁴ ȵi¹³

银耳 ŋɐn²¹ ȵi¹³

金菜 kɐm⁵³ ts'ai³⁵ 金针菜

海参 hai³³ θɐm⁵³

海带 hai³³ tai³⁵

海蜇 hai³³ tsit³³ 新词

（六）油盐作料

味道 mœy²² tau²² 滋味

气味 hœy³⁵ mœy²²

颜色 ȵian²¹ θɐk³³

猪油 tsœy⁵³ jɐu²¹ 荤油

植物油 tsœt²² mɐt²⁴ jɐu²¹ 素油，新词

花生油 βa⁵³ θeŋ⁵³ jɐu²¹

茶油 tsa²¹ jɐu²¹

菜子油 ts'ai³⁵ tsi³³ jɐu²¹

芝麻油 tsi⁵³ ma²¹ jɐu²¹

盐 him²¹

生盐 θɐŋ⁵³ him²¹ 粗盐

熟盐 θuk²² him²¹ 精盐

酱油 tsɐŋ³⁵ jɐu²¹

豉油 θi²² jɐu²¹

芝麻酱 tsi⁵³ ma²¹ tsɐŋ³⁵

豆酱 tɐu²² tsɐŋ³⁵ 豆瓣儿酱

辣椒酱 lat²⁴ tsiu⁵³ tsɐŋ³⁵ 辣酱

醋 ts'o³⁵

配酒 poi³⁵ tsɐu³³ 料酒

黄糖 huŋ²¹ taŋ²¹ 红糖

白糖 pek²² taŋ²¹

冰糖 pœn⁵³ taŋ²¹

糖□ taŋ²¹ nɐp⁵⁵ 糖块，一块块用纸包装好的糖

花生糖 βa⁵³ θeŋ⁵³ taŋ²¹

麦芽糖 mek²⁴ ȵia²¹ taŋ²¹

配料 poi³⁵ liu²² 作料

八角 pat³³ kak³³

桂皮 kuɐi³⁵ pœy²¹

花椒 βa⁵³ tsiu⁵³

胡椒粉 hu²¹ tsiu⁵³ fɐn³³

古月粉 ko³³ βit²⁴ fɐn³³

（七）烟、酒、茶

烟 in⁵³

烟叶 in⁵³hip²⁴
烟丝 in⁵³θi⁵³
烟仔 in⁵³tsai³³ 香烟
水烟筒 θui³³in⁵³tuŋ²¹ 用竹筒做的功用如同水烟袋的吸烟筒
烟筒 in⁵³tuŋ²¹ 旱烟袋
烟盒 in⁵³hap²²
烟屎 in⁵³θi³³ 烟油子
烟灰 in⁵³hoi⁵³
火镰 hu³³lim²¹
火石 hu³³θɵt²²
火媒 hu³³moi²¹ 纸媒儿
茶 tsa²¹ 沏好的茶
茶叶 tsa²¹hip²⁴
开水 hai⁵³θui³³
焗茶 kuk²²tsa²¹ 沏茶
斟茶 tsɐm⁵³tsa²¹ 倒茶
白酒 pek²²tsɵu³³ 烧酒
糯米酒 nu²²mɐi¹³tsɵu³³

十五　红白大事

（一）婚姻、生育

亲事 ts'ɐn⁵³θi²²
做媒 tso³⁵moi²¹
媒人 moi²¹ŋiɐn²¹
看老婆 han³⁵lau¹³pu²¹ 相亲
相貌 θɐŋ³⁵mau²²
　唛头 mɐk⁵⁵tɐu²¹ 相貌的俗称
年纪 nin²¹kœy³³ 年龄

订婚 tœn³⁵ßɐn⁵³
聘礼 p'œn³⁵lɐi¹³ 订婚时送给女方的财物
彩礼 ts'ai³³lɐi¹³ 结婚时送给女方的财物
吉日 kɐt³³ŋiɐt²⁴ 喜期
喜酒 hœy³³tsɵu³³ 娶或嫁举办的酒席
送嫁妆 θuŋ³⁵ka³⁵tsaŋ⁵³ 过嫁妆
娶老婆 ts'o³³lau¹³pu²¹ 娶亲
嫁人 ka³⁵ŋiɐn²¹ 出嫁
结婚 kit³³ßɐn⁵³
花轿 ßa⁵³kiu²²
拜堂 pai³⁵taŋ²¹
新姑爷 θɐn⁵³ko⁵³je²¹ 新郎
新妇娘 θɐn⁵³fɐu³³nɐŋ²¹ 新娘
新房 θɐn⁵³fuŋ²¹
回门 ßɐi²¹mun²¹
改嫁 kai³³ka³⁵ 再醮
娶姐 ts'o³³tse³³ 续弦
接面 tsip³³min²² 填房
有喜 jɐu¹³hœy³³ 怀孕
　有身 jɐu¹³θɐn⁵³
四眼人 θœy³⁵ŋian¹³ŋiɐn²¹ 孕妇
去身 hœy³⁵θɐn⁵³ 小产，流产
□胎 lon⁵³t'ai⁵³
生细蚊 θɐŋ⁵³θɐi³⁵mɐn⁵³ 生孩子
接生 tsip³³θɐŋ⁵³
胞胎 pau⁵³t'ai⁵³ 胎盘
坐月 tsu¹³ßit²⁴ 坐月子
满月 mun¹³ßit²⁴

头胎 tɐu²¹ t'ai⁵³
双生（仔）θuŋ⁵³ θeŋ⁵³（tsai³³）双胞胎
打胎 ta³³ t'ai³³ 堕胎
吃奶 hɐt³³ nai¹³
奶头 nai¹³ tɐu²¹
□尿 lai¹³ niu²² 尿床

（二）寿辰、丧葬

生日 θeŋ⁵³ ŋiɐt²⁴
做生日 tso³⁵ θeŋ⁵³ ŋiɐt²⁴ 一般指做寿
拜寿 pai³⁵ θɐu²² 祝寿
寿星公 θɐu²² θœn⁵³ kuŋ⁵³ 寿星
白事 pek²² θɐi²² 丧事
奔丧 pɐn⁵³ θaŋ³⁵
过世喇 ku³⁵ θɐi²² ·la 死了
灵床 lœn²¹ θaŋ²¹
棺材 kun⁵³ tsai²¹
入殓 ŋiɐp²⁴ lim²²
灵堂 lœn²¹ taŋ²¹
守灵 θɐu³³ lœn²¹
做七 tso³⁵ ts'ɐt³³
守孝 θɐu³³ hau³⁵
戴孝 tai³⁵ hau³⁵
脱孝 t'ut³³ hau³⁵ 除孝
孝子 hau³⁵ tsi³³
孝孙 hau³⁵ θon⁵³
出山 ts'œt³³ θan⁵³ 出殡
送葬 θuŋ³⁵ tsaŋ³⁵
孝棒 hau³⁵ paŋ²² 哭丧棒
痴屋 ts'i⁵³ uk³³ 纸扎的冥屋
纸钱 tsi³³ tsin²¹
鸡钱 kɐi⁵³ tsin²¹
坟地 fɐn²¹ tœy²² 坟墓所在的地方
坟 fɐn²¹ 坟墓
石碑 θœt²² pœy⁵³ 墓碑
碑 pœy⁵³ 石碑
拜山 pai³⁵ θan⁵³ 上坟
跳水 t'iu³⁵ θui³³ 投水
吊颈 tiu³⁵ kœn³³ 上吊
葬山 tsaŋ³⁵ θan⁵³ 当地实行二次葬，第一次下葬若干年后将骸骨起出用坛子封装好择地安葬到山上
骨骸 kuɐt³³ hai²² 尸骨
含□ ham²¹ θuŋ³³ 尸骨或骨灰坛子

（三）迷信

老天爷 lau¹³ t'in⁵³ je²¹
灶爷 tsau³⁵ je²¹ 灶王爷
佛 fɐt²²
菩萨 pu²¹ θat³³
观音 kun⁵³ jɐm⁵³ 观世音
土地庙 t'o³³ tœy²² miu²²
关帝庙 kuan⁵³ tɐi³⁵ miu²²
阎王 ŋim²¹ huŋ²¹
祠堂 tsi²¹ taŋ²¹
神龛 θɐn²¹ ham⁵³ 佛龛
神台 θɐn²¹ tai²¹ 香案

供神 kuŋ³⁵θɐn²¹上供
香碗 jɐŋ⁵³un³³烛台，香炉
蜡烛 lap²⁴tsuk³³
线香 θin³⁵jɐŋ⁵³
烧香 θiu⁵³jɐŋ⁵³
签 ts'im⁵³签诗
求签 kɐu²¹ts'im⁵³
打卦子 ta³³kua³⁵tsi³³算卦
土地诞 t'o³³tœy²²tan¹³庙会
唱道 ts'eŋ³⁵tau²²做道场
念经 nim²²kœn⁵³
看风水 han³⁵fuŋ⁵³θui³³
算命 θun³⁵mœn²²
算命先生 θun³⁵mœn²²θin⁵³ɵeŋ⁵³
看相先生 han³⁵θeŋ³⁵θin⁵³ɵeŋ⁵³
仙婆 θin⁵³pu²¹巫婆
求神 kɐu²¹θɐn²¹许愿
还神 βan²¹θɐn²¹还愿

十六　日常生活

（一）衣（校到此）

穿衫裤 ts'un⁵³θam⁵³ho³⁵穿衣服
解衫裤 kai³³θam⁵³ho³⁵脱衣服
打赤膊 ta³³ts'œt³³pak³³光着上身
脱鞋 t'ut³³hai²¹
度衫 tak²²θam⁵³量衣服
做衫裤 tso³⁵θam⁵³ho³⁵做衣服
贴边 t'ip³³pin⁵³

锁边 θu³³pin⁵³滚边
挑边 t'iu⁵³pin⁵³缲边儿
上鞋面 θeŋ¹³hai²¹min²² 鞔鞋帮儿
针鞋底 tsɐm⁵³hai²¹tɐi³³纳鞋底子
钉扣子 tœn³⁵k'ɐu³⁵tsi³³
绣花 θɐu³⁵βa⁵³绣花儿
补 pɐu³³打补丁
旦⁼被 tan³⁵pœy¹³钉被子
洗衫裤 θɐi³³θam⁵³ho³⁵洗衣服
洗一次 θɐi³³ɐt³³ts'i³⁵洗一水
过水 ku³⁵θui³³漂洗
晒衫裤 θai³⁵θam⁵³ho³⁵晒衣服
晾衫裤 laŋ²²θam⁵³ho³⁵晾衣服
烫衫裤 t'aŋ³⁵θam⁵³ho³⁵熨衣服

（二）食

造火 tsau¹³hu³³生火
煮饭 tsœy³³fan²²总称做饭
擦米 ts'at³³mɐi¹³淘米
□菜 mɐt³³ts'ai³⁵择菜
煮菜 tsœy³³ts'ai³⁵总称做菜
整菜 tsœn³³ts'ai¹³
打汤 ta³³t'aŋ⁵³做汤
饭得喇 fan²²tɐk³³·la 饭好了（包括饭菜）
饭生 fan²²θeŋ⁵³饭生，没熟透
吃饭 hɐt³³fan²²开饭，吃饭
装饭 tsaŋ⁵³fan²²盛饭

□菜 nep³⁵ts'ai³⁵ 搛菜
□汤 kuai¹³t'aŋ⁵³ 舀汤
过早 ku³⁵tsau³³ 吃早饭
吃粥 hɐt³³tsuk³³ 喝粥
吃晏 hɐt³³an³⁵ 吃午饭
吃夜 hɐt³³ja²² 吃晚饭
吃嘴头 hɐt³³tsui³³tɐu²¹ 吃零食
要筷箸 iu³⁵k'uai³⁵tsœy²² 使筷子
肉冇腍 ȵiuk²⁴mi¹³nɐm²¹ 肉不烂
咬冇得 ȵiau¹³mi¹³tɐk³³ 嚼不动
着噎 tsek²²it³³ 噎住了
塞呃 θɐk³³ɐk⁵⁵ 打嗝儿
生食 θɐŋ⁵³θœt²² （吃的太多了）撑着了
口淡 hɐu³³tam¹³ 嘴没味儿
饮茶 ȵiɐm³³tsa²¹ 喝茶
饮酒 ȵiɐm³³tsɐu³³ 喝酒
烧烟 θiu⁵³in⁵³ 抽烟
饥喇 kœy⁵³·la 饿了

（三）住

起床 hœy³³θaŋ²¹
洗手 θɐi³³θɐu³³
洗面 θɐi³³min²² 洗脸
漱口 θo³⁵hɐu³³
刷牙 ts'at³³ȵia²¹
梳头 θo⁵³tɐu²¹
辫飘子 pen¹³p'ɐu⁵³tsi³³ 梳辫子，编辫子
□髻子 lit³³kɐi³⁵tsi³³ 梳髻子，捏弄或编发髻
剪指甲 tsin³³tsi³³kap³³
挖耳朵 βet³³ȵi¹³tu³³ 掏耳朵
洗身 θɐi³³θɐn⁵³ 洗澡
冲凉 ts'uŋ⁵³lɐŋ²¹
抹身 mat²⁴θɐn⁵³ 擦澡
屙尿 a⁵³niu²² 解小便
屙粪 a⁵³fɐn³⁵ 解大便
乘凉 θɐn²¹lɐŋ²¹
晒日头 θai³⁵ȵiet²⁴tɐu²¹ 晒太阳
□火 puŋ²²hu³³ 烤火
点灯 tim³³tɐŋ⁵³
翳灯 œy³⁵tɐŋ⁵³ 熄灯
歇一阵子 hit³³ɐt³³tsɐn²²tsi³³ 歇一会儿
拜眼眯 pai³⁵ȵian¹³mɐi³⁵ 打盹儿
打鸭⁼浪 ta³³ap³³laŋ²² 打哈欠
困喇 βɐn³⁵·la 累了
床铺 θaŋ²¹p'ɐu⁵³ 床
睡落来 θui²²lɐk³³lai²¹ 躺下
睡觉 θui²²keu³⁵
睡着喇 θui²²tsek²²·la 睡着了
颈喉响 kɐn³³hɐu²¹jɐŋ³³ 打呼噜
睡冇着 θui²²mi¹³tsek²² 睡不着
睡晏觉 θui²²an³⁵keu³⁵ 睡午觉
仰□睡 ȵɐŋ¹³pak²²θui²² 仰面睡
侧身睡 tsɐk³³θɐn⁵³θui²²
仆得睡 p'uk³³tɐk³³θui²² 趴着睡
岔枕 ts'a³⁵tsɐm³³ 落枕
抽筋 ts'ɐu⁵³kɐn⁵³
睡梦 θui²²muŋ²² 做梦

讲梦话 kaŋ³³ muŋ¹³ βa²² 说梦话
鬼擒喇 kuɐi³³ kɐm²¹ ·la 魇住了
捱夜 ŋai²¹ ja²² 熬夜
开夜车 hai⁵³ je²² tsʻe⁵³

（四）行

去地 hœy³⁵ tœy²² 下地
出工 tsʻœt³³ kuŋ⁵³ 上工
收工 θɐu⁵³ kuŋ⁵³
出去喇 tsʻœt³³ hœy³⁵ ·la 出去了
归屋喇 kuɐi⁵³ uk³³ ·la 回家了
□街 laŋ³⁵ kai⁵³ 逛街
散步 θan³⁵ pɐu²²

十七 讼事

打官司 ta³³ kun⁵³ θi⁵³
告状 kau³⁵ tsaŋ²²
原告 βin²¹ kau³⁵
被告 pœy²² kau³⁵
状纸 taŋ²² tsi³³ 状子
退堂 tʻoi³⁵ taŋ²¹
审案 θɐn³³ an³⁵ 问案
审问 θɐn³³ mɐn²² 过堂
证人 tsɐn³⁵ ŋiɐn²¹
人证 ŋiɐn²¹ tsɐn³⁵
物证 mɐt²⁴ tsɐn³⁵
对证 toi³⁵ tsɐn³⁵ 对质
刑事 hɐn²¹ θɐi²²
民事 mɐn²¹ θɐi²²

家常事 ka⁵³ θɐŋ²¹ θɐi²² 家务事：清官难断～
律师 lɐt²⁴ θɐi⁵³
代写 tai²² θe³³ 代书，代人写状子的
服 fuk²²
冇服 mi¹³ fuk²² 不服
上诉 θɐŋ¹³ θo³⁵
宣判 θin⁵³ pʻun³⁵
承认 θɐn²¹ ŋiɐn²² 招认
口供 hɐu³³ kuŋ³⁵
供 kuŋ³⁵ 招供
同谋 tuŋ²¹ mɐu²¹
故犯 ku³⁵ fam²²
误犯 ŋo²² fam²²
犯法 fam²² fat³³
犯罪 fam²² tsoi²²
诬告 u⁵³ kau³⁵
连累 lin²¹ loi²² 连坐
保 pau³³ 保释
取保 tsʻi³³ pau³³
捉 tsuk³³ 逮捕
押 ap³³ 押解
警车 kɐn³³ tsʻe⁵³ 囚车
青天老爷 tsʻœn⁵³ tʻin⁵³ lau¹³ je²¹
赃官 tsaŋ⁵³ kun⁵³
受贿 θɐu²² βɐi³³
罚款 fat²² kʻun³³
斩头 tsam³³ tɐu²¹ 斩首
枪毙 tsʻɐŋ⁵³ pɐi²²
斩牌 tsam³³ pai²¹ 斩条

拷打 k'au³³ ta³³
打屁□ ta³³ p'œy³⁵ θot³³ 打屁股
上枷 θeŋ¹³ ka⁵³
手铐 θɐu³³ k'au³³
脚铐 kek³³ k'au³³ 脚镣
绑起来 paŋ³³ hœy³³ lai²¹ 捆起来
训⁼起来 βɐn³⁵ hœy³³ lai²¹ 囚禁起来
坐监 tsu¹³ kam⁵³ 坐牢
探监 t'am³⁵ kam⁵³
逃走 tau²¹ tsɐu³³ 越狱
写凭证 θe³³ pɐŋ²¹ tsœn³⁵ 立字据
盖手模 kai³⁵ θɐu³³ mo⁵³ 按手印
税 θui³⁵ 捐税
地租 tœy²² tso⁵³
地契 tœy²² k'œy³⁵
税契 θui³⁵ k'œy³⁵
纳税 nap²⁴ θui³⁵
执照 tsɐp³³ tsiu³⁵
告示 kau³⁵ θi²²
通知 t'uŋ⁵³ tsi⁵³
路条 lo²² tiu²¹
命令 mœn²² lœn²²
公章 kuŋ⁵³ tsɐŋ⁵³ 官方图章
私访 θi⁵³ fuŋ³³
交代 kau⁵³ tai²² 把经手的事务移交给接替的人
上任 θeŋ¹³ ŋiɐn²²
罢免 pa²² min¹³
案卷 an³⁵ kuin³³
传票 tsin²¹ p'iu³⁵

十八 交际

应酬 œn³⁵ tsɐu²¹
来往 lai²¹ huŋ¹³
看人 han³⁵ ŋiɐn²¹ 看望人
拜访 pai³⁵ fuŋ³³
客人 hek³³ ŋiɐn²¹
请客 ts'œn³³ hek³³
招待 tsiu⁵³ tsai²²
男客 nam²¹ hek³³
女客 nœy¹³ hek³³
送礼 θuŋ³⁵ lɐi¹³
礼物 lɐi¹³ mɐt²⁴
人情 ŋiɐn²¹ tsœn²¹
做客 tso³⁵ hek³³
待客 tai²² hek³³
陪客 poi²¹ hek³³
送客 θuŋ³⁵ hek³³
咪送喇 mɐi³⁵ θuŋ³⁵ ·la 不送了，客套话
多谢 to⁵³ tse²² 谢谢
咪客气 mɐi³⁵ hek³³ hœy³⁵ 不客气，客套话
斟茶 tsɐm⁵³ tsa²¹ 倒茶
摆酒席 pai³³ tsɐu³³ tsœt²²
一台酒席 ɐt³³ tai²¹ tsɐu³³ tsœt²² 一桌酒席
请帖 ts'œn³³ t'ip³³
送请帖 θuŋ³⁵ ts'œn³³ t'ip³³ 下请帖

坐席 tsu¹³ tsœt²² 入席
上菜 θeŋ¹³ ts'ai³⁵
斟酒 tsɐm⁵³ tsɐu³³ 倒酒
吆饮 eu⁵³ ŋiɐm³³ 劝酒
干杯 kan⁵³ poi⁵³
猜码 ts'ai⁵³ ma¹³ 划拳
白头帖 pek²² tɐu²¹ t'ip³³ 匿名帖子
冇啱 mi¹³ ŋɐm⁵³ 不和
冤家 βin⁵³ ka⁵³
看冇过眼 han³⁵ mi¹³ ku³⁵ ŋian¹³ 不平
冤枉 βin⁵³ uŋ³³
插口插嘴 ts'ap³³ hɐu³³ ts'ap³³ tsui³³ 插嘴
做样子 tso³⁵ jeŋ²² tsi³³ 做作
摆架子 pai³³ k'a³⁵ tsi³³
装痴 tsaŋ⁵³ ts'i⁵³ 装傻
出洋相 ts'œt³³ jeŋ²¹ θeŋ³⁵
丢□ tɐu⁵³ ka²¹ 丢人
捧（卵）脬 p'uŋ³³（lun¹³）p'au⁵³ 巴结，拍马屁
讨好 t'au³³ hau³³
看得起 han³⁵ tak³³ hœy³³
看冇起 han³⁵ mi¹³ hœy³³ 看不起
合伙 hap²² hu³³ 合伙儿
佮伙 kap³³ hu³³
应承 œn⁵³ θœn²¹ 答应
冇应承 mi¹³ œn⁵³ θœn²¹ 不答应
□出去 peŋ¹³ ts'œt³³ hœy³⁵ 撵出去

十九 商业、交通

（一）经商行业

字号 tsi²² hau²²
招牌 tsiu⁵³ pai²¹
广告 kuŋ³³ kau³⁵
开铺头 hai⁵³ p'ɐu³⁵ tɐu²¹ 开铺子
铺面 p'ɐu³⁵ min²²
摆摊 pai³³ t'an⁵³
做生意 tso³⁵ θeŋ⁵³ œy³⁵
旅店 li¹³ tim³⁵
饭馆 fan²² kun³³
去餐馆 hœy³⁵ ts'an⁵³ kun³³ 下馆子
布铺 poi³⁵ p'ɐu³⁵ 布店
百货店 pek³³ hu³⁵ tim³⁵
杂货店 tsap²² hu³⁵ tim³⁵
油盐店 jɐu²¹ him²¹ tim³⁵
粮店 leŋ²¹ tim³⁵
瓷器店 tsi²¹ hœy³⁵ tim³⁵
文具店 fɐn²¹ kœy²² tim³⁵
茶馆 tsa²¹ kun³³
飞发铺 fœy⁵³ fat³³ p'ɐu³⁵ 理发店
飞发 fœy⁵³ fat³³ 理发
剃头 t'ɐi³⁵ tɐu²¹
刮面 kuat³³ min²² 刮脸
剃胡子 t'ɐi³⁵ ho²¹ tsi³³ 刮胡子
肉行 ŋiuk²⁴ haŋ²¹ 肉铺
劏猪 t'aŋ⁵³ tsœy⁵³ 杀猪

油房 jɐu²¹fuŋ²¹ 油坊
当铺 taŋ³⁵p'ɐu³⁵
租屋 tso⁵³uk³³ 租房子
当屋 taŋ³⁵uk³³ 典房子
煤铺 moi²¹p'ɐu³⁵
　煤店 moi²¹tim³⁵ 新词
煤球 moi²¹kɐu²¹ 新词
蜂窝煤 fuŋ⁵³o⁵³moi²¹ 新词

（二）经营、交易

开张 hai⁵³tseŋ⁵³ 开业
停业 tœn²¹nip²⁴
□斗 k'ɐp⁵⁵tɐu³³ 倒闭
　倒灶 tau³³tsau³⁵ 老的说法
盘点 pun²¹tim³³
柜台 kuɐi²²tai²¹
开价 hai⁵³ka³⁵
还价 βan²¹ka³⁵
便宜 pœy²¹ŋi²¹
贵 kuɐi³⁵
公道 kuŋ⁵³tau²²
买齐 mai¹³tsɐi²¹ 包圆儿，剩下的全部买了
生意旺 θeŋ⁵³œy³⁵huŋ²² 买卖好
生意淡 θeŋ⁵³œy³⁵tam¹³ 买卖清淡
（人）工钱（ŋiɐn²¹）kuŋ⁵³tsin²¹ 工钱
本钱 pon³³tsin²¹
平本 pœn²¹pon³³ 保本
赚钱 tsan²²tsin²¹ 获得利润，与"折本"相对
折本 θit²²pon³³ 亏本
路费 lo²²fœy³⁵
利息 lœy²²θɐt³³
行运 heŋ²¹βɐn²² 走运，运气好
欠 him³⁵ 我~佢他十文钱十块钱
争 tseŋ⁵³ 差：~两文就十文纸喇
押金 ap³³kɐm⁵³

（三）账目、度量衡

账房 tseŋ³⁵fuŋ²¹
开支 hai⁵³tsi⁵³ 开销
收入 θɐu⁵³ŋiɐp²⁴ 收账
出帐 ts'œt³³tseŋ³⁵ 把支出的款项登入账簿
欠债 him³⁵tsai³⁵ 欠帐
收数 θɐu⁵³θo³⁵ 要账
赖账 lai²²tseŋ³⁵ 烂账
账牌 tseŋ³⁵pai²¹ 水牌
发票 fat³³p'iu³⁵
收据 θɐu⁵³kœy³⁵
存款 tson²¹k'on³³ 存下的钱
散纸 θan³³tsi³³ 零钱
银纸 ŋɐn²¹tsi³³ 钞票
锑仔 t'ɐi⁵³tsai³³ 硬币
铜仙 tuŋ²¹θin⁵³ 铜板儿
光洋 kuŋ⁵³jɐŋ²¹ 银元
一文银 ɐt³³mɐn⁵³ŋɐn²¹ 一块钱

一毫纸 ɐt³³ hau²¹ tsi³³ 一角钱
一分钱 ɐt³³ fɐn³³ tsin²¹
十文银 θɐp²² mɐn⁵³ ŋɐn²¹ 十块钱
一百文银 ɐt³³ pek³³ mɐn⁵³ ŋɐn²¹ 一百块钱
一张银纸 ɐt³³ tseŋ⁵³ ŋɐn²¹ tsi³³ 一张票子
一个铜仙⁼ ɐt³³ kɯ³⁵ tuŋ²¹ θin⁵³ 一个铜子儿
一个锑仔 ɐt³³ kɯ³⁵ t'ɐi⁵³ tsai³³ 一个硬币
算盘 θun³⁵ pun²¹
天平 t'in⁵³ pœn²¹
厘戥 lœy²¹ tɐŋ³³ 戥子
秤 ts'œn³⁵
磅秤 puŋ²² ts'œn³⁵
秤盘 ts'œn³⁵ pun²¹
秤星 ts'œn³⁵ θɐn⁵³ 秤星儿
秤杆 ts'œn³⁵ kan³³ 秤杆儿
秤钩 ts'œn³⁵ kɐu⁵³ 秤钩子
秤砣 ts'œn³⁵ to²¹ 秤锤
秤脑 ts'œn³⁵ nau¹³ 秤毫
秤尾仙⁼ ts'œn³⁵ mœy¹³ θin⁵³ 称东西时秤尾高
秤尾慢⁼ ts'œn³⁵ mœy¹³ man²² 称东西时秤尾低
刮板 kuat³³ pan³³ 平斗斛的木片

(四)交通
铁路 t'it³³ lo²²
铁轨 t'it³³ kuɐi³³
火车 hu³³ ts'e⁵³
火车站 hu³³ ts'e⁵³ tsan²²
马路 ma¹³ lo²² 公路
汽车 hœy³⁵ ts'e⁵³
班车 pan⁵³ ts'e⁵³ 客车
货车 hu³⁵ ts'e⁵³
公车 kuŋ⁵³ ts'e⁵³ 公共汽车，新词
臊甲车 θau⁵³ kap³³ ts'e⁵³ 小轿车。"臊甲"是蟑螂的意思
摩托车 mo⁵³ t'ak³³ ts'e⁵³
三轮车 θam⁵³ lɐn²¹ ts'e⁵³
平板三轮车 pœn²¹ pan³³ θam⁵³ lɐn²¹ ts'e⁵³
单车 tan⁵³ ts'e⁵³ 自行车
马车 ma¹³ ts'e⁵³ 大车
牛车 ŋiɐu²¹ ts'e⁵³ 大车
公鸡车 kuŋ⁵³ kɐi⁵³ ts'e⁵³ 手推独轮车
船 θin²¹
帆 fan²¹
篷 puŋ²¹
舵 ta¹³
棹桨 tsau²² tseŋ³³ 船桨
撑篙 ts'eŋ⁵³ kau⁵³ 撑船等的竹篙
跳板 t'iu³⁵ pan³³
帆船 fan²¹ θin²¹
艇仔 t'eŋ¹³ tsai³³ 舢板
渔船 ŋiœy²¹ θin²¹
渡船 to²² θin²¹

轮船 lɐn²¹ θin²¹
渡船公 to²² θin²¹ kuŋ⁵³ 艄公
过横渡 ku³⁵ βɐŋ²¹ to²² 过摆渡
渡口 to²² hɐu³³

二十　文化、教育

（一）学校

学校 hak²² kau³⁵
读书 tuk²² θœy⁵³ 上学，开始读书
去学校 hœy³⁵ hak²² kau³⁵ 上学
放学 fuŋ³⁵ hak²²
逃学 tau²¹ hak²²
幼儿园 jɐu³⁵ ŋi²¹ βin²¹
义学 ŋi²² hak²²
私塾 θi⁵³ θuk²²
学费 hak²² fœy³⁵
放假 fuŋ³⁵ ka³³
暑假 θoy³³ ka³³
寒假 han²¹ ka³³
请假 tsʻœn³³ ka³³

（二）教室、文具

教室 kau³⁵ θɐt³³
上课 θɐŋ¹³ kʻo³³
落课 lak²⁴ kʻo³⁵ 下课
讲台 kaŋ³³ tai²¹
黑板 hɐk³³ pan³³
粉笔 fɐn³³ pɐt³³
粉笔擦 fɐn³³ pɐt³³ tsʻat³³ 板擦儿

点名册 tim³³ mœn²¹ tsʻek³³
戒尺 kai³⁵ tsʻœt³³
笔记簿 pɐt³³ kœy³⁵ pɐu²² 笔记本
课本 kʻo³⁵ pon³³ 教科书
铅笔 βin²¹ pɐt³³
胶擦 kau⁵³ tsʻat³³ 橡皮
卷笔 kuin³³ pɐt³³ 铅笔刀，旋着削铅笔的刀
圆规 βin²¹ kʻuɐi⁵³
三角板 θam⁵³ kak³³ pan³³
压板 at³³ pan³³ 镇纸
作文簿 tsak³³ fɐn²¹ pɐu²² 作文本
大方格 tai²² fuŋ⁵³ kek³³ 大字格
影格簿 œn³³ kek³³ pɐu²² 红模子
钢笔 kaŋ⁵³ pɐt³³
毛笔 mau²¹ pɐt³³
笔（筒）套 pɐt³³（tuŋ²¹）tʻau³⁵ 笔帽
笔筒 pɐt³³ tuŋ²¹
砚瓦 βin²² βa¹³ 砚台
磨墨 mo²¹ mɐk²⁴ 研墨
墨盒 mɐk²⁴ hap²²
墨汁 mɐk²⁴ tsɐp³³
拣笔 tim²² pɐt³³
墨水 mɐk²⁴ θui³³ 墨水儿
书包 θœy⁵³ pau⁵³

（三）读书识字

读书人 tuk²² θœy⁵³ ŋiɛn²¹
识字嘅 θœt³³ tsi²² kɯ³⁵ 识字的

有识字啊 mi¹³θɐt³³tsi²²kɯ³⁵ 不识字的

读书 tuk²²θœy⁵³

温习 βɐn⁵³tsɐp²² 温书

背书 poi²²θœy⁵³

报考 pau³⁵k'au³³

考场 k'au³³tsɐŋ²¹

入场 ŋiɐp²⁴tsɐŋ²¹ 进考场

考试 k'au³³θi³⁵

考卷 k'au³³kuin³³

满分 mun¹³fɐn⁵³

零分 lœn²¹fɐn⁵³

发榜 fat³³puŋ³³

头名 tɐu²¹mœn²¹

尾名 mœy¹³mœn²¹ 末名

毕业 pɐt³³nip²⁴

肄业 i³⁵nip²⁴

文凭 mɐn²¹pɐŋ²¹

(四) 写字

大楷 tai²²kai⁵³

细楷 θɐi³⁵kai⁵³ 小楷

字帖 tsi²²t'ip³³

临帖 lɐn²¹t'ip³³

涂喇 to²¹·la 涂了

写白字 θe³³pek²²tsi²²

写倒装字 θe³³tau³⁵tsaŋ⁵³tsi²² 写鬥字，笔顺不对

漏字 lɐu²²tsi²² 掉字

草稿 ts'au³³kau³³

打草稿 ta³³ts'au³³kau³³ 起稿子

抄好 ts'au⁵³hau³³ 誊清

一点 ɐt³³tim³³

一横 ɐt³³βɐŋ²¹

一直 ɐt³³tsœt²² 一竖

一撇 ɐt³³p'it³³

一捺 ɐt³³nat²⁴

一勾 ɐt³³kɐu⁵³

一踢 ɐt³³t'œt³³ 一挑

一画 ɐt³³βa²² 一个笔画："王"字是四画

偏旁 p'in⁵³paŋ²¹ 偏旁儿

单倚人 tan⁵³kœy¹³ŋiɐn²¹ 立人儿（亻）

双倚人 θuŋ⁵³kœy¹³ŋiɐn²¹ 双立人儿（彳）

弓长张 kuŋ⁵³tsɐŋ²¹tsɐŋ⁵³ 弯弓张

立早章 lɐp²⁴tsau³³tsɐŋ⁵³

禾旁程 hu²¹paŋ²¹tsœn²¹

四方框 θœy³⁵fuŋ⁵³k'uaŋ⁵³ 四框栏儿（囗）

宝盖头 pau³³kai³⁵tɐu²¹ 宝盖儿（宀）

竖心旁 θœy²²θɐn⁵³paŋ²¹

犭狗旁 loi³³kɐu³³paŋ²¹ 反犬旁

单耳旁 tan⁵³ŋi¹³paŋ²¹ 单耳刀

双耳旁 θuŋ⁵³ŋi¹³paŋ²¹ 双耳刀

反文旁 fan³³fɐn²¹paŋ²¹

王字旁 huŋ²¹tsi²²paŋ²¹ 斜玉旁

踢土旁 t'œt³³t'o³³paŋ²¹ 提土旁

竹字头 tsuk³³tsi²²tɐu²¹

火字旁 hu³³ tsi²² paŋ²¹
四点底 θœy³⁵ tim³³ tɐi³³ 四点
三点水 θam⁵³ tim³³ θui³³
两点水 leŋ¹³ tim³³ θui³³
病字旁 pœn²² tsi²² paŋ²¹ 病旁
走船底 tsɐu³³ θin²¹ tɐi³³ 走之儿
纽丝旁 nɐu³³ θi⁵³ paŋ²¹ 绞丝旁
提手旁 tɐi²¹ θɐu³³ paŋ²¹
草字头 ts'au³³ tsi²² tɐu²¹

二十一　文体活动

（一）游戏、玩具

风筝 fuŋ⁵³ tsɐŋ⁵³
□鸡盲 kau²¹ kɐi⁵³ meŋ²¹ 捉迷藏
鸡头□ kɐi⁵³ tɐu²¹ tet²² 藏老蒙儿
打燕 ta³³ in³⁵ 踢毽子
打子 ta³³ tsi³³ 抓子儿
打玻珠 ta³³ po⁵³ tsœy⁵³ 弹球
□□□ p'ɐi³³ p'ɐu³³ leu³³ 打水漂儿
猜码 ts'ai⁵³ ma¹³ 划拳
白令 pek²² lœn²² 出谜语
猜谜语 ts'ai⁵³ mɐi²¹ ŋiœy¹³ 猜谜语
不倒翁 pɐt³³ tau³³ uŋ⁵³
牌九 pai²¹ kɐu³³
麻雀 ma²¹ ts'ek³³ 麻将
炮 p'au³⁵ 爆竹
放炮 fuŋ³⁵ p'au³⁵ 燃放鞭炮
花炮 βa⁵³ p'au³⁵ 焰火
放花炮 fuŋ³⁵ βa⁵³ p'au³⁵

（二）体育

象棋 tseŋ²² ki²¹
动棋 tuŋ²² ki²¹ 下棋
光头 kuŋ⁵³ tɐu²¹ 象棋的将、帅
士 θɐi²²
相 tseŋ²² 象棋红方的一个子，黑方写作"象"
象 tseŋ²² 象棋黑方的一个子
车 kœy⁵³
马 ma¹³
炮 p'au³⁵
兵 pœn⁵³
卒 tsɐt³³
□卒 nuŋ¹³ tsɐt³³ 拱卒
上士 θeŋ¹³ θɐi²² 往上走士
落士 lak²⁴ θɐi²² 往下走士
飞象 fœy⁵³ tseŋ²² 移动象
落象 lak²⁴ tseŋ²² 往下走象
将军 tseŋ⁵³ kuɐn⁵³ 下象棋攻击对方的"将"或"帅"
出车 ts'œt³³ kœy⁵³ 从原位移动车
当头炮 taŋ⁵³ tɐu²¹ p'au³⁵
跳马 t'iu³⁵ ma¹³ 移动马
卧槽马 ŋo²² tsau²¹ ma¹³
别脚马 pit²² kek³³ ma¹³
围棋 βɐi²¹ ki²¹
黑子 hɐk³³ tsi³³
白子 pek²² tsi³³

和棋 hu²¹ki²¹
拉绳 lai⁵³θɶn²¹ 拔河
游水 jɐu²¹θui³³ 游泳
仰爬游 ŋeŋ¹³pa²¹jɐu²¹ 仰泳
蛙泳 βa⁵³βɐn¹³ 新词
自由泳 tsi²²jɐu²¹βɐn¹³ 新词
氹头 mœy²²tɐu²¹ 潜水
打球 ta³³kɐu²¹
赛球 θai³⁵kɐu²¹
台球 tai²¹kɐu²¹ 乒乓球
篮球 lam²¹kɐu²¹
排球 pai²¹kɐu²¹
足球 tsuk³³kɐu²¹
羽毛球 ŋi¹³mau²¹kɐu²¹
跳远 t'iu³⁵βin¹³
跳高 t'iu³⁵kau⁵³

（三）武术、舞蹈

□翻千 fœt⁵⁵fan⁵³ts'in⁵³ 翻跟头，翻一个跟头
连□翻千 lin²¹fœt⁵⁵fan⁵³ts'in⁵³ 打车轮子，连续翻好几个跟头
倒立 tau³³lɐp²⁴
□狮子 ts'eŋ³³θɐi³³tsi³³ 舞狮子
木脚 muk²⁴kek³³ 高跷
刀对打 tau⁵³toi³⁵ta³³ 对刀，用刀表演对打
舞刀 mu¹³tau⁵³ 耍刀，表演刀术
枪对打 ts'eŋ⁵³toi³⁵ta³³ 对枪，用长矛表演对打
舞枪 mu¹³ts'eŋ⁵³ 耍枪，用长矛表演枪术
扭秧歌 nɐu³³jeŋ⁵³ko⁵³
打腰鼓 ta³³iu⁵³ko³³
跳舞 t'iu³⁵mu¹³

（四）戏剧

木偶戏 muk²⁴ŋiɐu¹³hœy³⁵
皮影戏 pœy²¹œn³³hœy³⁵
大戏 tai²²hœy³⁵ 大型戏曲，角色多，乐器多，演唱内容复杂
桂剧 kuɐi³⁵kœt²² 广西地方剧种
彩调 ts'ai³³tiu²² 广西地方戏曲
京剧 kœn⁵³kœt²²
话剧 βa²²kœt²²
戏院 hœy³⁵βin²²
戏台 hœy³⁵tai²¹
戏子佬 hœy³⁵tsi³³lau¹³ 演员
耍把戏 θa³³pa³³hœy³⁵ 变戏法，耍魔术
讲古 kaŋ³³ko³³ 说书，讲故事
花面 βa⁵³min²² 花脸
小丑 θiu³³ts'ɐu³³
老生 lau¹³θeŋ⁵³
小生 θiu³³θeŋ⁵³
武生 mu¹³θeŋ⁵³
刀马旦 tau⁵³ma¹³tan³⁵
老旦 lau¹³tan³⁵

青衣 ts'ɐn⁵³ œy⁵³
花旦 βa⁵³ tan³⁵
小旦 θiu³³ tan³⁵

二十二　动作

（一）一般动作

徛 kœy¹³ 站
□ mɐu⁵³ 蹲
打跌跤 ta³³ tit³³ kau⁵³ 跌倒了
贡⁼起来 kuŋ³⁵ hœy³³ lai²¹ 爬起来
摇头 hiu²¹ tɐu²¹
□头 tɐm³³ tɐu²¹ 点头
抬头 tai²¹ tɐu²¹
低头 tɐi⁵³ tɐu²¹
仰头 ŋeŋ¹³ tɐu²¹
回头 βɐi²¹ tɐu²¹
掉面过去 tiu²² min²² ku³⁵ hœy³⁵ 脸转过去
睁眼 tsɐŋ⁵³ ŋian¹³
瞪眼 tɐŋ⁵³ ŋian¹³
眯眼 mɐi³⁵ ŋian¹³ 迷眼
□眼 jap²² ŋian¹³ 挤眼儿
眨眼 tsap³³ ŋian¹³
碰见 p'uŋ³⁵ kin³⁵ 遇见
看 han³⁵
眼睛□来□去 ŋian¹³ tsœn⁵³ pɐn³⁵ lai²¹ pɐn³⁵ hœy³⁵ 眼睛乱转
流眼泪 lɐu²¹ ŋian¹³ lui²²
开嘴 hai⁵³ tsui³³ 张嘴

禁嘴 kɐm³⁵ tsui³³ 闭嘴
□嘴 mœn³³ tsui³³ 努嘴，噘嘴
举手 kœy³³ θɐu³³
摆手 pai³³ θɐu³³
放手 fuŋ³⁵ θɐu³³ 撒手
伸手 ts'ɐn⁵³ θɐu³³
动手 tuŋ²² θɐu³³
拍手 p'ek³³ θɐu³³
背住手 poi³⁵ tsœy²² θɐu³³
跷手 k'eu³³ θɐu³³ 交叉着手
笼住手 luŋ²¹ tsœy²² θɐu³³ 两手交
　叉伸到袖筒里
□ p'e³⁵ 拨拉
□ k'ue³⁵ 拨拉
□ om³³ 捂住；覆盖
摸 mo⁵³ 摩挲
抱 pau¹³ 用手臂围住；搊
抱屙屎 pau¹³ a⁵³ θi³³ 把屎
抱屙尿 pau¹³ a⁵³ niu²² 把尿
扶住 fɐu²¹ tsœy²² 扶着
凭住 pɐŋ²² tsœy²² 用手扶着其他
　物体以保持身体平稳：~
　墙，有唦别动！
弹手指 ten²¹ θɐu³³ tsi³³ 弹指头
撋拳捶 tsa⁵³ kuin²¹ tsui²¹ 攥起
　拳头
□脚 tɐm²² kek³³ 跺脚
躯脚 en³³ kek³³ 踮脚
跷脚 k'eu⁵³ kek³³ 跷二郎腿；
　蜷腿
辰⁼脚 θɐn²¹ kek³³ 抖腿

踢脚 t'œt³³kek³³ 踢腿
弯腰 βan⁵³iu⁵³
伸腰 ts'ɐn⁵³iu⁵³
撑腰 ts'eŋ³⁵iu⁵³ 比喻支持
叉腰 ts'a⁵³iu⁵³
翘屁股 hiu⁵³p'œy³⁵ku⁵³ 撅屁股。"股"声调特殊
捶背 tsui²¹poi³⁵
擤鼻涕 θœn³⁵pɐt²²t'ɐi³⁵
嘲鼻涕 θuk³³pɐt²²t'ɐi³⁵ 吸溜鼻涕
打喷嚏 ta³³p'ɐn³⁵t'ɐi³⁵
嗅 ŋiɐu³⁵ 闻
嫌弃 him²¹hœy³⁵
哭 huk³³
丢 tɐu⁵³ 扔掉
讲 kaŋ³³ 说
走 tsɐu³³ 跑
行 heŋ²¹ 走
放 fuŋ³⁵ ~住台上：放在桌上
抠⁼ k'ɐu⁵³ 搀：酒里~水
掺 ts'ɐm⁵³
执 tsɐp³³ 收拾（东西）
□ p'ɐu³³ 清除（垃圾等）；收拾（碗筷等）：~筲啲 ŋiap³⁵ ŋia³³ 垃圾出去｜~碗~台桌子
拣 kin³³ 选择，挑选
□ t'ɐu³³ 提起（东西）
□起来 tsɐn³³hœy³³la²¹ 捡起来
抹去 mat²⁴hœy³⁵ 擦掉

跌落 tit³³lak²⁴ 丢失
打忘住 ta³³muŋ²²tsœy²² 落下（东西）
覰见喇 lɐi³⁵kin³⁵·la 找着了
收 θɐu⁵³ 把东西藏起来，藏
□ tet²² 躲藏
叠砌起来 tip²²ts'ɐi³⁵hœy³³lai²¹ 码起来
揸 ŋia⁵³ 拿：~过来｜~住拿着
撒 ŋiɐu⁵³ 拿：~住拿着

(二) 心理活动

识 θœt³³ 知道，认得
识喇 θœt³³·la 懂了，会了
冇识 mi¹³θœt³³ 不认识
识字 θœt³³tsi²² 认识字
谂 nɐm¹³ 想，考虑：我~~过 我先想想再说
估 ko³³ 估量，猜
谂办法 nɐm¹³pan²²fat³³ 想主意
估计 ko³³kœy³⁵ 料定
主张 tsœy³³tseŋ⁵³
相信 θeŋ⁵³θɐn³⁵
怀疑 βai²¹ni²¹
心大心细 θɐm⁵³tai²²θɐm⁵³θɐi³⁵ 犹疑
小心 θiu³³θɐm⁵³ 留神
怕 p'a³⁵ 害怕
吓喇 hek³³·la 吓着了
着紧 tsek²²kɐn³³ 着急

想 θeŋ³³ 挂念
放心 fuŋ³⁵ θɐm⁵³
巴望 ma⁵³ muŋ²² 盼望
巴有得 ma⁵³ mi¹³ tɐk³³ 巴不得
记住 kœy³⁵ tsœy²² 记着
打忘记喇 ta³³ muŋ²² kœy³⁵ ·la 忘记了
谂起来喇 nɐm¹³ hœy³³ lai²¹ ·la 想起来了
眼红 ŋian¹³ huŋ²¹ 妒忌
讨厌 tʻau³³ im³⁵
恨 hɐn²²
偏心 pʻin⁵³ θɐm⁵³
怄气 ɐu³⁵ hœy³⁵ 担心
怪 kuai³⁵ 抱怨，埋怨
赖 lai²² 抱怨，埋怨
激气 kœt³³ hœy³⁵ 憋气
生气 θeŋ³³ hœy³⁵
痛 tʻuŋ³⁵ 爱惜，疼爱
喜欢 hœy³³ hun⁵³
多谢 to⁵³ tse²² 感谢
恶教 ak³³ kau³⁵ 娇惯
宠 tsʻuŋ³³ 宠爱
迁就 tsʻim⁵³ tsɐu²²

（三）语言动作

讲话 kaŋ³³ βa²² 说话
倾⁼忌⁼ kʻœn⁵³ kɐi²² 聊天
搭话 tap³³ βa²² 搭茬儿
有出声 mi¹³ tsʻœt³³ θœn⁵³

哄 huŋ³³
骗 pʻin³⁵ 哄骗
杯⁼ poi⁵³ 哄骗
报 pau³⁵ 告诉：~你一样事｜~一样事与你
讲报 kaŋ³³ pau³⁵ 说给：~你听｜~你听一样事
拗喉拗颈 ɐu³⁵ hɐu²¹ ɐu³⁵ kœn³³ 抬杠
顶嘴顶喉 tœn³³ tsui³³ tœn³³ hɐu²¹ 顶嘴
争交 tseŋ⁵³ kau⁵³ 吵架
打交 ta³³ kau⁵³ 打架
闹 nau²² 骂
捱闹 ŋai²¹ nau²² 挨骂
交代 kau⁵³ tai²² 嘱咐
捱讲 ŋai²¹ kaŋ³³ 挨说，挨批评
吟吟沉⁼沉⁼ ŋɐm²¹ ŋɐm²¹ tsɐm²¹ tsɐm²¹ 唠唠叨叨
吆 ɐu⁵³ 叫，喊：~佢来
乱讲 lun²² kaŋ³³ 胡说
乱□ lun²² ŋɐp⁵⁵

（四）抽象动词等

是 θi²²
与 hɐi³⁵ 给
凭 pɐŋ²² 依仗：~住墙壁
讲 kaŋ³³
用 juŋ²² 使用
要 iu³⁵ 用：~筷箸吃饭

喊 hem³⁵
买 mai¹³
听 tʻœn³⁵ 听；等候

二十三 位置

高顶 kau⁵³ tœn³³ 上面
　　上高 θeŋ²² kau⁵³
底下 tɐi³³ ja²² 下面
地底下 tœy²² tɐi³³ ja²² 地下：酒
　　杯跌落～喇
地上 tœy²² θeŋ²² ～好邋遢
天上 tʻin⁵³ θeŋ²²
山上 θan⁵³ θeŋ²²
路上 lo²² θeŋ²²
街上 kai⁵³ θeŋ²²
墙上 tseŋ²¹ θeŋ²²
门上 mun²¹ θeŋ²²
台上 tai²¹ θeŋ²² 桌上
椅子上 œy³³ tsi³³ θeŋ²²
旁边 paŋ²¹ pin⁵³ 边儿上
里头 lœy¹³ tɐu²¹
外头 βai²² tɐu²¹ 外边；野外
手里头 θɐu³³ lœy¹³ tɐu²¹ 手里
心里头 θɐm⁵³ lœy¹³ tɐu²¹ 心里
水里头 θui³³ lœy¹³ tɐu²¹ 水里
乡里头 jeŋ⁵³ lœy¹³ tɐu²¹ 乡里
镇里头 tsen³⁵ lœy¹³ tɐu²¹ 镇里
大门口 tai²² mun²¹ hɐu³³ 大门外
门外头 mun²¹ βai²² tɐu²¹ 门儿外

墙外 tseŋ²¹ βai²²
窗外（头）tsʻaŋ⁵³ βai²²（tɐu²¹）
　　窗户外头
车上 tsʻe⁵³ θeŋ²²
车外 tsʻe⁵³ βai²²
对面 toi³⁵ min²² 前边
后背 hɐu²² poi³⁵ 后边，背后
后背头 hɐu²² poi³⁵ tɐu²¹
岭脚 lœn¹³ kek³³ 山前
岭背 lœn¹³ poi³⁵ 山后
车头 tsʻe⁵³ tɐu²¹ 车的头部，车前
车后 tsʻe⁵³ hɐu²²
屋后 uk³³ hɐu²² 房后
背底 poi³⁵ tɐi³³ 背后
以前 hi¹³ tsin²¹
以后 hi¹³ hɐu²²
以上 hi¹³ θeŋ²²
以下 hi¹³ ja²²
后尾 hɐu²² mœy¹³ 后来，指过去
　　某事之后
从今以后 tsuŋ²¹ kɐm⁵³ hi¹³ hɐu²²
从此以后 tsuŋ²¹ tsʻi³³ hi¹³ hɐu²²
东边 tuŋ⁵³ pin⁵³ 东边，东头儿
西边 θɐi⁵³ pin⁵³ 西边，西头儿
南边 nam²¹ pin⁵³ 南边，南头儿
北边 pek³³ pin⁵³ 北边，北头儿
山东边 θan⁵³ tuŋ⁵³ pin⁵³ 山东
　　边儿
山西边 θan⁵³ θɐi⁵³ pin⁵³ 山西
　　边儿
山南边 θan⁵³ nam²¹ pin⁵³ 山南

边儿

山北边 θan⁵³ pɐk³³ pin⁵³ 山北边儿

城东 θœn²¹ tuŋ⁵³

城西 θœn²¹ θɐi⁵³

城南 θœn²¹ nam²¹

城北 θœn²¹ pɐk³³

东南 tuŋ⁵³ nam²¹

东北 tuŋ⁵³ pɐk³³

西南 θɐi⁵³ nam²¹

西北 θɐi⁵³ pɐk³³

城东南 θœn²¹ tuŋ⁵³ nam²¹

城东北 θœn²¹ tuŋ⁵³ pɐk³³

城西南 θœn²¹ θɐi⁵³ nam²¹

城西北 θœn²¹ θɐi⁵³ pɐk³³

路东 lo²² tuŋ⁵³

路西 lo²² θɐi⁵³

路南 lo²² nam²¹

路北 lo²² pɐk³³

路边 lo²² pin⁵³ 路边儿

中间 tsuŋ⁵³ kan⁵³ 当间儿

床底下 θaŋ²¹ tɐi³³ ja²²

楼底下 lɐu²¹ tɐi³³ ja²²

脚底下 kek³³ tɐi³³ ja²²

碗屎 un⁵³ tuk³³ 碗底儿

锅屎 ku⁵³ tuk³³ 锅底儿

缸屎 kaŋ⁵³ tuk³³ 缸底儿

旁边 paŋ²¹ pin⁵³

附近 fu²² kɐn¹³

面前 min²² tin²¹ 跟前儿

哪门地方 na³³ mun²¹ tœy²² fuŋ⁵³

什么地方

左边 tsa³⁵ pin⁵³

右边 jɐu²² pin⁵³

行落里头 heŋ²¹ lɐk³³ lœy¹³ tɐu²¹ 望里走

行出外头 heŋ²¹ ts'œt³³ βai²² tɐu²¹ 望外走

行过东边 heŋ²¹ ku³⁵ tuŋ⁵³ pin⁵³ 望东走

行过西边 heŋ²¹ ku³⁵ θɐi⁵³ pin⁵³ 望西走

行回头 heŋ²¹ βɐi²¹ tɐu²¹ 望回走

回头行 βɐi²¹ tɐu²¹ heŋ²¹

向前行 jɐŋ³⁵ tsin²¹ heŋ²¹ 望前走

直直行 tsœt²² tsœt²² heŋ²¹

⋯以东 hi¹³ tuŋ⁵³

⋯以西 hi¹³ θɐi⁵³

⋯以南 hi¹³ nam²¹

⋯以北 hi¹³ pɐk³³

⋯以内 hi¹³ noi²²

⋯以外 hi¹³ βai²²

⋯以来 hi¹³ lai²¹

⋯之后 tsi⁵³ hɐu²²

⋯之前 tsi⁵³ tsin²¹

⋯（之）外（tsi⁵³）βai²²

⋯（之）内（tsi⁵³）noi²²

⋯之间 tsi⁵³ kan⁵³

⋯之上 tsi⁵³ θɐŋ²²

以上 hi¹³ θɐŋ²²

⋯之下 tsi⁵³ ja²²

以下 hi¹³ ja²²

二十四　代词等

我 ŋa¹³
你 nœy¹³
佢 kœy¹³ 他
我类 ŋa¹³loi²² 我们
　云队 βɐn²¹toi²²
你类 nœy¹³loi²² 你们
佢类 kœy¹³loi²² 他们
我嗰 ŋa¹³kɯ³⁵ 我的
人屋 ŋiɐn²¹uk³³ 人家
侪家 tsɐi²¹ka⁵³ 大家，人们
　大侪 tai²²tsɐi²¹
□nan⁵³ 谁
箇个 kɯ³⁵kɯ³⁵ 这个
尔个 ŋi²²kɯ³⁵ 那个
哪个 na³³kɯ³⁵ 哪一个；谁
箇啲 kɯ³⁵tek⁵⁵ 这些
尔啲 ŋi²²tek⁵⁵ 那些
哪啲 na³³tek⁵⁵ 哪些
箇啩 kɯ³⁵pai¹³ 这里
　箇啩甸 kɯ³⁵pai¹³ten²²
尔啩 ŋi²²pai¹³ 那里
　尔啩甸 ŋi²²pai¹³ten²²
哪啩 na³³pai¹³ 哪里
　哪嚟 na³³ten⁵³
耿 kɐŋ³³ 这么，那么：~做｜
　~高
同□tuŋ²¹nɐŋ³³ 怎么（做）

同□做 tuŋ²¹nɐŋ³³tso³⁵ 怎么办
做哪门 tso³⁵na³³mun²¹ 为什么
哪门 na³³mun²¹ 什么
几多 kœy³³to⁵³ 多少（钱）
几 kœy³³ 多（高）
我类两个 ŋa¹³loi²²leŋ¹³kɯ³⁵
　云队两个 βɐn²¹toi²²leŋ¹³kɯ³⁵
你类两个 nœy¹³loi²²leŋ¹³kɯ³⁵
佢类两个 kœy¹³loi²²leŋ¹³kɯ³⁵
两公婆 leŋ¹³kuŋ⁵³pu²¹ 夫妻俩
老娘男女 lau¹³nɐŋ⁵³nam²¹nœy¹³
　娘儿俩
两娘女 leŋ¹³nɐŋ⁵³nœy¹³ 母女俩
老父子 lau¹³fu²²tsi³³ 父子俩
太公孙 t'ai³⁵kuŋ⁵³θon³³ 爷孙俩
两婶母 leŋ¹³θɐm³³mɐu¹³ 妯娌俩
大妗姑娘 tai²²kɐm¹³ko⁵³nɐŋ²¹ 姑
　嫂俩
家婆新妇 ka⁵³pu²¹fɐn⁵³fɐu³³ 婆
　媳俩
两兄弟 leŋ¹³βɐn⁵³tɐi¹³ 兄弟俩
我类两个友仔 ŋa¹³ loi²² leŋ¹³
　kɯ³⁵jɐu¹³tsai³³ 哥儿俩
两姐妹 leŋ¹³tse³³moi²² 姐妹俩
我类两个友女 ŋa¹³ loi²² leŋ¹³
　kɯ³⁵jɐu¹³nœy¹³ 姐儿俩
大舅姑娘 tai²²kɐu¹³ku⁵³nɐŋ²¹ 兄
　妹俩
大姐细舅 tai²²tse³³θɐi³⁵kɐu¹³ 姐
　弟俩
舅爷外甥 kɐu¹³je²¹βai²²θɐŋ⁵³ 舅

甥俩

两叔侄 leŋ¹³ θuk³³ tsɐt²² 叔侄俩

两姑侄 leŋ¹³ ku⁵³ tsɐt²² 姑侄俩

两师徒 leŋ¹³ θei⁵³ to²¹ 师徒俩

侪家 tsɐi²¹ ka⁵³ 人们，大家

　　大侪 tai²² tsɐi²¹

男人 nam²¹ ɲien²¹ 男子，爷儿们

女人 nœy¹³ ɲien²¹ 女子，娘儿们

几婶母 kœy³³ θɐm³³ mɐu¹³ 妯娌们

大妗姑娘几个 tai²² kɐm¹³ ko⁵³ neŋ²¹ kœy³³ kɯ³⁵ 姑嫂们

几师徒 kœy³³ θei⁵³ to²¹ 师徒们

外家 βai²² ka⁵³ 娘家

老公屋 lau¹³ kuŋ⁵³ uk³³ 婆家

男家 nam²¹ ka⁵³ 婚姻关系中男方的家，男方

女家 nœy¹³ ka⁵³ 婚姻关系中女方的家，女方

外婆家 βai²² pu²¹ uk³³ 姥姥家

外老屋 βai²² lau¹³ uk³³ 丈人家

个把两个 kɯ³⁵ pa³³ leŋ¹³ kɯ³⁵

百零个 pek³³ lœn²¹ kɯ³⁵ 百把来个

千把人 ts'in⁵³ pa³³ ɲien²¹

万把文钱 man²² pa³³ mɐn⁵³ tsin²¹ 万把块钱

里把路 lœy¹³ pa³³ lo²²

里把二里路 lœy¹³ pa³³ ɲi²² lœy¹³ lo²²

一两亩 ɐt³³ leŋ¹³ mɐu¹³ 亩把二亩

成吃 θœn²¹ hɐt³³ 冇～：没吃头儿

成饮 θœn²¹ ŋiɐm³³ 冇～：没喝头儿

看头 han³⁵ tɐu²¹ 看头儿

谂头 nɐm¹³ tɐu²¹ 想头，干头儿，奔头儿

苦头 ho³³ tɐu²¹ 苦头儿

甜头 tim²¹ tɐu²¹ 甜头儿

二十五　形容词

好 hau³³

冇错 mi¹³ ts'o³⁵ 不错

差冇多 ts'a⁵³ mi¹³ to⁵³ 差不多

冇□好 mi¹³ nɐŋ³³ hau³³ 不怎么样

冇中用 mi¹³ tsuŋ⁵³ juŋ²² 不顶事　冇顶用 mi¹³ tɐn³³ juŋ²²

坏 βai²²

□jei²¹ 差，次

奥═蛮 au³⁵ man²¹ 凑合，勉强

好看 hau³³ han³⁵

靓 leŋ³³ 漂亮

丑 ts'ɐu³³ 丑陋，不好看，繁体写作"醜"

要紧 iu³⁵ kɐn³³

闹热 nau²² ɲit²⁴ 热闹

稳阵 βɐn³³ tsɐn²² 坚固

硬 ŋeŋ²²

软 βin¹³

干净 kan⁵³tsœn²²
齷齪 uk³³ts'uk³³脏，不干净
　邋遢 lat²⁴t'at³³
咸 ham²¹
淡 tam¹³
香 jeŋ⁵³
臭 ts'ɐu³⁵
酸 θun⁵³
甜 tim²¹
苦 ho³³
辣 lat²⁴
稀 hœy⁵³粥太～喇
□kɐt²²粘稠
疏 θo⁵³稀疏
密 mɐt²⁴稠密
肥 fœy²¹
瘦 θɐu³⁵
好住 hau³³tsœy²²舒服
难住 nan²¹tsœy²²难受
怕丑 p'a³⁵ts'ɐu³³腼腆，害羞，"丑"繁体是"醜"
乖 kuai³³
跳皮 t'iu³⁵pœy²¹顽皮
真能 tsɐn⁵³nɐŋ²¹真行
　真得 tsɐn⁵³tɐk³³
冇得 mi¹³tɐk³³不行
精灵 tsœn⁵³lœn²¹机灵
鬼马 kuɐi³³ma¹³狡猾
灵巧 lœn²¹k'iu³³
懵懂 muŋ¹³tuŋ³³糊涂
耿古板 kɐŋ³³ko³³pan³³死心眼儿

饭桶 fan²²t'uŋ³³草包，孬种
老 lau¹³
□鬼 ŋɐn⁵³kuɐi³³吝啬鬼
小气 θiu³³hœy³⁵
大方 tai²²fuŋ⁵³
成 θœn²¹～只鸡蛋：整个鸡蛋
满 mun¹³～身：浑身
凸 tɐt²²
凹 mop³³
凉爽 lɐŋ²¹θaŋ³³凉快
清静 ts'œn⁵³tsœn²²背静
擎□□ŋau²¹ŋuk⁵⁵ŋuk⁵⁵活络，
　不稳固
正 tsœn³⁵端正；地道
整齐 tsœn³³tsɐi²¹
啱心水 ŋam⁵³θɐm⁵³θui³³符合心
　意，称心
迟 tsi²¹晚
多 to⁵³
少 θiu³³
大 tai²²
细 θɐi³⁵小
长 tsɐŋ²¹
短 tun³³
阔 hut³³宽
□kak²²窄
厚 hɐu¹³
薄 puk²²
深 θɐm⁵³
浅 ts'un³³
高 kau⁵³

低 tɐi⁵³
矮 ɐi³³
重 tsuŋ¹³
轻 hœn⁵³
远 βin¹³
近 kɐn¹³
快 βai³⁵
慢 man²²
方 fuŋ⁵³
圌 lon²¹ 圆：～凳丨～台
扁 pen³³ ～菜：韭菜
正 tsœn³⁵ 端正；地道
歪 βai⁵³
　□me³³
筀 ts'e³⁵ 歪斜
　斜 ts'e²¹
红 huŋ²¹
大红 tai²² huŋ²¹ 朱红
粉红 fɐn³³ huŋ²¹
深红 θɐm⁵³ huŋ²¹
淡红 tam¹³ huŋ²¹ 浅红
蓝 lam²¹
浅蓝 ts'un³³ lam²¹
深蓝 θɐm⁵³ lam²¹
天蓝 t'in⁵³ lam²¹
绿 luk²⁴
草绿 ts'au³³ luk²⁴
浅绿 ts'un³³ luk²⁴
白 pek²²
灰白 hoi⁵³ pek²²
漂白 p'iu³⁵ pek²²

灰 hoi⁵³
深灰 θɐm⁵³ hoi⁵³
浅灰 ts'un³³ hoi⁵³
银灰 ŋɐn²¹ hoi⁵³
黄 huŋ²¹
深黄 θɐm⁵³ huŋ²¹
浅黄 ts'un³³ huŋ²¹
青 ts'œn⁵³
豆青 tɐu²² ts'œn⁵³
鸭蛋青 ap³³ tan²² ts'œn⁵³
□ɐu³³ 紫
莲花色 lin²¹ βa⁵³ θɐk³³ 藕荷色
古铜色 ko³³ tuŋ²¹ θɐk³³
黑 hɐk³³
贴 t'ip³³ 密合
随便 tsui²¹ pin²²

二十六　副词、介词等

啱 ŋam⁵³ 刚：我～来
啱啱 ŋam⁵³ ŋam⁵³ 刚好：～十文纸十块钱
啱巧 ŋam⁵³ k'iu³³ 刚巧
净 tsœn²² ～吃饭，冇吃菜
有啲 jɐu¹³ tek⁵⁵ 有点儿：～湦冷
恐怕 k'uŋ³³ p'a³⁵ 也许
可能 k'o³³ nɐŋ²¹ 也许
差一啲 ts'a⁵³ ɐt³³ tek⁵⁵ 差点儿
　争一啲 tseŋ⁵³ ɐt³³ tek⁵⁵
险一啲 him³³ ɐt³³ tek⁵⁵

冇…冇 mi¹³…mi¹³ 非…不…

马上 ma¹³θeŋ²²

趁早 ts'ɐn³⁵ tsau³³

随时 tsui²¹ θi²¹ 早晚

好彩 hau³³ ts'ai³³ 幸亏

当面 taŋ⁵³ min²²

背面 poi³⁵ min²² 背地

一齐 ɐt³³ tsɐi²¹ 一块儿

一个人 ɐt³³ kɯ³⁵ ȵien²¹ 独自一人：佢他 ~ 去

顺手 θœn²² θɐu³³ 顺便儿

有意 jɐu¹³ œy³⁵ 故意

特登 tek⁼ tɐŋ⁵³ 特地

到底 tau³⁵ tɐi³³

根本 kɐn⁵³ pon³³ 压根儿

实在 θɐt²² tsai²²

到四十 tau³⁵ θœy³⁵ θɐp²² 平四十

一共 ɐt³³ kuŋ²²

咪 mɐi³⁵ 不要，别

白 pek²² ~吃 | ~来

硬 ŋeŋ²² 偏：我 ~ 冇去

乱 lun²² 胡：~讲 | ~吃

先 θin⁵³ 你行 ~：你先走

着 tsek²² 被：~狗咬

挨 ŋai²¹ 遭受：~打

对 toi³⁵

对住 toi³⁵ tsek²² 对着：佢 ~ 我笑

到 tau³⁵ ~哪日为止

落 lak²⁴ 下，到：丢 ~ 水里头

住 tsœy²² 在

由 jɐu²¹ 从

自从 tsi²² tsuŋ²¹

照 tsiu³⁵ 按照，依照：~ 耿这么做 | ~ 我看，佢一定考得考得上大学

要 iu³⁵ 使：~ 毛笔写

按照 an³⁵ tsiu³⁵ 顺着：~ 箇这条大路行走

由 jɐu²¹ 顺着：~ 河边行

向 jɐŋ³⁵ 朝：~ 山上打了一枪 | ~ 右转

帮 paŋ⁵³ 替：~ 我写封信 | ~ 大侪大家办事

凑 ts'ɐu³⁵ 和：箇个 ~ 尔个冇一样这个和那个不一样

共 kuŋ²²

向 jaŋ³⁵

凑 ts'ɐu³⁵ 问：~ 佢借一本书

共 kuŋ²² 同：阿弟 ~ 阿哥一样高

吆 eu⁵³…做 tso³⁵…管…叫…

要 iu³⁵…做 tso³⁵…拿…当…

由细 jɐu²¹ θɐi³⁵ 从小

向外头 jɐŋ³⁵ βai²² tɐu²¹ 往外（有钱不往外拿）

赶 kan³³ 加快行动到达：天黑以前 ~ 到

二十七　量词

张 tsɐŋ⁵³ 把：一 ~ 椅子

只 tsœt³³ 枚：一~奖章
本 pon³³ 一~书
批 p'ei⁵³ 笔：一~款
匹 p'ɐt³³ 一~马
只 tsœt³³ 头：一~牛
封 fuŋ⁵³ 一~信
服 fuk²² 一~药
味 mœy²² 一~药
条 tiu²¹ 一~江河
顶 tœn³³ 一~帽
条 tiu²¹ 锭：一~墨
件 kin²² 档子：一~事
朵 tu³³ 一~花
餐 ts'an⁵³ 顿：一~饭
条 tiu²¹ 一~手巾
架 k'a³⁵ 辆：一~车
把 pa³³ 子儿：一~香
枝 tsi⁵³ 一~花
只 tsœt³³ 一~手
盏 tsan³³ 一~灯
张 tseŋ⁵³ 一~台桌子
台 tai²¹ 桌：一~酒席
场 tseŋ²¹ 一~雨
出 ts'œt³³ 一~戏
番 fan⁵³ 床：一~被被子
套 t'au³⁵ 身：一~棉衫棉衣
枝 tsi⁵³ 杆：一~枪
枝 tsi⁵³ 管：一~笔
条 tiu²¹ 根：一~头发
蔸 tɐu⁵³ 棵：一~木树
□nɐp⁵⁵ 颗、粒：一~米

块 βai³⁵ 一~砖
只 tsœt³³ 口：一~猪
个 kɯ³⁵ 一~人
两公婆 leŋ¹³ kuŋ⁵³ pu²¹ 两口子
间 kan⁵³ 家：一~铺头
架 k'a³⁵ 一~飞机
间 kan⁵³ 一~屋屋子
栋 tuŋ²² 所：一~屋房子
件 kin²² 一~衫衣裳
行 haŋ²¹ 一~字
篇 p'in⁵³ 一~文章
页 hip²⁴ 一~书
段 tun²² 节，段：一~文章
片 p'in³⁵ 一~肉
番 fan⁵³ 面：一~红旗
层 tseŋ²¹ 一~纸
股 ku³³ 一~香味
条 tiu²¹ 座：一~桥
盘 pun²¹ 一~棋
起 hœy³³ 门：一~亲事
刀 tau⁵³ 一~纸
叠 tip²² 一~纸
桩 tsuŋ⁵³ 一~事
缸 kaŋ⁵³ 一~水
碗 un³³ 一~饭
杯 poi⁵³ 一~水
揸 ŋia⁵³ 把：一~米
把 pa³³ 一~萝葡
包 pau⁵³ 一~花生
卷 kuin³³ 一~纸
捆 k'uan³³ 一~行李

担 tam³⁵ 一~米

担 tam³⁵ 挑：一~水

排 pai²¹ 一~台桌子

进 tsɐn³⁵ 一~院子

串 ts'un³⁵ 挂：一~炮鞭炮

句 kœy³⁵ 一~话

个 kɯ³⁵ 位：一~客人

对 toi³⁵ 双：一~鞋

对 toi³⁵ 一~花瓶

副 fu³⁵ 一~眼镜

套 t'au³⁵ 一~书

种 tsuŋ³³ 一~虫

帮 paŋ⁵³ 伙儿：一~人

批 p'ɐi⁵³ 一~货

帮 paŋ⁵³ 拨儿：一~人

个 kɯ³⁵ 一~

起 hœy³³ 一~

窦 tɐu³⁵ 窝：一~蜂

□ tsɐu¹³ 嘟噜：一~葡萄

□ jap³⁵ 拃：一~长

寻 tsɐm²¹ 庹：一~长

指 tsi³³ 一~长

成 θœn²¹ 成儿：两~利

面 min²² 脸：一~泥

身 θɐn⁵³ 一~泥

肚 to¹³ 肚子：一~气

餐 ts'an⁵³ 顿：吃一~

趟 t'aŋ³⁵ 行走一~

回 βɐi²¹ 打一~打一下

回 βɐi²¹ 看一~看一眼

口 hɐu³³ 吃一~

阵子 tsɐn²² tsi³³ 一会儿：讲一~

阵 tsɐn²² 落一~雨

场 θeŋ²¹ 闹一~

面 min²² 见一~

个 kɯ³⁵ 尊：一~佛像

扇 θin³⁵ 一~门

幅 fuk³³ 一~画

幅 fuk³³ 面：一~墙

片 p'in³⁵ 瓣：一~花

个 kɯ³⁵ 处：一~地方

部 pɐu²² 一~书

班 pan⁵³ 一~车

水 θui³³ 洗一~洗一水

炉 lo²¹ 烧一~

打 ta³³ 一~鸡蛋

嘈 kɐu²¹ 团：一~泥

堆 toi⁵³ 一~雪

排 pai²¹ 槽：一~牙

列 lit²⁴ 一~火车

路 lo²² 一~公共汽车

组 tso³³ 一~

□ ŋiɐp⁵⁵ 撮：一~毛

股 ku³³ 轴：一~线

□ ŋiɐp⁵⁵ 绺：一~头发

手 θɐu³³ 一~字

笔 pɐt³³ 一~字

届 kai³⁵ 一~领导

任 ŋiɐm²² 一~村支书

盘 pun²¹ 一~棋

台 tai²¹ 桌：一~客

桩 tsuŋ⁵³ 圈：一~麻将
台 tai²¹ 一~戏
丝 θi⁵³ 一~肉
啲 tek⁵⁵ 点儿：一~粉
滴 tœt³³ 一~雨
盒 hap²² 一~火柴
盒 hap²² 匣子：一~首饰
箱 θeŋ⁵³ 一~衫衣裳
架 kʻa³⁵ 一~书
柜桶 kuɐi²² tʻuŋ³³ 抽屉：一~文件
筐 kʻuaŋ⁵³ 一~菜
□ lo⁵³ 篓子：一~炭
炉 lo²¹ 一~灰
包 pau⁵³ 一~书
袋 tai²² 一~粮食
池 tsi²¹ 池子：一~水
缸 kaŋ⁵³ 一~金鱼
樽 tsɐn⁵³ 瓶子：一~醋
罐 kun³⁵ 一~荔枝
埕 tsœn²¹ 坛：一~酒
桶 tʻuŋ³³ 一~油
盆 pun²¹ 一~水
壶 ho²¹ 一~茶
锅 ku⁵³ 一~饭
笼 luŋ²¹ 一~包子
盘 pun²¹ 一~果水果
碟 tip²² 碟儿：一~菜
碗 un³³ 一~饭
杯 poi⁵³ 一~茶
盅 tsuŋ⁵³ 一~酒

瓢 piu²¹ 一~汤
（调）羹（tiu²¹）keŋ⁵³ 勺：一~汤

二十八　附加成分

（一）后加成分
……要命 iu³⁵ mœn²²
……鬼魂 kuɐi³³ βen²¹
……要紧 iu³⁵ kɐn³³
□死 ɯ²¹ θœy³³……极了

（二）虚字
了 liu¹³ 完成体貌助词，相当于普通话的"了1"
住 tsœy²² 持续体貌助词，相当于普通话的"着"
得 tek³³ 补语结构助词
嘅 kɯ³⁵ 结构助词，相当于普通话的"的"
喇 la³³ 语气助词，相当于普通话的"了2"

二十九　数字等

一号 ɐt³³ hau²²
十号 θɐp²² hau²²
初一 tsʻo⁵³ ɐt³³
初十 tsʻo⁵³ θɐp²²
老大 lau¹³ tai²²

老二 lau¹³ ŋi²²
老十 lau¹³ θɐp³³
老细 lau¹³ θɐi³⁵ 老幺
大哥 tai²² ko⁵³
二哥 ŋi²² ko⁵³
细弟 θɐi³⁵ tɐi²² 老末儿
一只 ɐt³³ tsœt³³ 一个
两只 leŋ¹³ tsœt³³ 两个
三只 θam⁵³ tsœt³³ 三个
四只 θœy³⁵ tsœt³³ 四个
五只 ŋo¹³ tsœt³³ 五个
六只 luk²⁴ tsœt³³ 六个
七只 ts'ɐt³³ tsœt³³ 七个
八只 pat³³ tsœt³³ 八个
九只 kɐu³³ tsœt³³ 九个
十只 θɐp²² tsœt³³ 十个
第一 tɐi²² ɐt³³
第二 tɐi²² ŋi²²
第三 tɐi²² θam⁵³
第四 tɐi²² θœy³⁵
第五 tɐi²² ŋo¹³
第六 tɐi²² luk²⁴
第七 tɐi²² ts'ɐt³³
第八 tɐi²² pat³³
第九 tɐi²² kɐu³³
第十 tɐi²² θɐp²²
第一只 tɐi²² ɐt³³ tsœt³³ 第一个
第二只 tɐi²² ŋi²² tsœt³³ 第二个
第三只 tɐi²² θam⁵³ tsœt³³ 第三个
第四只 tɐi²² θœy³⁵ tsœt³³ 第四个
第五只 tɐi²² ŋo¹³ tsœt³³ 第五个

第六只 tɐi²² luk²⁴ tsœt³³ 第六个
第七只 tɐi²² ts'ɐt³³ tsœt³³ 第七个
第八只 tɐi²² pat³³ tsœt³³ 第八个
第九只 tɐi²² kɐu³³ tsœt³³ 第九个
第十只 tɐi²² θɐp²² tsœt³³ 第十个
一 ɐt³³
二 ŋi²²
三 θam⁵³
四 θœy³⁵
五 ŋo¹³
六 luk²⁴
七 ts'ɐt³³
八 pat³³
九 kɐu³³
十 θɐp²²
十一 θɐp²² ɐt³³
二十 ŋi²² θɐp²²
二十一 ŋi²² θɐp²² ɐt³³
三十 θam⁵³ θɐp²²
三十一 θam⁵³ θɐp²² ɐt³³
四十 θœy³⁵ θɐp²²
四十一 θœy³⁵ θɐp²² ɐt³³
五十 ŋo¹³ θɐp²²
五十一 ŋo¹³ θɐp²² ɐt³³
六十 luk²⁴ θɐp²²
六十一 luk²⁴ θɐp²² ɐt³³
七十 ts'ɐt³³ θɐp²²
七十一 ts'ɐt³³ θɐp²² ɐt³³
八十 pat³³ θɐp²²
八十一 pat³³ θɐp²² ɐt³³
九十 kɐu³³ θɐp²²

九十一 kɐu³³ θɐp²² ɐt³³
一百 ɐt³³ pek³³
一千 ɐt³³ ts'in⁵³
一百一十 ɐt³³ pek³³ ɐt³³ θɐp²²
百一 pek³³ ɐt³³
一百一十个 ɐt³³ pek³³ ɐt³³ θɐp²² kɯ³⁵
百一个 pek³³ ɐt³³ kɯ³⁵
一百二十 ɐt³³ pek³³ ŋi²² θɐp²²
百二 pek²² ŋi²²
一百五十个 ɐt³³ pek²² ŋo¹³ θɐp²² kɯ³⁵
百五个 pek²² ŋo¹³ kɯ³⁵
二百五十 ŋi²² pek³³ ŋo¹³ θɐp²²
二百五 ŋi²² pek³³ ŋo¹³
半桶水 pun³⁵ t'uŋ³³ θui³³ 二百五（傻子）
一千一百 ɐt³³ ts'in⁵³ ɐt³³ pek³³
千一 ts'in⁵³ ɐt³³
一千九（百）ɐt³³ ts'in⁵³ kɐu³³（pek³³）
千九 ts'in⁵³ kɐu³³
三千 θan⁵³ ts'in⁵³
五千 ŋo¹³ ts'in⁵³
八千 pat³³ ts'in⁵³
一万 ɐt³³ man²²
一万二千 ɐt³³ man²² ŋi²² ts'in⁵³
万二 man²² ŋi²²
一万二千个 at³³ man²² ŋi²² ts'in⁵³ kɯ³⁵
万二个 man²² ŋi²² kɯ³⁵

三万五 θan⁵³ man²² ŋo¹³ 三万五千
三万五千个 θan⁵³ man²² ŋo¹³ ts'in⁵³ kɯ³⁵
零 lœn²¹
二斤 ŋi²² kɐn⁵³
两斤 leŋ¹³ kɐn⁵³
二两 ŋi²² leŋ¹³
两钱 leŋ¹³ tsin²¹ 二钱
两分 leŋ¹³ fɐn⁵³ 二分
两厘 leŋ¹³ lœy²¹ 二厘
两丈 leŋ¹³ tseŋ²² 二丈
两尺 leŋ¹³ ts'œt³³ 二尺
两寸 leŋ¹³ ts'on³⁵ 二寸
两分 leŋ¹³ fɐn⁵³ 二分
两里 leŋ¹³ lœy¹³ 二里
两担 leŋ¹³ tam³⁵ 二担
两斗 leŋ¹³ tɐu¹³ 二斗
两项 leŋ¹³ haŋ²² 二项
两亩 leŋ¹³ mɐu¹³ 二亩
几个 kœy³³ kɯ³⁵
好多个 hau³³ to⁵³ kɯ³⁵
好几个 hau³³ kœy³³ kɯ³⁵
大一啲 tai²² ɐt³³ tek⁵⁵ 大一些
一啲 ɐt³³ tek⁵⁵ 一点儿
一啲啲 ɐt³³ tek⁵⁵ tek⁵⁵ 一点点
大啲 tai²² tek⁵⁵ 大点儿
十几个 θɐp²² kœy³³ kɯ³⁵ 十多个（比十个多）
百几个 pek³³ kœy³³ kɯ³⁵ 一百多个

十零个 θɐp²² lœn²¹ kɯ³⁵ 十来个
百把个 pek³³ pa³³ kɯ³⁵
半个 pun³⁵ kɯ³⁵
一半 ɐt³³ pun³⁵
两半 leŋ¹³ pun³⁵ 两半儿
大半 tai²² pun³⁵ 多半儿
一大半 ɐt³³ tai²² pun³⁵ 一大半儿
个半 kɯ³⁵ pun³⁵ 一个半
…左右 tso³³ jɐu²² 十斤~

成语：

一清二白 ɐt³³ ts'œn⁵³ ŋi²² pek²²
一清二楚 ɐt³³ ts'œn⁵³ ŋi²² ts'o³³
一干二净 ɐt³³ kan⁵³ ŋi²² tsœn²²
一刀两断 ɐt³³ tau⁵³ leŋ¹³ tun¹³
一举两得 ɐt³³ kœy³³ leŋ¹³ tɐk³³
三番两次 θam⁵³ fan⁵³ leŋ¹³ ts'i³⁵
三天两头 θam⁵³ t'in⁵³ leŋ¹³ tɐu²¹
三长两短 θam⁵³ tseŋ²¹ leŋ¹³ tun³³
三言两语 θam⁵³ ŋin²¹ leŋ¹³ ŋiœy¹³
三心两意 θam⁵³ θɐm⁵³ leŋ¹³ œy³⁵
三三两两 θam⁵³ θam⁵³ leŋ¹³ leŋ¹³
四平八稳 θœy³⁵ pœn²¹ pat³³ βɐn³³
四通八达 θœy³⁵ tun⁵³ pat³³ tat²²
四面八方 θœy³⁵ min²¹ pat³³ fuŋ⁵³
五花八门 ŋo¹³ βa⁵³ pat³³ mun²¹
七上八下 ts'ɐt³³ θeŋ¹³ pat³³ ja²²
乱七八糟 lun²² ts'ɐt³³ pat³³ tsau⁵³
乌七八糟 o⁵³ ts'ɐt³³ pat³³ tsau⁵³
七嘴八舌 ts'ɐt³³ tsui³³ pat³³ θit²²

千辛万苦 ts'in⁵³ θɐn⁵³ man²² ho³³
千军万马 ts'in⁵³ kuɐn⁵³ man²² ma¹³
千变万化 ts'in⁵³ pin³⁵ man²² βa³⁵
千家万户 ts'in⁵³ ka⁵³ man²² ho²²
千言万语 ts'in⁵³ ŋin²¹ man²² ŋiœy¹³

干支、属相：

甲 kap³³
乙 it³³
丙 pœn³³
丁 tɐn⁵³
戊 mɐu²²
己 kœy³³
庚 keŋ⁵³
辛 θɐn⁵³
壬 ŋiɐm²¹
癸 kuɐi³⁵
子 tsi³³
丑 ts'ɐu³³
寅 jɐn²¹
卯 mau¹³
辰 θɐn²¹
巳 tsi²²
午 ŋo¹³
未 mœy²²
申 θɐn⁵³
酉 jɐu¹³
戌 θɐt³³
亥 hai²²

第 八 章

常见代词、能愿动词、趋向动词

一 代词

（一）人称代词

1. 基本人称代词

	单数	复数
第一人称	我 ŋa^{13}	我类 ŋa^{13}loi^{22}、云队 βɐn^{21}toi^{22}
第二人称	你 nœy^{13}	你类 nœy^{13}loi^{22}
第三人称	佢 kœy^{13}	佢类 kœy^{13}loi^{22}

第一人称复数有"我类""云队"两个形式，不分排除式和包括式。比如：

（1）你是柳州人，佢是桂林人，我是南宁人，我类/云队都是广西人 咱们都是广西人。

（2）你类人多，我类/云队人少 你们人多，我们人少。

单数、复数都可以做主语、宾语、定语。此处只说说充当定语带结构助词"嘅"与否的情况。中心语为亲属称谓名词时可带可不带结构助词"嘅"，不过带"嘅"有强调意味。例如：

（3）佢（嘅）阿爸 他爸爸是老师。

（4）我（嘅）老婆 我妻子喜欢吃柠檬鸭。

（5）今年考上大学嘅是佢（嘅）仔 今年考上大学的是他儿子。

中心语为家庭、社会组织单位或者房屋、田地等不动产名词时，以不带"嗰"为常，有时带"嗰"有强调意味。例如：

（6）我类（嗰）学校我们学校开学喇。

（7）尔嚟是我类（嗰）屋那里是我们的房子。

（8）佢类村大，我类/云队村细多他们村大，我们村小得多。

（9）我类（嗰）田揼征齐喇我们的农田被征用完了。

中心语为身体部位、一般物品名词时，可带可不带"嗰"，带"嗰"有强调意味。例如：

（10）你（嗰）腰做哪门喇，直冇得起来你的腰怎么了，都直不起来？

（11）你类（嗰）帽子住箇嚟你们的帽子在这里。

（12）我（嗰）药盟ᵌ吃我的药还没吃。

（13）我冇看见你（嗰）书我没看见你的书。

2. 统称人称代词

"侪家"[tsɐi²¹ka⁵³]、"大侪"[tai²²tsɐi²¹]，两者意思一样，称一定范围内所有的人，可以互换。例如：

（1）侪家都是熟人，咪客气啊大家都是熟人，别客气啊！

（2）侪家嗰事侪家做大家的事情大家做。

（3）你去讲与大侪听，今晚有大雨你去讲给大家听，今晚有大雨。

（4）云队侪家都是一个村嗰，要互相帮忙我们大家都是一个村的，要互相帮助。

（5）一心谂住大侪，就是冇顾自己一心想着大家，就是没有考虑自己。

3. 别称人称代词

"人屋"[ŋiɐn²¹uk³³]，泛指说话人和听话人以外的人，和"自己"相对，大体相当于普通话的"人家"。例如：

（1）佢好肯帮手，人屋嗰事当是佢自己嗰事他很愿意帮忙，把人家的事当做他自己的事。

（2）箇种事是做与人屋看嗰这种事是做给人家看的。

（3）我问过好多个医生，人屋总讲箇个病冇要紧我问过很多医生，人家都说这个病不要紧。

例（3）"人屋"复指上文的"医生"。

（4）人屋老陈就是爽快人家老陈就是痛快！

4. 己称代词

己称代词"自己"［tsi²² kœy³³］，复指句中已出现的人，与"人屋"相对。例如：

（1）我嘅事我自己做我的事情我自己做。

（2）你耿冇讲理，总有一日害了你自己你这么不讲理，总有一天会害了你自己。

（3）佢只好自己安慰自己。

或泛指句中未出现的某个主体，例如：

（4）自己嘅事自己做。

（二）指示代词

	近指	远指
人或事物	箇［kɯ³⁵］	尔［ŋi²²］
时间	箇阵（子）［kɯ³⁵ tsɐn²²（tsi³³）］这会儿、这阵儿 箇时［kɯ³⁵ θi²¹］这时	尔阵（子）［ŋi²² tsɐn²²（tsi³³）］那会儿、那阵儿 尔时［ŋi²² θi²¹］那时
处所	箇啡（甸）［kɯ³⁵ pai¹³（tɛn²²）］这里 箇嘴［kɯ³⁵ tɛn⁵³］这里 箇边［kɯ³⁵ pin⁵³］这边	尔啡（甸）［ŋi²² pai¹³（tɛn²²）］那里 尔嘴［ŋi²² tɛn⁵³］那里 尔边［ŋi²² pin⁵³］那边
方式	耿［kɐŋ³³］这么（做）、那么（做）	
程度	耿［kɐŋ³³］这么（大）、那么（大）	

上表可以看到，近指是"箇"系列，远指是"尔"系列。指方式、程度，"耿"不分近指和远指，是"箇样"［kɯ³⁵ jɐŋ²²］的合音，也属

"箇"系列。"尔"系列用得较少，它常常可以用"箇"系列来表达，除非近指和远指对举。比如"尔只人是 nan^{53} 那个人是谁？"也可以说"箇只人是 nan^{53} 这个人是谁？"但是"箇只人是老师，尔只人是学生"的"尔"换成"箇"意思就不清楚了。

1. 指人或事物

近指用"箇"[kɯ^{35}]，远指用"尔"[ŋi^{22}]，不能单独做主语、宾语，必须与量词、数量或数量名结构组合起来用。跟个体量词组合指示或称代单个的人或事物。例如：

（1）箇个嘢是佢嘅这个东西是他的。
（2）戴眼镜尔只人姓陈戴眼镜那个人姓陈。
（3）我类箇片地征齐喇我们这片地征用完了。
（4）箇个是箇个，尔个是尔个这个是这个，那个是那个。
（5）我冇要箇本，我要尔本我不要这本，我要那本。

跟"二"以上或"几"数量结构组合指示或称代"二"以上数量的人或事物。例如：

（6）我讲嘅就是箇三个人我说的就是这三个人。
（7）箇几个是我嘅堂兄弟这几位是我的堂兄弟。

跟不定量词"啲"组合成"箇啲""尔啲"表示这些、那些，指示或称代不止一个的人或事物。例如：

（8）箇啲嘢是 nan^{53} 嘅这些东西是谁的？
（9）放尔啲书住我嘅柜桶里头把这些书放在我的抽屉里！
（10）箇啲好便宜这些很便宜。
（11）我冇要箇啲，我要尔啲我不要这些，我要那些。

2. 指时间

近指是"箇阵（子）"[kɯ^{35} tsɐn^{22}（tsi^{33}）]，远指是"尔阵（子）"[ŋi^{22} tsɐn^{22}（tsi^{33}）]，意思分别是"这会儿""那会儿"，称代某一时间。充当定语时必须带结构助词"嘅"。例如：

（1）尔阵子佢还细，盟$^=$懂事那会儿，他还小，还不懂事。
（2）一直等到箇阵（子）我至$^=$办好手续一直等到这会儿我才办好手续。
（3）箇阵嘅事箇阵做，咪拖这会儿的事这会儿做，别拖！

后者指过去或未来，前者也可以指过去或未来。比如：

（4）我读大学尔阵/箇阵，你还是小学生我读大学那阵儿，你还是小学生。［过去］

（5）等毕业以后，佢尔阵/箇阵就可以单独生活喇等毕业以后，他那会儿就可以独立生活了。［未来］

还有"箇时"［kɯ³⁵θi²¹］和"尔时"［ŋi²²θi²¹］，语法功能分别跟"箇阵（子）""尔阵（子）"相同，所指时间有点儿不同。例如：

（6）天亮到十点种箇阵你住哪咩天亮到十点那会儿你在哪儿？

（7）我碰见佢尔时啱九点我碰见他那会儿刚九点种。

例（6）强调的是时段，例（7）强调的是时点，不能互换。

3. 指处所

①近指是"箇咩（甸）"［kɯ³⁵pai¹³（ten²²）］，远指是"尔咩（甸）"［ŋi²²pai¹³（ten²²）］，意思分别是"这里"和"那里"，称代某一处所。充当定语必须带上结构助词"嗰"。例如：

（1）箇咩甸是村委会这里是村委会。

（2）我类参观过尔咩好多次喇我们参观过那里很多次了。

（3）箇咩甸嗰老师总是师范学院毕业嗰这里的老师都是师范学院毕业的。

（4）佢嗰眼睛定定看住舞台箇咩甸/尔咩甸他的眼睛紧紧盯住舞台那里。

（5）佢尔咩有好多书他那里有很多书。

（6）住箇咩/尔咩徛住在这里/那里站着！

近指也说"箇嚸"［kɯ³⁵ten⁵³］，远指也说"尔嚸"［ŋi²²ten⁵³］。语法功能跟"箇咩（甸）""尔咩（甸）"大体相同，但是它所指范围可以比较小，强调某一个点。"箇咩（甸）""尔咩（甸）"所指范围比较大，含有"这一带""那一带"的意思。比如：

（7）坐箇嚸，冇坐尔嚸坐这儿，别坐那儿。

这句话里的"箇嚸、尔嚸"不能换成"箇咩（甸）、尔咩（甸）"。

③"箇边"［kɯ³⁵pin⁵³］和"尔边"［ŋi²²pin⁵³］，意思分别是"这边"和"那边"，称代某一处所。充当定语时必须带结构助词"嗰"。例如：

（8）箇边有一只土地庙这边有一个土地庙。

（9）佢住尔边，我住箇边他住那边，我住这边。

（10）尔边嗰人冇爱吃鱼生那边的人不爱吃生鱼片。

4. 指方式

指称方式不分近指和远指，都是"耿"[kɐŋ³³]，"箇样"的合音，意思是"这么、这样"和"那么、那样"。指称某一方式，充当状语、定语、主语或宾语。充当定语时必须带结构助词"嗰"。例如：

(1) 你耿看书眼睛坏嗰唎你这么/那么看书眼睛会坏的啊。
(2) 我看就是耿做，你讲得不得我看就是这么/那么做，你说行不行？
(3) 咪耿做，人屋讨厌别那么/这么做，人家讨厌。
(4) 照耿嗰样子去做照这么个样子去做。
(5) 耿冇得这样/那样不行。
(6) 你总是耿，事情冇好办你老是这样/那样，事情不好办。
(7) 当蛤耿住地上跳像青蛙一样在地上跳。

5. 指程度

指称程度不分近指和远指，都是用的"耿"，意思相当于普通话的"这么、这样"和"那么、那样"。只作状语，中心词限于形容词、心理动词等。例如：

(1) 细王共你耿高唎小王同你这么高了。
(2) 耿深嗰水过冇得去那么深的水，过不去。
(3) 你耿中意佢，就送与你唎你那么喜欢它，就送给你了。
(4) 我冇识佢耿饮得，一斤都冇够瘾我不知道他那么能喝，一斤都不过瘾。
(5) 做哪门耿冇干脆怎么这么/那么不干脆！
(6) 尔间屋冇有耿大那间房子没有这么大。
(7) 耿多足够唎，人多用冇齐这么些足够了，人多用不完。
(8) 我就有耿多唎我只有这么些了。
(9) 白菜就是剩耿多筐唎，再拉啲来喂白菜就剩这么些筐了，再拉些来呀！

（三）疑问代词

1. 问人

问人用"□"[nan⁵³]，可能是"哪人"的合音，意思相当于普通话的"谁"。也用"哪个"。例如：

(1) nan⁵³/哪个是你类嗰村委主任谁是你们的村委主任？

（2）几早 nan^{53}/哪个来覷我刚才谁来找我？

（3）我是细张，你是 nan^{53}/哪个我是小张。你是谁？

（4）耿多人就是一个人去得，你打算要 nan^{53}/哪个这么多人只是一个人能去，你打算要谁去？

（5）箇啲是 nan^{53}/哪个嘅意见这些是谁的意见？

（6）佢是 nan^{53}/哪个（嘅）老婆她是谁（的）老婆？

虚指，表示不能肯定的人，例如：

（7）住路上你碰见 nan^{53}/哪个啊在路上你没碰见谁啊？

（8）今日冇有 nan^{53}/哪个打电话与你今天没有谁打电话给你。

任指，表示任何人，例如：

（9）nan^{53}/哪个都喜欢佢谁都喜欢他。

（10）nan^{53}/哪个都冇识佢去乜喇谁都不知道他去哪里了。

（11）冇管是 nan^{53}/哪个都要遵守纪律不论是谁都要遵守纪律。

（12）nan^{53}/哪个到先 nan^{53}/哪个买票谁先到谁买票。

（13）大侪看 nan^{53}/哪个符合条件，就选佢当村长大家看谁符合条件，就选他当村长。

2. 问事物

"哪"跟量词组合成"哪+量"，修饰名词指示所问事物，或称代所问事物。例如：

（1）哪本书是你嘅哪本书是你的？

（2）耿多笔，你要哪支这么多笔，你要哪支？

"哪+量+（名）"有时表任指，例如：

（3）哪种花色总得哪种花色都行。

（4）箇几件衫裤哪件至⁼冇啱这几件衣服裤子哪件都不合适。

（5）哪个都冇喜欢哪个都不喜欢。

"哪门"［na^{33}mun^{21}］，修饰名词问事物的性质或人的身份、职务等，相当于普通话的"什么"。例如：

（6）箇啩是哪门地方这里是什么地方？

（7）你覷哪门人你找什么人？

（8）佢是你哪门人他是你什么人？

表示不肯定的人或事，例如：

（9）住本地你有哪门亲戚在本地你有什么亲戚？

（10）凑大侪住一起，我从来冇感到有哪门孤单跟大家住在一起，我从来没有感到有什么孤单。

（11）窗外头好似有哪门声音窗户外头好像有什么声音。

表示任指，例如：

（12）哪门都冇想吃什么都不想吃。

（13）准备了哪门节目就演哪门节目准备了什么节目就演什么节目。

"哪门"充当主语、宾语，问事物。例如：

（14）哪门是你嘅理想什么是你的理想？

（15）你觐哪门你找什么？

表示不肯定的事物，例如：

（16）你想冇想吃啲哪门你要不要吃点什么？

表示任指，例如：

（17）箇个细嘢哪门至=冇怕这孩子什么都不怕。

3. 问处所

问处所用"哪哗"[na³³pai¹³]、"哪嚙"[na³³ten⁵³]，意思相当于普通话的"哪里、哪儿"。例如：

（1）村里头哪哗/哪嚙有细卖部村里头哪里有小卖部？

（2）你屋住哪哗/哪嚙你家在哪里？

（3）佢去哪哗/哪嚙喇他去哪里了？

（4）你是哪哗/哪嚙人你是哪里人？

（5）佢讲嘅是哪哗/哪嚙嘅话他说的是哪里的话？

用于虚指，表示某一不能确定的地方，例如：

（6）我好似住哪哗/哪嚙见过你我好像在哪里见过你。

用于任指，表示任何地方。例如：

（7）今日我要看书复习，哪哗/哪嚙至=冇去今天我要看书复习，哪里都不去。

（8）哪哗/哪嚙有水，哪哗/哪嚙就有生命哪里有水，哪里就有生命。

（9）哪哗/哪嚙都盟=去过哪里都还没有去过。

用于反问，没有处所意义，表示否定，例如：

（10）我哪嚙有你耿大力我哪里有你那么大的力气呀。

4. 问时间

问时间用"几时"[kœy³³θi²¹]，意思相当于普通话的"什么时候"。例如：

（1）佢几时毕业他什么时候毕业？

（2）箇个会要开到几时这个会要开到什么时候？

（3）佢讲嘅是几时嘅事他说的是什么时候的事情？

也可以表任指，例如：

（4）你几时来都得你什么时候来都行。

5. 问程度

问程度是"几"，相当于普通话的"多"，例如：

（1）箇栋楼有几高这栋楼有多高？

（2）邕江有几阔邕江有多宽？

也可以表任指，例如：

（3）冇管几高，我一样爬得上去不论有多高，我一样爬得上去。

（4）雨几大，天几黑，我类都要去雨多大，天多黑，我们都要去。

也用于感叹语气：

（5）几高嘅后生哥多高的小伙子啊！

（6）箇个药冇识有几难吃这个药不知有多难吃！

6. 问方式

问方式用"同口"[tuŋ²¹ neŋ³³]和"口"[neŋ³³]，相当于普通话的"怎么、怎样"。"口"[neŋ³³]是"哪样"[na³³ jeŋ²²]的合音，"同口"[tuŋ²¹ neŋ³³]就是"同哪样"，例如：

（1）箇件事同 neŋ³³ 做这件事怎么做？

（2）你 neŋ³³ 识得箇件事你怎么知道这件事？

（3）屋里 neŋ³³ 耿暗屋里怎么这么暗。

用于虚指，例如：

（4）箇种花同 neŋ³³ 种，同 neŋ³³ 管理我至⁼冇识这种花怎么种、怎么管理我都不知道。

用于任指，例如：

（5）是同 neŋ³³ 做就同 neŋ³³ 做该怎么办就怎么办。

7. 问原因

问原因用"做哪门"［tso³⁵ na³³ mun²¹］和"做门"［tso³⁵ mun²¹］。相当于普通话的"为什么"。例如：

（1）谢日你做哪门冇来昨天你为什么不来？

（2）你做门冇讲话你为什么不说话？

表虚指，例如：

（3）冇识佢做哪门冇来上课不知道他为什么不来上课。

表任指，意思相当于普通话的"怎么样"，例如：

（4）冇管做门，都冇得打老婆不管怎么样，都不能打老婆。

8. 问数量

用"几多"［kœy³³ to⁵³］，询问数量，相当于普通话的"多少"，例如：

（1）箇阵猪肉几多银一斤现在猪肉多少钱一斤？

（2）你来南宁几多年喇你到南宁多少年了？

（3）佢养了几多只猪他养了多少头猪？

表虚指，例如：

（4）识得几多讲几多就得喇知道多少说多少就行了。

表任指，例如：

（5）箇个嘢几多银都买冇得这个东西多少钱都买不到。

二 能愿动词和趋向动词

（一）能愿动词

1. 能［nɐŋ²¹］、能够［nɐŋ²¹ kɐu³⁵］

表示某方面有能力，或客观条件允许。例如：

（1）细张一餐能够吃齐三碗饭冇小张一顿能吃完三碗饭吗？——吃冇齐吃不完。

（2）话冇曾讲齐，你冇能够行归话还没说完，你不能回去！

（3）佢嘅脚伤好多喇，能慢慢行几步喇他的脚伤好得多了，能够慢慢走几步了。

（4）芹菜叶又能够吃芹菜叶子也能吃。

（5）佢箇个愿望始终冇能够实现他这个愿望始终没能实现。

（6）冇能单独考虑个人，要多关心集体不能只考虑个人，要多想集体。

2. 识［θœt³³］

表示某方面有能力，比如：

（1）你识开车冇你会开车吗？——盟⁼学过，冇识还没学过，不会。

（2）以前佢冇识讲普通话几多，箇阵讲得冇错喇以前他不太会说普通话，现在说得不错了。

（3）佢好识做生意他很会做生意。

3. 可以［kʻo³³hi¹³］

①表示可能，否定用"冇能""冇得V""冇V得"。例如：

（1）箇间屋可以住四个人。

（2）打电话就可以喇，你冇使写信嘅喇打电话就可以了，你就不必再写信了。

（3）你箇阵可以讲喇你现在可以说了。

（4）明日我有事，冇来得明天我有事，不能来。

②有某种用途，否定用"冇能""冇得V""冇V得"。例如：

（5）甘蔗可以榨糖，蔗渣可以熬酒甘蔗可以榨糖，蔗渣可以酿酒。

（6）京白菜可以生吃，白菜冇能生吃／冇得生吃／冇生吃得大白菜可以生吃，小白菜不能生吃。

③表示许可，否定用"冇能""冇得V""冇V得"。例如：

（7）佢可以去，你又可以去你也可以去——佢冇能去／冇得去／冇去得，你又冇能去／冇得去／冇去得他不能去，你也不能去。

④表示值得：

（8）箇个戏倒反可以看看这个戏倒是可以看看。

4. 要［iu³⁵］

①表示做某事的意志，否定用"冇想"。例如：

（1）我有话要对佢讲。

（2）我冇想买箇个嘢我不想这个东西。

②表示须要，应该，否定用"冇要"，例如：

（3）果子要洗干净印⁼吃得水果要洗干净才能吃。

（4）佢叺我冇要多管闲事他叫我不要多管闲事。

③表示情理上、事实上的需要，相当于普通话的"得"［təi²¹⁴］：

（5）你要快啲，冇耿就迟喇你得快点儿。要不然就晚了。

（6）做箇件事要三个人做这件事得三个人。

（7）其他人去冇得，要你亲自去别人去不行，得你亲自去。

5. 敢 [kam³³]

①表示有胆量做某事，例如：

（1）路冇爱⁼好，你敢开车冇路不太好，你敢开车吗？

（2）老师来喇，佢类冇敢冇听老师来了，他们不敢不听。

②表示有把握做某种判断，例如：

（3）佢明日来冇来，我冇敢肯定他明天来不来，我不敢肯定。

6. 想 [θeŋ³³]

①表示愿望，比如：

（1）佢想看戏，冇想看电影他想看戏，不想看电影。

（2）我想吃啲粥我想喝点儿粥。

②表示可能，将要，比如：

（3）看样子想落雨喇看样子要下雨了。

7. 肯 [hɐŋ³³]

表示意愿，比如：

（1）细丽肯嫁与细张小丽愿意嫁给小张。

（2）你肯冇肯一个人去北京你肯不肯一个人去北京？

（二）趋向动词

南宁平话趋向动词有"来、去、上、落₁、落₂、出、归、过、起、开"，充当补语。"落"有下和进的意思，我们分别记为"落₁、落₂"。"来、去"又可以充当其余几个趋向动词的补语，构成复合式的趋向动词：

上来　落₁来　落₂来　出来　归来　过来　起来

上去　落₁去　落₂去　出去　——　过去　——

没有"开来、开去、归去、起去"。下边说说几个较为特殊的。

1. 落₁ [lɐk³³]

表示从上到下的动作趋向，相当于普通话的"下"，例如：

（1）木根头顶跌落归几张木叶树上掉下几张叶子。

(2) 沉落江底喇沉下河底了。

普通话"下"的一些引申义南宁平话不用"落",要用别的说法,比如:

(3) 脱下皮鞋,换上拖鞋——脱去皮鞋,换上拖鞋。

(4) 这间屋子八个人也住得下——箇间屋八个人至⁼住得。

2. 落₁来 [lɐk³³lai²¹]

连用后字常常弱化为 [lɐi²¹],并被前字韵尾同化成 [kɐi²¹]。

①表示人或事物随动作由高处向低处朝向说话人,相当于普通话的"下来",例如:

(1) 佢由楼上行落来他从楼上走下来。

(2) 山上飞落来一只鹁鸠山上飞下来一只斑鸠。

(3) 咻水流落山来泉水流下山来。

②表示人或事物随动作由较高部门、级别到较低部门、级别,例如:

(4) 佢是由市政府派落来嗰他是由市政府派下来的。

(5) 温度已经降落来喇温度已经降下来了。

(6) 箇个镇长撤落 kɐi²¹ 喇那个镇长撤下来/下去了。

③表示动作完成,例如:

(7) 车停了落来喇车停了下来。

(8) 尔个方案盟⁼定得落来那个方案还定不下来。

④表示某种状态开始出现并继续发展,例如:

(9) 会场啱啱安静落来会场刚刚安静下来。

(10) 佢一日日瘦落 kɐi²¹ 喇他一天天瘦下来/下去了。

3. 落₁去 [lɐk³³hœy³⁵]

①表示人或事物随动作由高处向低处离开说话人,相当于普通话的"下去",例如:

(1) 箇条船慢慢沉落去喇那条船慢慢沉下去了。

(2) 田塍上跳落去两只蛤田埂上跳下去两只青蛙。

(3) 跳落江去抢救跳下河去抢救。

②表示人或事物随动作由较高部门、级别到较低部门、级别,例如:

(4) 任务已经交代落去喇任务已经交代下去了。

③表示动作仍然继续进行,例如:

（5）你再讲落去就冇有意思喇你再讲下去就没意思了。

4. 落₂来［lɐk³³］

表示人或事物随动作从外到里，动作朝向说话人，相当于普通话的"进来"。例如：

（1）水由窟口流落来水从洞口流进来。

（2）由窗口飞落来一只 tset³⁵ 儿从窗户飞进来一只鸟儿。

（3）箇个嘢大多，冇抠得落 kɐi²¹ 这个东西太大，搬不进来。

（4）有个人由外头走落屋来有个人从外面跑进屋子来。

5. 落₂去［lɐk³³ hœy³⁵］

表示人或事物随动作从外到里，动作离开说话人所在地，相当于普通话的"进去"。例如：

（1）由侧门行落去几个人从侧门走进去几个人。

（2）由侧门行几个人落去从侧门走进去几个人。

（3）先摙书落房去／摙书落房去 tin⁵³ 先把书拿进房去。

不能说：*由侧门行落几个人去。

6. 归来［kuɐi⁵³ lai²¹］

表示人或事物随动作从别处到原处，动作朝向说话人所在地，相当于普通话的"回来"。例如：

（1）佢由对岸游归来喇他从对岸游回来了。

（2）运归来三件行李运回来三件行李。

（3）运三件行李归来运三件行李回来。

（4）买归来一架细车买回来一辆小汽车。

（5）摙箱子归屋来把箱子拿回家来！

7. 归去［kuɐi⁵³ hœy³⁵］

表示人或事物随动作从别处到原处，动作离开说话人所在地，相当于普通话的"回去"。例如：

（1）佢归去喇他回去了。

（2）运归去喇运回去了。

（3）运归去三件行李运回去三件行李。

（4）运三件行李归去运三件行李回去。

（5）摙箱子归去屋里头把箱子拿回屋里去。

第 九 章

常见副词、介词、连词

一　副词

(一) 范围副词

1. 都 [to⁵³]

表示总括全部，总括对象放在"都"前边。例如：

(1) 大侪都同意_{大家都同意}。
(2) 我哪门都冇要_{我什么都不要}。
(3) 冇管做哪门事，佢都非常认真_{不管做什么事情，他都非常认真}。

有时总括的对象放在"都"后边。例如：

(4) 老王几早都讲了唡哪门_{老王刚才都说了些什么}?

与"是"组合说明理由，例如：

(5) 都是佢冇好，你就冇有一啲责任_{都是他不好，你就没有一点责任}?
(6) 都是你，搞得侪家冇高兴_{都是因为你，搞得大家不高兴}。

与"连"字配合使用，加强语气，例如：

(7) 连里头嗰衫裤都淋湿齐唡_{连里边的衣服都淋湿了}。
(8) 对冇住，连你名字都打忘唡_{对不起，连你的名字都忘了}。

2. 总 [tsuŋ³³]，表示总括，意思大体相当于"都"。例如：

(1) 细张共细王总去了北京_{小张和小王都去了北京}。
(2) 牛、再羊、再马总走出来唡_{牛啊、羊啊、马啊都跑出来了}。
(3) 你几时觌我总得_{你什么时候找我都行}。
(4) 佢头总冇举，专心学习_{他头都/也不抬，专心学习}。

3. 至⁼[tsi³⁵]

表示假设成立与否，后果都相同，例如：

（1）雨是大啲，路是滑啲，我类至⁼要去雨是大点，路是滑点，我们也要去。

（2）你冇讲我至⁼识得你不说我也知道。

表示对前边成分的强调，大体相当于普通话的"都"或"也"。例如：

（3）我哪门至⁼冇要我什么都/也不要。

（4）同 nɐŋ³³ 搣至⁼搣冇得怎么扳都/也扳不动。

（5）拉至⁼拉冇住佢拉都/也拉不住他。

（6）一口至⁼冇饮一口都/也不喝。

（7）一日假至⁼冇请过一天假都/也没请过。

（8）你至⁼搬冇得，我更加冇得喇你都搬不动，我更加不行了。

（9）十二点喇，至⁼盟⁼睡十二点了，都还没有睡。

（二）时间副词

1. 啱[ŋam⁵³]

表示发生在不久前，相当于普通话的"刚"，例如：

（1）佢啱来一阵他刚来一会儿。

（2）天啱亮，佢就去地喇天刚亮，他就下地了。

（3）啱到屋，又接到电话去开会刚回到家，又接到电话去开会。

（4）我啱由北京归来冇耐我刚由北京回来不久。

（5）你做哪门啱来到，就际⁼讲行你怎么才来就又说要走？

表示正好在那一点上，指时间、空间、数量等，相当于普通话的"刚好"，例如：

（6）箇对鞋冇大冇细，啱合适这双鞋不大不小，刚好。

（7）冇早冇晏，到尔啡啱五点半不早不晚，到那里刚好五点半。

（8）行李啱二十公斤，冇超过规定行李刚好二十公斤，没有超过规定。

表示数量少、程度低等，相当于普通话的"才"，例如：

（9）睡阵子先，啱三点再睡一会儿吧，才三点。

表示勉强达到某种程度，例如：

（10）声音好细，啱可以听得到声音很小，刚可以听到。

2. 又［jɐu²²］

表示一个动作、状态重复发生，两个动作、状态相继发生或反复交替。例如：

（1）箇个人谢日来过，今日又来喇这个人昨天来过，今天又来了。

（2）又落雨喇又下雨了。

（3）讲了一轮又讲一轮讲了一遍又讲一遍。

（4）今日人多，来了一帮又一帮今天人来得多，来了一拨又一拨。

（5）啱洗齐衫裤，佢又去做其他工喇刚洗完衣服，她又去忙别的了。

（6）佢论日都是唱了又跳，跳了又唱他整天都是唱了又跳，跳了又唱。

（7）走一阵又行一阵，行一阵又走一阵跑一阵又走一阵，走一阵又跑一阵。

表示几个动作、状态、情况累积在一起。例如：

（8）佢是个聪明人，又肯努力，冇到半个月就学识喇他是个聪明人，又肯努力，不到半个月就学会了。

（9）箇个细嘢又识写又识算这孩子又会写又会算。

（10）又干净又轻便既干净又轻便。

（11）又怕冷又冇愿着多衫既怕冷又不愿多穿衣服。

（12）佢又冇吃人，你怕哪门他又不会吃人，你怕什么？

（13）落雨又有哪门要紧？我类照样锻炼下雨又有什么关系？咱们照常锻炼。

表示两事相同，相当于普通话的"也"，例如：

（14）风停喇，雨又停喇风停了，雨也停了。

（15）老师又讲课，又提问题老师也讲课，也提问题。

3. 还［βɐn²¹］

表示动作状态持续不变，相当于普通话的"仍然"。例如：

（1）佢还住图书馆他还在图书馆。

（2）佢已年过七十，精神还耿好他年过七十，精神还这么好。

（3）快开车喇，还有十分钟快开车了，还有十分钟。

（4）箇阵还早，可以再等等现在还早，可以再等等。

（5）我类一直劝佢去，最后至⁼吆到老板来喇，佢还（是）冇想去我们一直劝他去，最后都把老板请来了，他还是不想去。

表示程度差别，用于比较句。例如：

（6）佢还细过你几岁/佢比你还细几岁他比你还小几岁。

（7）阿弟还高过阿哥一啲弟弟还比哥哥高一点。

表示项目、数量的增加，范围的扩大等。例如：

（8）箇个节目八点钟还要重播一次。

（9）光讲冇得，还要做光说不行，还得干。

把事情往小里、低里、轻里说，例如：

（10）箇张画画得还冇错这张画画得还不错。

4. 就 [tsɐu²²]

表示很短时间内即将发生，例如：

（1）你等一等，饭就得喇你稍等一会儿，饭就好了。

（2）天马上就亮喇，快啲睡一阵天马上就亮了，赶快睡一会儿。

强调很久以前已经发生，例如：

（3）佢十五岁就参加革命。

（4）佢讲星期三出发，但是星期一就行喇他说星期三出发，但是星期一就走了。

表示前后两件事紧接着发生，例如：

（5）佢一到屋，就来覗我他一到家，就来找我。

（6）天一亮就行天一亮就走。

表示在某种条件或情况下怎么样，例如：

（7）佢如果冇来，我就去覗佢他要是不来，我就去找他。

（8）佢吆我行，我就行喇他叫我走，我就走了。

（9）箇条嘢，一有钱就去饮酒这个家伙，一有钱就去喝酒。

表示对比起来数目大，次数多，能力强等，例如：

（10）佢三日啱来一次，你一日就来三次她三天才来一次，你一天就来三次。

（11）箇块石头两个人抬至˭抬冇起来，佢一个人就剧˭走喇这块石头两个人抬都抬不起来，他一个人就扛走了。

表示除此以外没有别的，相当于普通话的"只"和"就"。例如：

（12）我就学过英语我只学过英语。

（13）我就（是）通知了老陈，冇通知其他人我只通知了老陈，没通知别人。

（14）箇件事就是佢一个人识得这件事只有他一个人知道。

（15）我就吃了三个我只吃了三个。

（16）就张三冇来只有张三没来。

（17）屋里头就是老王一个人屋子里只老王一个人。

（18）我屋头就是箇间屋我家就是这一间屋子。

（19）耿多课，佢就喜欢数学这么多课他就喜欢数学。

表示对后边成分所表信息的确认，例如：

（20）张三叺我去，我就冇去张三叫我去，我就不去。

（21）我就冇想读书考大学，看你同哪样我就不想读书考大学，看你怎么样？

（22）讲就讲了，冇要紧说就说了，不要紧。

（23）我要嘅就是箇个我要的就是这个。

强调条件不足，也可以达到某个目标，例如：

（24）题目冇曾做齐，就得了八十分喇题都还没做完，就已经有八十分了。

（25）三点钟冇到，佢就来喇三点钟没到，他就来了。

（26）吃得饱就得喇能吃饱肚子就行了。

表示对比/话题焦点的确认，例如：

（27）细张就冇吃到小张就没吃。

5. 印⁼ [ɐn³⁵]

表示事情发生或结束得晚，相当于普通话的"才"。例如：

（1）佢明日印⁼再来他明天才能到。

（2）你做哪门箇阵印⁼再讲你为什么这会儿才说？

（3）佢一直到六点钟印⁼归他直到六点钟才回去。

表示在某种条件下，然后怎么样，例如：

（4）只有王师傅来印⁼整得好箇部机器只有王师傅来才修得好这台机器。

（5）同 nɐŋ³³ 印⁼ 医得佢嘅病怎样才能治好他的病？

6. 呡 [mɐn²¹]

表示在某种程度之上有所增加或在某一范围之外有所补充，相当于普通话的"还"。例如：

（1）吃了一只，呡想吃一只颠吃了一个，还想吃一个。

表示一个动作发生在另一动作结束之后，相当于普通话的"再"，例如：

（2）吃了饭呡去吃完饭再去。

表示某一情状的持续不变，相当于普通话的"还""仍然"，例如：

（3）袋里头有十只苹果，揸了五只，哏有五只_{口袋里有十个苹果，拿走五个，还有五个。}

用于比较句，相当于普通话的"还""更"，例如：

（4）佢比屋檐哏高_{他比屋檐还高。}

7. 再 [tsai³⁵]

表示某一动作、状态重复或继续，例如：

（1）去过喇还可以再去一次_{去过了还可以再去一次。}

（2）箇件事拖了再拖，到箇阵盟⁼结束_{这件事一拖再拖，到现在还没结束。}

（3）你再推辞，大侪就有意见喇_{你再推辞，大家就有意见了。}

（4）你再同 nɛŋ³³ 讲，佢至⁼ 冇会同意嘅_{你再怎么说，他也不会同意的。}

表示一个动作将要在某一情况下出现，例如：

（5）下午再开啊，箇阵来冇及喇_{下午再开吧，现在来不及了。}

（6）咪着紧，一个讲齐，一个再讲_{别着急，一个说完，一个再说。}

用在形容词前，表示程度增加，例如：

（7）还可以写得再精炼啲_{还可以写得再精炼些。}

（8）能请佢来，耿再好冇过喇_{能把他请来，那更好不过了。}

（9）已经甜得冇能再甜喇_{已经甜得不能再甜了。}

（10）天再冷，风再大，我类至⁼ 冇怕_{即使天再冷，风再大，我们也不怕。}

与否定词合用，例如：

（11）佢行了之后冇再来_{他走了之后没再来。}

8. 总 [tsuŋ³³]

表示持续不变；一向；一直；老。例如：

（1）佢总住屋里头，总冇出去 laŋ³⁵ laŋ³⁵_{他老呆在家里，也不出去走走。}

（2）每日朝早佢总住操场跑步_{每天早上他总在操场跑步。}

（3）箇个细蚊总是规规矩矩嘅_{这孩子总是规规矩矩的。}

（4）你做哪门总是脧 pe²¹ pe²¹ 嘅_{你怎么老是慢腾腾的？}

（5）箇间屋总冇有人住，有啲 mœt³³ 气_{这屋子老不住人，有些霉味儿。}

（6）早就想共你倾倾，总冇有时间_{早就想跟你聊聊，总没有时间。}

（7）我由开始到箇阵总是听你_{我一直在等你。}

（8）雨落总冇停过_{雨一直下个不停。}

表示从过去到现在都是如此，例如：

（9）我嘅房间总是好干净嘅我屋子从来就很干净。

（10）我总冇谂过我从来没有想过。

（11）佢总冇耿马虎过他从来没这么马虎过。

表示毕竟、总归，例如：

（12）咪着紧，问题总是会解决嘅别着急，问题总会解决的。

（三）程度副词

1. 好 [hau^{33}]

表示程度高，与普通话"很""好"比较接近，例如：

（1）好爤嘅水很热的水。

（2）外头来了好多人外边来了很多人。

（3）佢好识唱歌他很会唱歌。

（4）细陈好喜欢打篮球小陈很喜欢打篮球。

（5）领导好看得起佢领导很看得起他。

（6）佢谢夜好夜至=归屋他昨晚好晚才回家。

（7）好冇容易至=觐到你好不容易才找到你。

2. 最 [tsui^{35}]

表示某种属性超过所有同类的人或事物，例如：

（1）兄弟姐妹五个佢最大兄弟姐妹五人他最大。

（2）最高气温三十度。

（3）细李来得最早。

（4）最迟冇能超过十二点钟最晚不能超过十二点钟。

（5）佢最爱跳舞。

（6）佢住最高顶他在最上边。

3. 太 [t'ai^{35}]

表示程度过分，例如：

（1）箇啲菜太咸多喇这些菜太咸了。

（2）你太相信佢喇你太相信他了。

（3）佢太冇讲道理喇他太不讲道理了。

4. 多 [to⁵³]

放在形容词的后边，表示程度高，例如：

(1) 箇啲辣椒辣多这些辣椒很辣。

(2) 佢恶讲多他很难说话。

有时跟"太"配合使用，例如：

(3) 咪去喇，路太滑多别去了，路太滑。

（四）否定副词

1. 冇 [mi¹³/me¹³]

表示并非，例如：

(1) 佢去，我冇去他去，我不去。

(2) 冇得耿讲不能那么说。

(3) 细张冇喜欢打篮球小张不喜欢打篮球。

(4) 箇种果甜冇这种水果甜吗？——箇种果冇甜这种水果不甜。

(5) 谢日我冇去到公园昨天我没去公园。

(6) 你看到我嘅眼镜冇你看见我的眼镜了吗？——冇见到没见到。

(7) 你吃了几只你吃了几个？——一只冇吃中一个也没吃。

(8) 佢冇去过北京他没去过北京。

2. 冇曾 [mi¹³/me¹³ tseŋ²¹]、盟⁼ [meŋ²¹]

后者是前者的合音。表示并非已经，相当于普通话的"还没（有）、还不"。"冇曾"与"盟⁼"可以互换，意思不变。例如：

(1) 佢归屋冇曾他回家了吗？——盟⁼归还没回来。

(2) 佢仔盟⁼娶老婆他儿子还没娶媳妇。

(3) 佢去过北京喇，我冇曾去过北京他去过北京了，我还没有去过北京。

(4) 我盟⁼有钱起屋我还没有钱盖房子。

(5) 盟⁼识行就想走还不会走就想跑。

(6) 我识得佢嘅时候，佢大学冇曾毕业我认识他的时候，他大学还没毕业。

(7) 明日下午三点佢盟⁼到得南宁明天下午三点他还到不了南宁。

3. 咪 [mɐi³⁵]

用于祈使，表示禁止，相当于普通话的"别""不要"。例如：

（1）箇种话咪乱讲这种话别乱说！
（2）咪客气，都是自己人别客气，都是自己人！
（3）咪理佢，佢冇老实别理他，他不老实！

（五）语气副词

1. 好彩［hau³³ tsʻai³³］

表示幸亏、幸好。例如：

（1）我类好彩行箇条路，印̄再有迟到我们幸亏走这条路，才没有迟到。
（2）好彩你提醒我，冇耿我就打忘喇幸亏你提醒了我，不然我就忘了。
（3）冇谂到明日就行，好彩我类早有准备没想到明天就走，幸亏我们早有准备。

2. 硬［ŋeŋ²²］

表示故意跟客观要求或实际情况相反；偏偏。例如：

（1）冇与我去，我硬去不让我去，我偏去。
（2）老嘢硬冇答应，你有哪门办法老汉偏不答应，你有什么办法！

3. 倒反［tau³³ fan³³］

表示出乎意料或常情；倒；反而。例如：

（1）细姨倒反高过阿姐妹妹倒比姐姐高。
（2）房间冇大，摆布倒反好讲究房间不大，陈设倒挺讲究。
（3）佢住得最远，倒反到来先他住得最远，反而先到了。

4. 千祈［tsʻin⁵³ ki²¹］

表示务必，千万。例如：

（1）箇件事你千祈记住这件事你千万记着！
（2）千祈冇听佢乱讲千万别听他胡说！

5. 反正［fan³³ tsœn³⁵］

表示情况虽然不同而结果并无区别；指明情况或原因。例如：

（1）信冇信由你，反正我冇信信不信由你，反正我不信。
（2）反正你冇是外头人，我就冇客气喇反正你不是外人，我就不客气了。

二 介词

1. 共〔kuŋ²²〕

此处说的是作为介词的意义和用法，还可以做连词，详见下文连词部分。

①引出动作对象，相当于普通话的"跟、和、对"。例如：

（1）有事要共侪家商量_{有时要和大家商量}。

（2）你嘅主意好，快啲共大侪讲讲_{你的主意好，快跟大家说说}。

（3）佢共侪家讲了佢嘅意见_{他跟大家说了他的意见}。

②引出比较的对象，相当于普通话"跟、和"等。例如：

（4）山上嘅气温共平地上冇一样_{山上的气温跟平地上不一样}。

（5）佢嘅脾气由细就共佢老子非常像_{他的脾气从小就同他父亲非常像}。

③引进动作受益者，意为"为、给"。例如：

（6）你咪着紧，我共你谂个办法_{你别着急，我给你想个办法}。

（7）医生共佢类种牛痘_{医生给他们种牛痘}。

2. 凑〔tsʻɐu³⁵〕

兼属动词、介词和连词。作为动词是"汇合，聚集"的意思，比如：侪家凑住一起欣_{大家凑在一起玩}｜我类凑啲钱与佢_{我们凑点儿钱给他}。作为连词表示并列关系，比如：老师凑和同学都去喇。详见下文连词部分。作为介词有下列几种意思。

①介绍出另一施事表示共同、协同的意思，相当于普通话的"跟"。例如：

（1）我凑老王商量一下_{我跟老王商量一下}。

（2）阿明啱先凑同学去游水喇_{阿明刚才跟同学游泳去了}。

（3）佢冇是凑细陈住一间屋_{他不是跟小陈住一间房}。

（4）我经常凑佢在一起_{我经常跟他在一起}。

②表示与动作有关的对方，相当于普通话的"跟、向"。例如：

（5）你要凑向领导汇报一下情况。

（6）做哪门冇凑侪家讲讲你嘅意见_{为什么不跟大家说说你的意见}？

（7）佢上午凑我类告别喇他上午跟我们告别了。

（8）我凑你打听一件事情，好冇好不好？

（9）凑老师借一本书向老师借一本书。

③表示跟某事物有无关系，也是"跟"的意思。例如：

（10）佢凑箇件事冇 na^{53} nɐŋ^{35}他跟这事没关系。

（11）箇件事凑我有啲牵连这件事跟我有些牵连。

④引进比较的对象，相当于普通话的"跟"。例如：

（12）凑谢日比，今日多淒和昨天比，今天冷一些。

（13）我爱好凑你差冇多我爱好跟你差不多。

（14）箇只女仔生得凑老娘一样这个女孩长得跟母亲一样。

（15）我看法凑你冇同我看法跟你不同。

（16）卖菜凑卖油比，卖油多赚钱卖菜跟卖油比，卖油赚钱多一些。

（17）佢讲普通话凑平话一样流利他说普通话跟平话一样流利。

（18）佢凑我老弟年纪一样他和我弟年纪一样。

（19）细李手艺凑师傅冇差几多小李手艺跟师傅没差多少。

⑤引进服务的对象，相当于普通话的"给、替"。例如：

（20）医生凑佢看病医生给他看病。

（21）凑箇只细蚊仔打一针给这孩子打一针。

（22）凑细蚊仔穿好鞋先给小孩儿穿好鞋再说。

3. 捱［ŋai^{21}］、着［tsek^{22}］

表被动、遭受，大体相当于普通话的"被"。详见下文遭受句部分。

4. 与［hɐi^{35}］

作为动词表示给予、允许：谢日佢与我本书昨天他给我一本书｜菜园啱撒了菜籽，栅住园门，咪与鸡落去菜园刚撒了菜籽，拦住园门，别让鸡进去。作为介词见下。

①引进交付、传递的对象。"与…"放在直接宾语的后边，这种用法比较常见。例如：

（1）工厂发一套工作服与佢工厂给他发一套工作服。

（2）留一条锁匙与细王留一把钥匙给小王。

（3）写一张字条与老陈写一个字条给老陈。

"与…"出现于动词后边：

（4）交与我一封信交给我一封信。

（5）通知已经寄与佢喇通知已经寄给他了。

"与…"出现于动词前的情况比较少见：

（6）老师与每个同学发本书老师给每个同学发一本书。

②表示方向，意思是"朝、向、对"。例如：

（7）与老师敬礼给老师敬礼。

（8）与细蚊仔讲古给小孩讲故事。

（9）佢与我使了一只眼色他给我使了个眼色。

③引进动作的受益者，意思是"为、给、替"。例如：

（10）我与你做翻译我给你做翻译。

（11）医生与老者医病医生给老人治病。

（12）我类要与祖国争光我们要为祖国争光。

（13）全班同学都与佢送行全班同学都为他送行。

④引进动作的施事，意思是"让、被"。"与"不能直接加在动词前，后边的施事必须出现。例如：

（14）衫裤与雨淋湿喇衣服都让雨淋湿了。

（15）门与风吹开喇门让风吹开了。

（16）铅笔与佢搞跌喇铅笔让他弄丢了。

5. 对［toi^{35}］

①表示动作的对象，例如：

（1）你对我笑哪门你对我笑什么？

（2）佢对老陈讲："敨一下"他对老陈说："休息一下"。

②表示对待，例如：

（3）佢对人好，我类选佢他对人好，我们选他。

（4）大侪对佢冇满意几多大家对他不太满意。

（5）我对村主任有啲意见我对村委主任有点意见。

6. 带［tai^{35}］

表示包括在内，可以译作普通话的"连"。

①表示不排除另一有关事物。例如：

（1）箇啲花揌细蚊仔带根摇齐喇那些花被小孩连根拔完了。

（2）苹果冇使削，带皮吃都得苹果不要削，连皮吃都可以。

（3）我呅佢抠一张凳我叫他搬一张凳子，佢带台一起抠过来他连桌子一起搬过来。

②表示包括、算上。句中必须带上数量短语，有时动词可以省略。例如：

（4）带我有十个人连我有十个人。

（5）带今日一起五日连今天一共五天。

（6）带几早箇筐，我类一共扛了四筐连刚才那筐，我们一共抬了四筐。

③连…带…，表示包括前后两项。例如：

（7）连果带筐都卖齐喇连果带筐子都卖完了。

（8）连看电影带吃饭花了十五文元。

表示强调跟普通话一样，用"连"，不用"带"，比如：连我都冇识连我都不认识。此不赘述。

7. 帮 [paŋ^{53}]

作为动词是帮助的意思。比如：你有哪门困难，我类帮你你有什么困难，我们帮你。作为介词，引进动作的受益者，是"给、替"的意思。例如：

（1）你帮我写封信，好冇你替我写封信，好不好？

（2）老王帮我讲与佢听喇老王替我告诉他了。

（3）帮大侪办事替大家办事。

（4）你帮我看下钟，几点喇你替我看看表，几点了。

（5）佢帮你覼到箇份材料喇他帮你找到这份材料了。

（6）佢感冒喇，帮佢打一针他感冒了，给他打一针。

（7）你可以帮细王画一张像冇你能给小王画一张像吗？

"名1+帮+名2+动"有时会有歧义。动作可以是名1和名2共同发出的，也可以是名1单独发出的，例如：

（8）嘢多你一个人卖冇齐，我帮你卖东西多你一人卖不完，我帮你卖。

（9）明日你冇得闲就冇来啊，我帮你卖明天你没有空就别来了，我帮你卖。

例（8）是"我"和"你"共同卖。"帮"是动词。"卖"可以省略。例（9）只是"我"卖，"帮"是介词，替的意思。"卖"不能省略。

8. 住［tsœy^{22}］

作为动词是居住、住宿、存在的意思：我～大屋我住大房子｜你嘅笔～台上你的笔在桌子上。作为介词，意思是"在"，用法见下。

①表示行为动作发生的时间。"住…"有两个位置，一是在动词后边做补语。例如：

（1）开会时间定住后日上午开会时间定在后天上午。

（2）考试安排住四月份考试安排在四月份。

另一位置在动词前或句首做状语，例如：

（3）佢类住十一月结婚他们在十一月结婚。

（4）住走日本鬼时候我类来到箇条村住在走日本鬼子的时候我们来到这个村庄居住。

②表示动作发生或事物产生、存在的处所。"住…"在动词、形容词或主语前。例如：

（5）佢类住礼堂开会他们在礼堂开会。

（6）佢住台高顶唱戏他在台上唱戏。

（7）细蚊仔住地上跳小孩在地上跳。

（8）我住菜园里头挖了一只粪凼我在菜园里挖了一个粪坑。

（9）佢冇是住南宁出世嘅他不是在南宁出生的。

（10）住武鸣有一只伊岭岩。

（11）住村公所旁边就是菜市在村公所旁边就是菜市。

（12）芒果住南宁好多芒果在南宁很多。

（13）今日住街上我碰到一只熟人今天在街上我遇上一个熟人。

③表示动作达到或事物居留、事件发生的处所，"住…"用在动词后面。例如：

（14）佢睡住床上冇讲话他睡在床上不说话。

（15）窗开住左边窗户开在左边。

（16）标语贴住墙上标语贴在墙上。

（17）我锁匙挂住裤头带我钥匙挂在裤腰带上。

（18）佢昏倒住路上他昏倒在路上。

（19）热头照住水面上太阳照在水面上。

（20）名字写住头顶名字写在上头。

（21）我几世人都住住箇条村我几代人都住在这个村子。

（22）箇次车祸出住江南路口这次车祸发生在江南路口。

如果动词带受事宾语，"住…"在宾语后面。这又分两类，A类例如：

（23）佢挂箇只包住墙壁上高他把那个包挂在墙上。

（24）放箇本书住柜桶里头把那本书放在抽屉里。

（25）是佢老娘关佢住屋里头是他母亲把他关在屋里。

（26）你写你名字住上高你把你的名字写在上面！

此类句式表示处置，主语使宾语处于某一处所。宾语都是有定的。南宁平话少用"把"字句，表示处置就是采用这种句式或者受事前置句。B类例如：

（27）佢种了两蔸番桃住菜园他在菜园里种了两棵番桃。

（28）我放了一盆花住窗台上我在窗台上放了一盆花。

（29）要掺啲古月粉住汤里头，冇是冇够甜要在汤里撒些胡椒粉，不然不够鲜。

B类句式不同于A类，它不表示处置，宾语是无定的，前头有数量词。

9. 要 [iu^{35}]

①介绍出动作所凭借的工具或材料，是"用"的意思。例如：

（1）佢细多，冇识要筷子吃，要瓢羹吃他太小，不会用筷子吃，用勺子吃。

（2）以前我类读书都是要毛笔写字以前我们读书都是用毛笔写字。

（3）箇蔸木瓜高多，我要棍㦿落来这棵木瓜太高，我用棍子捅下来。

（4）箇啲嘢冇轻啵，要一把大秤称㠳得这些东西不轻啊，用一把大秤称才行。

以上例句的"要"可以用"使"替换，意思不变，但"使"少用。

②引进动作对象，是"拿"的意思，例如：

（5）我是要箇只鱼来养，冇是煮我是拿这条鱼来养，不是煮。

（6）箇件事怪你自己冇做得好，咪要细蚊仔出气这件事怪你自己没做好，别拿孩子出气！

三　连词

1. 共［kuŋ²²］、凑［tsʻɐu³⁵］

表示并列关系，例如：

（1）细张共/凑细王总去了北京小张和小王都去了北京。

（2）佢嘅手臂共/凑大腿都伤喇他的胳膊跟大腿都受了伤。

（3）我共/凑你一齐去我同你一起去。

2. 就是［tsɐu²² θi²²］

表示假设的让步，例如：

（1）就是明日落雨，我至要去即使明天下雨，我也要去。

（2）只要你考得上，我就是吃粥，至与你读只要你考得上，我就是吃稀饭也要让你上学。

（3）就是天皇老子来都冇得就是天皇老子来也不行。

（4）衫裤只要干净就得，就是补过几多至冇怕衣服只要干净就行，就是有几个补丁也没关系。

3. 只要［tsi³³ iu³⁵］

表示充足条件，例如：

（1）只要功夫深，铁棒磨成针。

（2）只要努力，就能考得好成绩。

4. 只有［tsi³³ jɐu¹³］

表示必要的条件，例如：

（1）只有努力学习，才能考上大学。

（2）只有依靠党，依靠群众，才能把事情做好。

5. 冇是［mi¹³ θi²²］、冇耿［mi¹³ kɐŋ³³］

表示如果不是这样。例如：

（1）明日要早啲起床，冇是/冇耿就会漏车明天要早点起床，否则就会误车。

（2）要办好执照、卫生许可证先，冇是/冇耿冇得开业要先办好执照、卫生许可证，否则不能开业。

第 十 章

常见助词

一 结构助词

1. 嗰 [kɯ³⁵]

①构成名词性成分，相当于普通话的"的"字结构。充当主语，例如：

（1）铁嗰更加硬。

（2）白嗰多好_{白的要好一些}。白的要好一些。

（3）去嗰交一百文_{去的交一百块钱}。

（4）我嗰共佢类嗰分开放_{我的和他们的分开来放}。（"我嗰"主语）

（5）佢类徛嗰徛，坐嗰坐，tse³⁵满了一屋_{他们站的站，坐的坐，挤满了一屋子}。

（6）由广州带来嗰还有一啲_{从广州带来的还有一点}。

（7）佢讲嗰是横县话_{他说的是横县话}。

充当宾语。例如：

（8）佢做了个木头嗰_{他做了个木头的}。

（9）箇本书是我嗰_{这本书是我的}。

（10）你做你嗰，佢做佢嗰_{你做你的，他做他的}。

（11）佢有要旧嗰_{他不要旧的}。

（12）箇本书是新买嗰_{这本书是新买的}。

（13）箇个人是男嗰_{那个人是男的}。

（14）箇只细蚊是冇是 tsɐn³³ 来嗰_{这个孩子是不是捡来的}？

（15）尔架车是送信人嗰_{那辆车是送信人的}。

（16）又吃中个硬 ŋat²⁴ŋat²⁴嘅又吃到一个硬邦邦的。

（17）专门拣了几张新 θak³⁵θak³⁵嘅送来专门拣了几张崭新的送来。

（18）买了只结结实实嘅买了个结结实实的。

（19）白嘅耳朵多长过乌嘅白的耳朵比黑的长一些。（"白嘅"主语，"乌嘅"宾语）

（20）我看嘅是郭兰英唱嘅我看的是郭兰英唱的。（"我看嘅"主语，"郭兰英唱嘅"宾语）

充当谓语。例如：

（21）箇架车学校嘅这架车是学校的。（谓语）

（22）箇杯水凄嘅那杯水是冷的。（谓语）

（23）佢得了一种病，慢性嘅他得了一种病，慢性的。（谓语）

用在句末有的表示一定的语气。例如：

（24）你咪留佢，佢要归屋嘅你别留他，他要回家的。

（25）我是踩车去嘅我是骑车去的。

（26）是我第一个看见嘅是我第一个看见的。

充当定语。例如：

（28）老王嘅嘢太多喇老王的东西太多了。

（29）木头嘅问题盟⁼解决木头的问题还没解决。

（30）白兔嘅耳朵多长过乌兔耳朵白兔的耳朵比黑兔耳朵长一些。

（31）箇架车是送信人嘅车这辆车是送信人的车。

（32）谢日嘅报纸看过盟⁼昨天的报纸看过了吗？

（33）我嘅银包打忘记带喇我的钱包忘了带了。

（34）尔哗甸嘅嘢好便宜那里的东西很便宜。

（35）len³⁵递饮水嘅杯与我把喝水的杯子递给我！

（36）佢去买写对联嘅红纸喇他去买写对联的红纸了。

（37）去欣嘅人好多去玩的人很多。

（38）过去嘅事就冇讲喇过去的事就别说了！

（39）佢讲嘅话我冇听得清楚他说的话我没听清楚。

（40）开会嘅时间改喇开会的时间改了。

（41）佢住学习做豆腐嘅技术他在学习做豆腐的技术。

（42）警察住调查剧场失火嘅原因警察在调查剧场失火的原因。

（45）炒嘅味道多好过蒸嘅味道_{炒的味道比蒸的味道好一些}。

（46）箇啲是发嘅钱还是借嘅钱_{这些是发的钱还是借的钱}？——借嘅借的/借嘅钱_{借的钱}。

（47）我准备了一日嘅干粮_{我准备了一天的干粮}。

（43）细蚊仔搞得屋里头满地嘅水_{小孩搞得屋里头满地的水}。

（44）一阵子功夫就出了一身嘅汗_{一会儿的功夫就出了一身的汗}。

表示某人取得某种职务身份，或者某人是动作的对象，或者行为动作的时间。例如：

（48）佢嘅老师当得冇错_{他当老师当得不错}。

（49）你冇开我嘅玩笑_{你别拿我开玩笑}！

（50）你是冇是想告老张嘅状_{你是不是要告老张的状}？

（51）佢当了三年（嘅）市长。

②构成状态词，充当谓语。例如：

（56）佢面红红嘅，眼睛大大嘅_{她脸红红的，眼睛大大的}。

（57）细陈大大方方嘅，大侪都喜欢佢_{小陈大大方方的，大家都喜欢他}。

（58）佢鬼头鬼脑嘅，看来冇是个好人_{他鬼鬼祟祟的，看起来不是个好人}。

（59）佢又倒茶又倒水，好客气嘅_{他又倒茶又倒水，很客气}。

充当定语。例如：

（60）岭尔边有一间细细嘅屋_{山那边有一间小小的屋子}。

（61）蓝蓝嘅天上一啲云至ⁿ冇有_{蓝蓝的天上一点云彩都没有}。

（62）我住尔哗听到好多奇奇怪怪嘅事_{我在那里听到很多奇奇怪怪的事情}。

（63）吃了两碗稀捞捞嘅粥_{喝了两碗稀溜溜的粥}。

（64）大侪围住圆圆嘅一只圈_{大家围着圆圆儿的一个圈}。

充当状语。例如：

（65）要住一年之内彻底嘅解决箇只问题_{要在一年之内彻底地解决这个问题}。

（66）箇篇课文佢已经认真嘅读了两轮_{这篇课文他已经认真地读了两遍}。

（67）老王好高兴嘅讲："今日我请客！"_{老王很高兴地说："今天我请客！"}

（68）一个生面人笑嘻嘻嘅行落 kɐi²¹_{一个陌生人笑嘻嘻地走进来}。

（69）大侪讲讲笑笑嘅欣了一夜_{大家有说有笑地玩了一晚上}。

充当补语。例如：

（70）火烧得大大嘅_{火烧得旺旺的}。

（71）牛肉煲得腍腍嘅牛肉炖得烂烂的。

（72）佢晒得乌 luk^{55} luk^{55}嘅，当黑鬼一样他晒得黑麻麻的，像黑鬼一样。

（73）佢睡得懵里懵懂嘅，一个上午盟＝清醒他睡得稀里糊涂的，一个上午还没清醒。

③跟副词、数量重叠式、拟声词等组合，充当状语。例如：

（74）有人偷偷嘅住山上斩了几苳杉木有人偷偷地在山上砍了几棵杉木。

（75）佢有意嘅共我开玩笑他故意跟我开玩笑。

（76）你一只字一只字嘅读你一个字一个字地念。

（77）喇叭里头一轮一轮嘅广播紧急通知广播里一遍一遍地广播紧急通知。

（78）咘水哗哗地流住泉水哗哗地流着。

（79）搅拌机 keŋ^{21} leŋ^{21} kuŋ^{21} luŋ^{21}嘅响住，嘈得睡冇着搅拌机轰轰隆隆地响着，吵得睡不着。

2. 得［tɐk^{33}］

①用在动词后边带可能补语，构成"V 得 C"式，表示能怎么样。否定形式表示不能怎么样，大多使用"冇 V 得 C"，少用"V 冇 C"和"V 冇得 C"。例如：

（1）看得识看得懂——冇看得识/看冇识看不懂。

（2）三日行得齐三天走得完——三日行得齐/三日行冇齐三天走不完。

（3）耿多肉，一个钟头蒸得腍冇这么多肉，一个小时蒸得烂吗？——蒸得腍蒸得烂——冇蒸得腍蒸不烂。

（4）啱先我坐后排冇看得见，简阵坐前排看得见喇刚才我坐后排看不见，现在坐前排看得见了。

（5）肯定冇行得耿快肯定走不了那么快。

（6）我一个人做得耿快，就冇覤你喇我一个人做得了那么快，就不找你了。

"V 得 C"及其否定式后边可以带宾语。例如：

（7）张三吃得齐耿大嘅苹果张三吃得了这么大的苹果——张三冇吃得齐耿大嘅苹果/张三吃冇齐耿大嘅苹果张三吃不了这么大的苹果。

（8）买得起屋——冇买得起屋/买冇起屋买不起房子。

（9）佢肯定学得识开车他肯定学得会开车。

（10）佢冇听得懂壮话/佢听冇懂壮话/佢听冇得懂壮话他听不懂壮语。

（11）我冇猜得到佢几时归屋我猜不到他什么时候回来。

（12）我看得见你。

构成"V得"式，"得"就是补语，其否定是"冇V得"和"V冇得"，例如：

（13）箇种蘑菇吃得这种蘑菇能吃。

（14）尔哩去得那里能去。

（15）箇单生意做得，nan⁵³谁讲冇做得/做冇得！我投三十万这桩生意能做，谁说不能做！我投三十万。

"V得"式后边可以带宾语。例如：

（16）你骗得佢，冇骗得我/骗冇得我你骗得了他，骗不了我。

（17）箇张台倚得人，箇张凳冇倚得人这张桌子能站人，这张凳子不能站人。

（18）箇个细蚊仔吃得两碗饭这孩子能吃两碗饭。

（19）我冇吃得耿多我吃不了这么多。

②用在动词、形容词后边带状态补语，构成"V/A得C"式，表示结果状态。例如：

（20）箇件衫洗得好干净这件衣服洗得很干净。

（21）皮鞋擦得当镜耿亮皮鞋擦得像镜子那么亮。

（22）材料乱得搞冇清楚材料乱得搞不清楚。

（23）佢激得讲冇出话他气得说不出话。

（24）我热得满身总是汗我热得满身都是汗。

（25）佢唱得喉咙都瘦喇他唱得喉咙都沙哑了。

（26）你写得nan⁵³谁至⁼看冇识你写得谁都看不懂。

（27）细张讲得侪家总笑喇小张说得大家都笑了。

（28）佢踩地板踩得 pʻɐt⁵⁵ pʻɐt⁵⁵声他把地板踩得啪啪响。

（29）佢类笑得碗嗰饭总泼了他们笑得碗里的饭都洒了。

（30）佢讲得快个快，我听得冇爱⁼清楚他说得很快，我听得不很清楚。

（31）箇段路行得我困个困这段路走得我很累。

（32）佢跳舞跳得好看ɯ²¹死他跳舞跳得好看极了。

（33）痛得我眼泪都瀑喇疼得我眼泪都出了。

否定形式是用在"得"的后边。例如：

（34）箇件衫洗得冇干净这件衣服洗得不干净。

（35）牛腩煮得冇脸牛腩炖得不烂。

有时补语省略，"得"念得很重，表示程度高。例如：

（36）今日热得今天热极了。

（37）佢高兴得他高兴极了。

（38）箇只笑话笑得这个笑话好笑极了。

"得"后让人觉得还有一个表示程度高的补语成分。

③ "V 得"也可以表示某方面有能力，前边可以加程度副词；否定就是表示某方面没有能力。例如：

（39）佢好讲得他很能说。

（40）箇个人吃得冇做得这个人能吃不能做。

例（39）是说在讲话方面有能力，前边加程度副词"好"。例（40）是说在吃方面有能力，在做方面没有能力。

3. 到 [tau^{35}]

放在动词、形容词后边带补语，构成"V/A 到 C"式，表示述语所表达到的程度，常常句末要一个"去"配合。例如：

（1）等到我类心 ŋiap^{35} 去等得我们心都烦了。

（2）讲到佢面红去说得他脸都红了。

（3）箇个菜甜到恁喉去这个菜甜得喉咙很难受。

（4）佢痛到滚地去他疼得在地上打滚。

二　体貌助词

1. 了 [liu^{13}]

完成体，用在动词后边，表示动作的完成或状态的实现。例如：

（1）尔只鸡死了喇那只鸡死了。

（2）细张劏了一只鸡小张杀了一只鸡。

（3）你洗了衫裤盟＝你洗衣服了吗？——洗了啊。

（4）林老师买了一件衫，好个好林老师买了一件衣服，非常好。

（5）我已经买了一啲家私喇，还准备再买一啲我已经买了一些家具了，还要再买一些。

（6）我吃了三只苹果，冇想再吃了。

（7）我吃了三只苹果喇，还想再吃颠⁼还想吃。

（8）三只苹果我吃了两只。

（9）你吃了苹果冇曾你吃苹果了没有？

（10）吃了苹果吃柑果吃了苹果吃橘子。

（11）李明拉住了细王，冇与佢归屋李明拉住了小王，不让他回家。

（12）屋里头点了一盏灯。

（13）谢日死了一个乞儿昨天死了一个乞丐。

（14）门口 tse³⁵ 了好多人门口挤了很多人。

（15）你老婆有了几耐喇你老婆怀孕多长时间了？

（16）佢病了六个月喇他病了六个月了。

（17）尔只牛养了三年喇那头牛养了三年了。

（18）佢老子死了三年喇他父亲死了三年了。

（19）佢讲了半日，总盟⁼讲清楚他说了半天，都还没说清楚。

（20）我觅了三次总冇觅见你我找了三次都没找到你。

（21）谢日细张落了班就行喇昨天小张下了班就走了。

（22）我明日落了班就行喇我明天下了班就走了。

（23）听我问过了佢哏 [mɐn²¹] 讲与你听等我问了他再告诉你。

（24）先切了肉，听一阵子哏 [mɐn²¹] 煮菜先切了肉，等一会再炒菜。

（25）先鐯了筒嘈木，与佢枯先，印⁼斗张台先把这段圆木锯成板，让它先干了，再做张桌子。

（26）佢老子老了啊，冇做得工喇他爸老了，干不了活了。

（27）筒对鞋长了一啲这双鞋长了一点。

（28）半年冇见，佢瘦了好多半年不见，他瘦了很多。

2. 住 [tsœy²²]

表示行为动作的进行、状态的持续。例如：

（1）细张洗住衫小张（正）在洗衣服。

（2）佢哭住呢，哪门至⁼冇吃她在哭呢，什么都不吃。

（3）外头落住雨啊，掫伞啵外头下着雨呀，带伞啊。

（4）佢吃住饭嘅时候，门开喇他正在吃饭的时候，门开了。

（5）门开住，里头冇有人门开着，里面没有人。

（6）佢着住一身新衫裤他穿着一身新衣服。

（7）我行开一阵子，你看住行李我走开一下，你看着行李！

（8）佢手里头揪住一只茶杯他手里拿着一个茶杯。

（9）我揪住雨衣，冇怕落雨我带着雨衣，不怕下雨。

（10）佢住屋檐底徛住他在屋檐下站着。

（11）门口徛住一个人门口站着一个人。

（12）茶几上放住一盆花茶几上放着一盆花。

（13）佢喜欢睡住看他喜欢躺着看。

（14）佢笑住讲："耿就去啊"他笑着说："那就去吧"。

（15）佢挨住墙烧烟他挨着墙抽烟。

3. 过 [ku^{35}]

经历体，表示过去曾经有这样的事情。例如：

（1）佢以前做过生意。

（2）我去过好多地方，就是冇去过北京我去过很多地方，就是没去过北京。

（3）我类折过抵，上过当，有了经验喇我们吃过亏，上过当，有了经验了。

（4）我早就看过箇本书喇我早就看过这本书了。

（5）我觑过佢好几次我找过他好几次。

（6）我去过北京冇止一次我去过北京不止一次。

（7）我冇听讲过箇件事我没听说过这件事。

（8）你去过北京冇你去过北京吗？——冇去过没去过。

（9）你去过北京冇曾你去过北京没有？——冇曾去过还没去过。

（10）前几日冷过，今日又热转喇前几天冷过，今天又热转来了。

4. 起来 [hœy^{33}lai^{21}]

起始体，表示某种状态开始发展。例如：

（1）细张听讲箇个消息，高兴起来喇小张听说这个消息，高兴起来了。

有时动词后边带上"亲="[tsʻɐn^{53}]字，表示动作的起始，例如：

（2）佢唱亲歌起来，其他人就睡冇着喇他唱起歌来，其他人就睡不着了。

更多是用"开始"表达动作的起始。例如：

（3）客人盟=到就开始饮喇客人还没到就喝起来了。

（4）你 nɐŋ^{33} 开始做生意喇你怎么做起生意来了？

5. 落去 [lɐk^{33}hœy^{35}]

继续体，表示动作继续进行。例如：

(1) 与佢讲落去，咪插嘴让他讲下去，别插嘴！

(2) 你如果是耿做落去，我明日就行你如果是这么做下去，我明天就走。

三　方式助词

取［ts'o³³］

用在单音动词后边，表示行为动作的方式，相当于普通话的"着"。例如：

(1) 箇种菜炒取吃好吃这种菜炒着吃好吃。

(2) 佢是走取来嘅他是跑着来的。

有些后边没有别的动词性成分，但意念上仍然是有的，只不过意思比较笼统抽象，例（3）（4）分别为"要、服用"，例如：

(3) 锯取，冇斩要锯，别砍！

(4) 箇种药含取，冇吞落去这种药要含服，别吞下去！

四　语气助词

喇［·la］

①表示情状的实现，相当于普通话的"了₂"。否定用"冇曾""盟⁼"，相当于普通话的"还没""还不"。例如：

(1) 佢毕业喇他毕业了——佢盟⁼毕业他还没毕业。

(2) 佢妈死了三年喇他妈妈死了三年了——佢妈死了盟⁼到三年他妈妈死了还没到三年。

(3) 天亮喇天亮了——天冇曾亮天还没亮。

(4) 三日冇吃到嘢喇三天没吃东西了。

(5) 冇来南宁有两年喇没来南宁已经两年了。

(6) 钱总揪出来喇，就是耿多钱都拿出来了，就是这么多。

(7) 明日箇只时候佢就到北京喇明天这个时候他就到北京了。

(8) 佢来敲门嘅时候我已经睡喇他来敲门的时候我已经睡了。

(9) 佢识开车喇他会开车了——佢冇曾识开车他还不会开车。

②不表示实在意义，完全是一种语气，例如：

（10）箇对鞋大喇 这双鞋大了。
（11）天气太热喇 天气太热了。

第十一章

常见句式

一 处置句

南宁平话表示处置很少使用"把"字句，最常见的是用"述宾+补语"来表达，例如：

（1）佢挂箇只包住墙上他把那个包挂在墙上。
（2）丢箇个嘢落去把那个东西丢下去！
（3）摵箱子归屋来把箱子拿回家来！
（4）班长吆佢出去喇班长把他叫出去了。
（5）佢还尔本书与图书馆喇他把那本书还给图书馆了。

其中宾语都是有定的，比如例（1）（2）（5）都含有指示词"箇"或"尔"，其余例（3）"箱子"、例（4）"佢"也是有定的，说话人认为听话人知道其所指具体是哪个箱子、哪个人。

有时普通话的"把"字句，南宁平话只能用遭受句表达，比如：

（6）差啲佢捱/着逼癫喇差点把他急疯了。
（7）偏偏老张捱病喇偏偏把老张病了。

二 遭受句

1. 捱［ŋai²¹］

①作为动词表示遭受。例如：

（1）佢又捱住院喇他又住院了。
（2）佢搞坏人屋单车捱赔一架与人屋他弄坏人家的自行车得赔一辆给人家。

（3）佢答冇出，捱唱一支歌他答不上来，被罚唱一首歌。

（4）箇单生意捱折本喇这桩生意亏本了。

（5）佢捱了一脚他捱了一脚。

上列"捱"都是遭受的意思。例（4）是说生意遭受了亏本这件事。例（5）是说遭受了一脚，至于是被踢一脚还是被踹一脚不清楚。

② "捱"作为介词，引进动作的施事，相当于普通话的"被"等。例如：

（6）细陈电单车捱人屋偷喇小陈的摩托车被人偷了。

（7）插头捱细蚊仔搣出来喇插头被小孩拔出来了。

（8）细蚊仔捱放炮嘈醒喇小孩被鞭炮吵醒了。

（9）佢捱人屋压住地上他被人家压在地上。

（10）佢捱老子闹到哭起来他被父亲骂得哭起来了。

（11）菜刀捱细蚊仔拧去斩木喇菜刀被小孩拿去砍树了。

（12）我捱佢走过来拦住我被他跑过来拦住。

动词后边可以带宾语，宾语是主语的一部分或属于主语。例如：

（13）佢捱汽车车中脚喇他被汽车轧着脚了。

（14）箇本书冇识捱哪个撕了几张这本书不知被谁撕了几页。

（15）箇盘棋一开始我就捱佢吃了一只车这盘棋一开始我就被他吃了一个车。

有时宾语是动作行为的结果。例如：

（16）箇件衫捱火烧了一只窿那件衣服被火烧了一个洞。

（17）箇架车开过来，我类捱嫖了一身泥水我们被溅了一身泥水。

"捱"字句表示的事情对于遭受者来说总是不如意的，所以普通话"他被大家选为人民代表"这个句子，不能译成南宁平话的"捱"字句，除非他很不愿意当人民代表。

有时"捱"后边可以不出现施事，比如例（17），其余例句"捱"字后边的施事都可以不出现。再如：

（18）他捱批评喇他被批评了。

2. 着［tsek^{22}］

也表示遭受，相当于普通话的"被、叫、给、让"，例如：

（1）佢老子是着人屋害死嘅他爸爸是被人家害死的。

（2）箇套书着老王借去了一本这套书被老王借走了一本。

（3）木桠着压 ko²¹ 喇树枝被压弯了。

（4）衫裤着雨 tɐp²² 湿喇衣服被雨淋湿了。

（5）羊着狼吃喇羊给狼吃了。

上例的"着"都可以换做"捱"，意思不变。两者属于不同历史层次，前者是方言的存古形式，后者是来自官话的创新。目前多使用"捱"，呈现出逐渐取代"着"的趋势。

3. 与 [hɐi³⁵]

"与"主要作为动词表示给予，但也做介词表示遭受，相当于普通话的"给、被、叫、让"。例如：

（1）衫裤与雨淋湿喇衣服给雨淋湿了。

（2）门与风吹开喇门被风吹开了。

（3）铅笔与佢搞跌喇铅笔让他弄丢了。

三　双宾语句

双宾语句就是述语带两个宾语的句子。一般情况是，两个宾语一个指人，一个指物；指人的在前，指物的在后。例如：

（1）与佢一支笔给他一支笔。

（2）老师送与我一本书老师送我一本书。

（3）报你一件事告诉你一个事。

（4）我问佢一条题目我问他一道题儿。

（5）王老师教我类地理王老师教我们地理。

指人宾语不能放在指物宾语后边；如果要放在指物宾语后边，就要变成介宾补语的形式：述宾＋介宾。例如：

（6）*与/送一支笔佢。

（7）与/送一支笔与佢给一支笔给他。

（8）报一件事与佢/讲一件事与佢听告诉他一件事。

也有一种两个宾语所指相同的双宾句，跟普通话一样；但更常见的是在后边一个宾语前边加"做"变成连动结构。例如：

（9）人屋吆佢陈老师人家叫他陈老师。

（10）人屋吆佢做陈老师人家管他叫做陈老师。

四 比较句

（一）等比句

等比句表示比较的双方具有同样的属性，主要有两种。

1. X + 共 + Y + 一样 + 比较属性。例如：

（1）细张共细王一样高_{小张同小王一样高。}

（2）佢共我一样喜欢细蚊_{他跟我一样喜欢孩子。}

2. X + 凳= + Y + 耿 + 比较属性。"凳"是"同"的意思。例如：

（1）箇间屋凳=尔间屋耿大_{这间屋子跟那间屋子那么大。}

（2）佢阿弟差冇多凳=我耿高喇_{他弟弟快有我这么高了。}

（3）佢哪嚟凳=你耿识讲话_{他哪有你这么会说话。}

（二）差比句

1. 超过

X + 比较属性 + 过 + Y，也可以用：X + 比 + Y + 比较属性，前者更地道。表示 X 在某个属性上胜过 Y。例如：

（1）箇只岭高过尔只岭／箇只岭比尔只岭高_{这座山比那座山高。}

（2）细李大过细王四岁／细李比细王大四岁_{小李比小王大四岁。}

（3）阿弟看书快过我多／阿弟看书比我快得多_{弟弟看书比我快得多。}

（4）你嘅字写得好过我／你嘅字比我写得好_{你的字比我写得好。}

有些句子可以在属性成分前边加上表示程度的"更加"等。例如：

（5）佢更加识煮菜过你／佢比你更加识煮菜_{他比你更会炒菜。}

（6）箇种帽子好，尔种帽子更加好过箇种／尔种帽子比箇种更加好_{这种帽子好，那种帽子比这种更好。}

"一 + 量 + 比较属性 + 过 + 一 + 量"表示程度累进。例如：

（7）佢身体一日好过一日／佢身体一日比一日好_{他身体一天比一天好。}

2. 不及

X + 冇够 + Y + 比较属性。"冇够"也可以换做"冇有"，但多数时候是用前者。表示 X 在某个属性上不及 Y。例如：

（1）箇件衫冇够尔件衫长这件衣服没有那件衣服长。

（2）箇栋楼冇够尔栋楼高这座楼没有那座楼高。

（3）佢冇够你耿识讲话/佢冇有你耿识讲话他没有你这么会说话。

（4）张三冇有李四耿矮张三没有李四那么矮。

（5）迟去冇有早去好晚去不如早去好。

五　疑问句

（一）是非问句

是非问句是可以用"是啊、对啊、冇是、冇对"等回答的疑问句。例如：

（1）你也想去你也想去？

（2）佢结婚喇他结婚了？

（3）佢也是老师啊他也是老师吗？

（4）佢盟⁼结婚啊他还没结婚吗？

例（1）肯定回答"是啊，我也想去"，否定回答是"冇是，我冇想去"。例（4）肯定回答"是啊，佢盟⁼结婚"，否定回答是"冇是，佢结婚喇"。其余类推。是非问句没有像普通话"吗"那样的疑问语气词，上列例句的"喇、啊"都不是疑问语气词。只有"吧"应该是疑问语气词，轻读 [pa^{21}]，常常弱化读为 [βa^{21}]。例如：

（5）佢仔大学毕业喇吧他儿子大学毕业了吧？

（6）你冇是谢日来嗰吧你不是昨天来的吧？

（二）选择问句

选择问句就是列出几个选项，让回答者选择其中一个来回答。可以用"是…还是…"连接。可以带语气词"呢"。例如：

（1）你吃饭吃粥你吃米饭还是吃稀饭？

（2）你类住箇间尔间你们住这间还是那间？

（3）你想吃葡萄还是柑果你想吃葡萄还是柑子？

（4）佢去北京呢，还是去上海他去北京还是去上海？

（5）你去北京还是佢去北京你去北京还是他去北京？
（6）箇件衫你到底中意还是冇中意这件衣服你到底喜欢还是不喜欢？

如果不用"还是"连接，并列的选项是肯定形式和否定形式，就成了正反问句了。例如：

（7）箇件衫你到底中意冇中意这件衣服你到底喜欢不喜欢？

（三）正反问句

正反问句就是把肯定形式和否定形式并列在一起作为回答选项的疑问句。这有两个类型，一是 V + Neg + VP，二是 VP + Neg。先看第一类，例如：

（1）佢是冇是大学生他是不是大学生？
（2）细张是冇是高过你小张是不是比你高？
（3）教室里头有冇有人教室里有没有人？
（4）细张整冇整单车小张修不修自行车？
（5）尔蔸木根会冇会捱风吹断那棵树会不会被风刮断？
（6）你吃冇吃过箇种果你吃没吃过这种水果？
（7）甘蔗甜冇甜甘蔗甜不甜？

表示"并非已经"的否定词，一般用"盟"，不用"冇曾"。例如：

（8）你去盟去过北京你去了北京没有？——我盟/冇曾去过北京我还没有去过北京。
（9）煮盟煮饭做饭了没有？——盟/冇曾煮饭还没做饭。

经常使用的是第二类。例如：

（10）你是学生冇你是学生吗？
（11）你是谢日来嘅冇你是昨天来的吗？
（12）细张整单车冇小张修自行车吗？
（13）细张整过单车冇小张修过自行车吗？
（14）佢明日来冇他明天来吗？
（15）教室里头有人冇教室里头有人吗？
（16）我应该来冇我应该来吗？
（17）细张有你耿高冇小张有你这么高吗？

（18）尔苑木根风吹得断冇那棵树风刮得断吗？

（19）细张整好单车冇曾小张修好自行车了没有？——冇曾整好还没修好。

（20）佢来冇曾他来了吗？——冇曾来还没来。

（21）你去过北京冇曾你去过了北京没有？——我冇曾去过北京我还没有去过北京。

（22）番茄红冇曾西红柿红了吗？——冇曾红还没红。

"冇"是否定词，不是疑问语气词，它不能直接加在需要求证的成分后边，需要与"是"构成正反问"是冇？"例如：

（23）尔苑木根揸风吹断喇，是冇那棵树被风吹断了，是吗/那棵树被风刮断了吗？

（24）你冇是谢日来嘓，是冇你不是昨天来的，是吗/你不是昨天来的吗？

（25）佢冇曾来，是冇他还没来，是吗/他还没来吗？

上列句末的"冇"，都可以替换为"吗"[ma^{13}]，而且更加常用，可能是"冇啊"[mi^{13}·a]的合音。它跟"冇"一样不能直接加在需要求证的成分后边，要像例（24）（25）那样组合成"是吗？"这一点跟普通话的疑问语气词"吗"不同。

（四）特指问句

特指问句就是用疑问代词提问的疑问句。例如：

（1）nan^{53}是老师谁是老师？

（2）箇本是哪个嘓书这本是谁的书？

（3）哪啲是我嘓哪些是我的？

（4）有好多架，你坐哪架有很多辆，你坐哪一辆？

（5）你想吃哪门你想吃什么？

（6）箇啲是哪门嘢这些是什么东西？

（7）你去哪嚅你去哪里？

（8）哪嚅有菜卖哪里有菜卖？

（9）你几时去桂林你什么时候去桂林？

（10）佢（有）几高他有多高？

（11）你谢日共细张讲话讲了几耐你昨天和小张说话说了多久？

（12）箇件事同 neŋ³³ 做这件事怎么做？

（13）佢做哪门冇高兴他为什么不高兴？

（14）几多钱一斤猪肉多少钱一斤猪肉？

六 否定句

（一）冇 [mi¹³/me¹³]

否定副词，表示"并非"，一是对意愿、性质等的否定，相当于普通话的"不"。例如：

（1）你去冇你去吗？——我冇去我不去。

（2）细张冇喜欢打篮球小张不喜欢打篮球。

（3）天黑路滑，佢冇敢来他不敢来。

（4）冇得耿讲不能那么说。

（5）路冇远路不远，十分钟就到。

（6）佢冇细喇他不小了。

（7）番茄冇够红西红柿不够红。

二是对完成、经历的否定，例如：

（8）谢日你来到冇昨天你来了吗？——谢日我冇来到/谢日我冇来中昨天我没有来。

（9）谢日我冇去到公园昨天我没去公园。

（10）你看到我嘅眼镜冇你看到我的眼镜了吗？——冇看到没看到。

（11）你吃了几只你吃了几个？——一只冇吃中一个也没吃。

（12）你去过北京冇你去过北京吗？——我冇去过北京我没有去过北京。

例（8）"冇"是对"来到/来中"的否定，普通话得说"没有来"，是对"来了"的否定。南宁平话"来"后需要表示结果的补语；普通话"来"后不需要表示结果的补语或表完成的"了"。

（二）冇曾 [mi¹³/me¹³ tseŋ²¹]、盟⁼ [meŋ²¹]

后者是前者的合音，两者可以互换，意思不变。否定副词，表示"并非已经"，相当于普通话的"还没有、还不"。例如：

（1）佢冇曾归来他还没回来，你等一下。
（2）佢仔盟⁼娶老婆他儿子还没娶媳妇。
（3）吃了三只苹果喇吃了三个苹果了，冇曾够还不够。
（4）佢盟⁼毕业他还没毕业。
（5）饭盟⁼得饭还没好。
（6）我盟⁼去过北京我还没去过北京。
（7）箇件事盟⁼谂过这件事还没想过。
（8）箇只手术箇阵冇曾得做这个手术现在还不能做。
（9）我盟⁼识开车我还不会开车。

（三）冇有 [mi¹³/me¹³ jeu¹³]

否定的动词，表示"并非有"，是对存在、领有的否定，相当于普通话的"没有₁"。例如：

（1）独生子女，冇有兄弟姐妹独生子女，没有兄弟姐妹。
（2）你有钱冇你有钱吗？——我冇有钱我没有钱。
（3）教室里头冇有人教室里头没有人。
（4）箇条江以前鱼多得要命，箇阵冇有鱼喇这条河以前鱼多得要死，现在没有鱼了。

（四）冇 [mi¹³/me¹³]，咪 [mei³⁵]

前者是方言固有的，后者可能来自粤语。用于祈使，表示禁止，相当于普通话的"别、不要"。例如：

（1）坐住，冇乱走坐着，别乱跑！
（2）冇行喇别走了，就住箇嚹吃饭喇就在这里吃饭了。
（3）咪客气，都是自己人别客气，都是自己人！
（4）咪理佢，佢刁猾多别理他，他太狡猾了！

第十二章

语料标音

一 语法例句

01 箇 句 话 要 平 话 同 □ 讲?
kɯ³⁵ kœy³⁵ βa²² iu³⁵ pœn²¹ βa²² tuŋ²¹ nɐŋ³³ kaŋ³³ 这句话用平话怎么说?

02 我 应 该 来 冇。
ŋa¹³ œn⁵³ kai⁵³ lai²¹ mi¹³ 我应该来不应该来?

03 你 来 得 冇。
nœy¹³ lai²¹ tɐk⁵⁵ mi¹³ 你能来不能?

04 还 有 饭 冇。
βɐn²¹ jɐu¹³ fan²² mi¹³ 还有饭没有?

05 你 去 过 北 京 冇。
nœy¹³ hœy³⁵ ku³⁵ pɐk⁵⁵ kœn⁵³ mi¹³ 你到过北京没有?

06 (箇 件 事 情) 佢 识 冇。
(kɯ³⁵ kin²² θɐi²² tsœn²¹) kœy¹³ θɐt³³ mi¹³ (这事情)他知道不知道?

07 (箇 只 字) 你 识 得 冇。
(kɯ³⁵ tsœt³³ tsi²²) nœy¹³ θɐt³³ tɐk³³ mi¹³ (这个字)你认得不认得?

08 你 还 记 得 冇。
nœy¹³ βɐn²¹ kœy³⁵ tɐk³³ mi¹³ 你还记得不记得?

09 我 对 冇 住 佢。
ŋa¹³ toi³⁵ mi¹³ tsœy²² kœy¹³ 我对不起他。

10 你 行 先。
nœy¹³ hɐŋ²¹ θin⁵³ 你前面走!

11 我 讲 与 过 佢 听。
ŋa¹³ kaŋ³³ hɐi³⁵ ku³⁵ kœy¹³ t'œn³⁵ 我告诉过他。

12 箇 只 大，尔 只 细，箇 两 只 嘢 哪 只 多
kɯ³⁵ tsœt³³ tai²²，ŋi²² tsœt³³ θɐi³⁵，kɯ³⁵ lɐŋ¹³ tsœt³³ ŋe¹³ na³³ tsœt³³ to⁵³
好。
hau³³ 这个大，那个小，这两个东西哪个好一点儿呢？

13 箇 只 好 过 尔 只。
kɯ³⁵ tsœt³³ hau³³ ku³⁵ ŋi²² tsœt³³ 这个比那个好。

14 尔 只 冇 有 箇 只 好。
ŋi²² tsœt³³ mi¹³ jɐu¹³ kɯ³⁵ tsœt³³ hau³³ 那个没有这个好。

15 箇 啲 屋 冇 比 尔 啲 （屋） 好。
kɯ³⁵ tek⁵⁵ uk³³ mi¹³ pœy³³ ŋi²² tek⁵⁵ （uk³³） hau³³ 这些房子没有那些房子好。

16 箇 只 有 尔 只 大 冇。
kɯ³⁵ tsœt³³ jɐu¹³ ŋi²² tsœt³³ tai²² mi¹³ 这个有那个大没有？

17 阿 哥 同 阿 弟 一 样 高。
a³⁵ ko⁵³ tuŋ²¹ a³⁵ tɐi¹³ ɐt³³ jɐŋ²² kau⁵³ 哥哥和弟弟一般高。

18 阿 弟 高 过 阿 哥 多， 阿 弟 高 过 阿 哥。
a³⁵ tɐi¹³ kau⁵³ ku³⁵ a³⁵ ko⁵³ to⁵³， a³⁵ tɐi¹³ kau⁵³ ku³⁵ a³⁵ ko⁵³
弟弟比哥哥更高，弟弟高过哥哥。

19 我 冇 比 得 （过） 佢。
ŋa¹³ mi¹³ pœy³³ tɐk³³ （ku³⁵） kœy¹³ 我比不上他。

20 我 凑 佢 冇 比 得。
ŋa¹³ ts'ɐu³⁵ kœy¹³ mi¹³ pœy³³ tɐk³³ 我跟他比不得。

21 箇 帮 细 蚊 仔 当 马 骝 样，到 处 乱 爬。
kɯ³⁵ paŋ⁵³ θɐi³⁵ mɐn⁵³ tsai³³ taŋ⁵³ ma¹³ lɐu²¹ jɐŋ²²，tau³⁵ ts'œy³⁵ lun²² pa²¹
这群孩子像猴儿是的，到处乱爬。

22 你 贵 姓 我 姓 王
nœy¹³ kuɐi³⁵ θœn³⁵ 你贵姓？ŋa¹³ θœn³⁵ huŋ²¹ 我姓王。

23 你 姓 王，我 姓 王，我 类 两 个 都 是 姓
nœy¹³ θœn³⁵ huŋ²¹，ŋa¹³ θœn³⁵ huŋ²¹，ŋa¹³ loi²² lɐŋ¹³ kɯ³⁵ to⁵³ θi²² θœn³⁵
王。

第十二章　语料标音 / 225

huŋ²¹ 你姓王，我也姓王，咱们两个人都姓王。

24　□？

nan⁵³（有人敲门）谁呀？

25　老　张　呢　老　张　还　住　屋　里　头。
lau¹³ tseŋ⁵³ ne³³? lau¹³ tseŋ⁵³ βɐn²¹ tsœy²² uk³³ lœy¹³ tɐu²¹ 老张呢？
老张还在家里呢。

26　佢　在　做　哪　门　佢　在　吃　住　饭。
kœy¹³ tsai²² tso³⁵ na³³ mun²¹? kœy¹³ tsai²² hɐt³³ tsœy²² fan²² 他在干什么呢？他在吃着饭呢。

27　佢　盟⁼　吃　齐　呀？
kœy¹³ mɐŋ²¹ hɐt³³ tsɐi²¹ ·ja 他还没有吃完吗？

28　冇　曾，　大　概　一　阵　子　就　吃　齐　喇。
mi¹³ tsɐŋ²¹, tai²² k'ai³⁵ ɐt³³ tsɐn²² tsi³³ tsɐu²² hɐt³³ tsɐi²¹ ·la 还没有呢，
大约再有一会儿就吃完了。

29　佢　讲　马　上　就　行，　做　门　大　半　日　喇
kœy¹³ kaŋ³³ ma¹³ θeŋ²² tsɐu²² heŋ²¹, tso³⁵ mun²¹ tai²² pun³⁵ ŋiɐt²⁴ ·la
都　盟⁼　行？
to⁵³ mɐŋ²¹ heŋ²¹ 他说就走，怎么这半天了还没走呢？

30　佢　共　一　个　朋　友　讲　住　话。
kœy¹³ kuŋ²² ɐt³³ki³⁵ peŋ²¹ jɐu¹³ kaŋ³³ tsœy²²βa²² 他正在跟一个朋友说着话呢。

31　你　去　哪　嚃？　去　街。
nœy¹³ hœy³⁵ na³³ ten⁵³? hœy³⁵ kai⁵³ 你上哪儿去？上街去。

32　你　去　做　哪　门？　我　去　买　菜。
nœy¹³ hœy³⁵ tso³⁵ na³³ mun²¹? ŋa¹³ hœy³⁵ mai¹³ ts'ai³⁵ 你去干什么去？
我去买菜去。

33　慢　慢　行，　冇　使　走　取！
man²² man²² heŋ²¹, mi¹³ θɐi³³ tsɐu²² ts'o³³ 好好儿地走，不要跑！

34　你　报　佢　听/　你　共　佢　讲。
nœy¹³ pau³⁵ kœy¹³ t'ɐn³⁵ / nœy¹³ kuŋ²² kœy¹³ kaŋ³³ 你告诉他。

35 你 共 佢 讲。
　　nœy¹³ kuŋ²² kœy¹³ kaŋ³³ 你对他说。

36 同 □ 做?
　　tuŋ²¹ nɐŋ³³ tso³⁵ 怎么办呢?

37 冇 是 耿 做,是 耿 做 嘅。
　　mi¹³ θi²² kɐŋ³³ tso³⁵,θi²² kɐŋ³³ tso³⁵ kɯ³⁵ 不是那么办,是要这么办的。

38 要 几 多 至⁼ 够?
　　iu³⁵ kœy³³ to⁵³ tsi³⁵ kɐu³⁵ 要多少才够呢?

39 太 多 喇,冇 使 得 耿 多, 就 是 耿 多 就
　　t'ai³⁵ to⁵³ ·la, mi¹³ θɐi³³ tek³³ kɐŋ³³ to⁵³, tsɐu²² θi²² kɐŋ³³ to⁵³ tsɐu²²
　　够 喇。
　　kɐu³⁵ ·la 太多了,要不了那么多,只要这么多就够了。

40 越 讲 越 多, 越 行 越 远。
　　hit²⁴ kaŋ³³ hit²⁴ to⁵³, hit²⁴ hɐŋ²¹ hit²⁴ βin¹³ 愈说愈多,愈走愈远。

41 佢 今 年 得 几 多 岁 喇?
　　kœy¹³ kɐm⁵³ nin²¹ tek³³ kœy³³ to⁵³ θui³⁵ ·la 他今年多大岁数了?

42 箇 只 嘢 有 几 重?
　　kɯ³⁵ tsœt³³ ŋe¹³ jɐu¹³ kœy³³ tsuŋ¹³ 这个东西有多重呢?

43 与 我 一 本 书!
　　hɐi³⁵ ŋa¹³ ɐt³³ pon³³ θœy⁵³ 给我一本书!

44 佢 与 本 书 与 我。
　　kœy¹³ hɐi³⁵ pon³³ θœy⁵³ hɐi³⁵ ŋa¹³ 他给我一本书。

45 吆 佢 快 啲 来 覸 我。
　　iu⁵³ kœy¹³ βai³⁵ tek⁵⁵ lai²¹ lɐi²¹ ŋa¹³ 叫他快来找我。

46 快 啲 请 佢 来!
　　βai³⁵ tek⁵⁵ ts'œn³³ kœy¹³ lai²¹ 赶快把他请来!

47 吃 了 饭 要 慢 慢 行, 冇 使 走!
　　hɐt³³ liu¹³ fan²² iu³⁵ man²² man²² hɐŋ²¹, mi¹³ θɐi³³ tsɐu³³ 吃了饭要慢慢儿的走,不要跑!

48 冇 有 关 系。
　　mi¹³ jɐu¹³ kuan⁵³ hɐi²² 没关系。

49 来 嗅 嗅 箇 朵 花 香 冇（香）！ 香 个 香，
lai²¹ ŋiɐu³⁵ ŋiɐu³⁵ kɯ³⁵ tu³³ βa⁵³ jeŋ⁵³ mi¹³（jeŋ⁵³）！ jeŋ⁵³ kɯ³⁵ jeŋ⁵³，
是 冇 （是）？
θi²² mi¹³（θi²²）来闻闻这朵花儿香不香！香得很，是不是？

50 你 是 烧 烟， 还 是 饮 茶？
nœy¹³ θi²² θiu⁵³ in⁵³， βɐn²¹ θi²² ŋiɐm⁵³ tsa²¹ 你是抽烟呢，还是喝茶？

51 烟 也 好， 茶 也 好， 我 都 冇 爱。
in⁵³ i²² hau³³, tsa²¹ i²² hau³³, ŋa¹³ to⁵³ mi¹³ ai³⁵ 烟也好，茶也好，我都不喜欢。

52 医 生 叫 你 多 睡 一 啲， 烧 烟、饮 茶 都 冇
œy⁵³ θeŋ⁵³iu⁵³ nœy¹³ to⁵³ θui²² ɐt³³ tek⁵⁵, θiu⁵³ in⁵³ ŋiɐm³³ tsa²¹ to⁵³ mi¹³
得。
tek³³ 医生叫你多睡一睡，抽烟、喝茶都不行。

53 冇 早 喇， 快 啲 去 喇！
mi¹³ tsau³³ ·la， βai³⁵ tek⁵⁵ hœy³⁵ ·la 不早了，快去吧！

54 箇 阵 还 早， 听 一 阵 子 再 去。
kɯ³⁵ tsɐn²² βɐn²¹ tsau³³， t'œn³⁵ ɐt³³ tsɐn²² tsi³³ tsai³⁵ hœy³⁵ 这会儿还早着呢，等一会儿再去。

55 吃 了 饭 咉 去 好 冇？
hɐt³³ liu¹³ fan²² mɐn²¹ hœy³⁵ hau³³ mi¹³ 吃了饭再去好不好？

56 吃 了 饭 再 去 就 冇 来 得 及 喇。
hɐt³³ liu¹³ fan²² tsai³⁵ hœy³⁵ tsɐu²² mi¹³ lai²¹ tek³³ kɐp²² ·la 吃了饭再去就来不及了。

57 冇 论 你 去 冇 去， 反 正 我 去。
mi¹³ lɐn²² nœy¹³ hœy³⁵ mi¹³ hœy³⁵, fan³³ tsœn³⁵ ŋa¹³ hœy³⁵ 不管你去不去，反正我是要去的。

58 我 一 定 要 去！
ŋa¹³ ɐt³³ tœn²² iu³⁵ hœy³⁵ 我非去不可！

59 我 类 一 边 行 一 边 讲。
ŋa¹³ loi²² ɐt³³ pin⁵³ heŋ²¹ ɐt³³ pin⁵³ kaŋ³³ 咱们一边走一边儿说。

60 讲 了 一 次， 再 讲 一 次。

kaŋ³³ liu¹³ ɐt³³ tsʻi³⁵, tsai³⁵ kaŋ³³ ɐt³³ tsʻi³⁵ 说了一遍，又说了一遍。

61 箇 种 嘢 好 是 好， 就 是 太 贵。
kɯ³⁵ tsuŋ³³ ŋe¹³ hau³³θi²² hau³³, tsɐu²² θi²² tʻai³⁵ kuɐi³⁵ 这东西好是好，就是太贵。

62 箇 种 嘢 贵 是 贵， 但 是 结 实。
kɯ³⁵ tsuŋ³³ ŋe¹³ kuɐi³⁵ θi²² kuɐi³⁵, tan²² θi²² kit³³ θɐt²² 这东西贵是贵，可是结实。

63 佢 是 在 哪 嚸 吃 饭 嘓？
kœy¹³ θi²² tsai²² na³³ ten⁵³ hɐt³³ fan²² kɯ³⁵ 他在哪儿吃的饭？

64 佢 是 在 我 屋 吃 饭 嘓。
kœy¹³ θi²² tsai²² ŋa¹³ uk³³ hɐt³³ fan²² kɯ³⁵ 他是在我家里吃的饭。

65 吃 箇 碗 饭 去！
hɐt³³ kɯ³⁵ un³³ fan²² hœy³⁵ 吃了这碗饭！

66 落 雨 喇。
lak²⁴ hœy¹³ ·la 下雨了。

67 冇 落 雨 喇，要 天 晴 喇。
mi¹³ lak²⁴ hœy¹³ ·la, iu³⁵ tʻin⁵³ tsœn²¹ ·la 雨不下了，天要晴了。

68 晏 喇 就 冇 好 喇，我 类 快 啲 行 喇！
an³⁵ ·la tsɐu²² mi¹³ hau³³ ·la, ŋa¹³ loi²² βai³⁵ tek⁵⁵ heŋ²¹ ·la 迟了就不好了，咱们快点走吧！

69 佢 类 讲 住 话。
kœy¹³ loi²² kaŋ³³ tsœy²² βa²² 他们正在说着话呢。

70 台 上 放 住 一 碗 水。
tai²¹ θeŋ²² fuŋ³⁵ tsœy²² ɐt³³ un³³ θui³³ 桌上放着一碗水。

71 坐 住 吃 好，还 是 徛 住 吃 好？
tsu¹³ tsœy²² hɐt³³ hau³³, βɐn²¹ θi²² kœy¹³ tsœy²² hɐt³³ hau³³ 吃坐着吃好，还是站着吃好？

72 徛 住！ 路 上 小 心！
kœy¹³ tsœy²²！ lo²² θeŋ²² θiu³³ θɐm⁵³ 站着！路上小心着！

73 睡 着 喇。
θui²² tsek²² ·la 睡着了。

74 猜 中 喇。
ts'ai⁵³ tsuŋ³⁵ ·la 猜着了。

75 凉 着 喇。
leŋ²¹ tsek²² ·la 着凉了。

76 冇 使 紧， 慢 慢 做。
mi¹³ θei³³ kɐn³³, man²² man²² tso³⁵ 不要着急，慢慢儿地做。

77 箇 啲 果 吃 得 冇？
kɯ³⁵ tek⁵⁵ ku³³ hɐt³³ tɐk³³ mi¹³ 这些果子吃得吃不得？

78 箇 只 是 熟 嗰， 吃 得。尔 只 是 生 嗰， 冇
kɯ³⁵ tsœt³³ θi²² θuk²² kɯ³⁵, hɐt³³ tɐk³³。ŋi²² tsœt³³ θi²² θeŋ⁵³ kɯ³⁵, mi¹³
吃 得。
hɐt³³ tɐk³³ 这是熟的，吃得。那是生的，吃不得。

79 我 撤 得 去， 佢 冇 撤 得 去／ 撤 冇 得
ŋa¹³ ŋiɐu⁵³ tɐk³³ hœy³⁵, kœy¹³ mi¹³ ŋiɐu⁵³ tɐk³³ hœy³⁵／ŋiɐu⁵³ mi¹³ tɐk³³
去。
hœy³⁵ 我拿得动，他拿不动。

80 冇 算 轻 啊，重 得 连 我 撤 冇 去．
mi¹³ θun³⁵ hɐn⁵³ ·a, tsuŋ¹³ tɐk³³ lin²¹ ŋa¹³ ŋiɐu⁵³ mi¹³ hœy³⁵ 真不轻，重得连
我都拿不动了。

81 佢 手 好 灵 巧， 画 得 好 好 看。
kœy¹³ θɐu³³ hau³³ lœn²¹ k'iu³³, βa²² tɐk³³ hau³³ hau³³ han³⁵ 他手很巧，画
得很好看。

82 佢 忙 得 要 死， 忙 得 连 饭 都 打 忘 记
kœy¹³ maŋ²¹ tɐk³³ iu³⁵ θœy³³, maŋ²¹ tɐk³³ lin²¹ fan²² to⁵³ ta³³ muŋ²¹ kœy³⁵
吃 喇。
hɐt³³ ·la 他忙得很，忙得连饭都忘了吃了。

83 咪 行 喇， 住 我 屋 住 喇。
mei³⁵ heŋ²¹ ·la, tsœy²² ŋa¹³ uk³³ tsœy²² ·la 甭走了，住的我家里吧！

84 屋 里 头 坐 住 好 多 人， 看 书 嗰 看
uk³³ lœy¹³ tɐu²¹ tsu¹³ tsœy²² hau³³ to⁵³ ŋiɐn²¹, han³⁵ θœy⁵³ kɯ³⁵ han³⁵

书，看 报 嘅 看 报, 写 字 嘅 写 字。
θœy⁵³, han³⁵ pau³⁵kɯ³⁵ han³⁵ pau³⁵, θe³³ tsi²² kɯ³⁵ θe³³ tsi²²屋里坐着很多的人,看书的看书,看报的看报,写字的写字。

85 要 讲 佢 好 话, 冇 得 讲 佢 坏 话。
iu³⁵ kaŋ³³ kœy¹³hau³³ βa²², mi¹³ tɐk³³ kaŋ³³ kœy¹³ βai²² βa²²要说他的好话,不要说他的坏话。

86 上 次 是 □谁 请 客? 是 我 请 嘅。
θeŋ²² tsʻi³⁵ θi²² nan⁵³ tsʻœn³³ hek³³? θi²²ŋa¹³ tsʻœn³³ kɯ³⁵上次是谁请的客?是我请的。

87 你 是 哪 年 来 嘅?
nœy¹³ θi²² na³³ nin²¹ lai²¹ kɯ³⁵你是哪年来的?

88 我 是 前 年 来 到 北 京 嘅。
ŋa¹³ θi²² tsin²¹nin²¹ lai²¹ tau³⁵ pɐk³³ kœn⁵³kɯ³⁵我是前年到的北京。

二 谚语、歇后语等

1 芭 蕉 根 滑, 刺 桐 根 有 簕。
pa⁵³ tsiu⁵³ kɐn⁵³ βat²², tsʻi³⁵ tuŋ²¹ kɐn⁵³ jɐu¹³ lɐk²⁴芭蕉树滑,刺桐树有刺,都不好爬。比喻每个事情都不好办。

2 拜 眼 眯 遇 着 枕 头。
pai³⁵ ŋian¹³ mɐi³⁵ ŋiœy²² tsek²² tsɐm³³ tɐu²¹比喻困难中得到帮助。

3 踩 中 茅 带 至 是 蛇。
tsʻai³³ tsuŋ³⁵ mau²¹ tai³⁵ tsi³⁵ θi²² θi²¹踩到绳子都是蛇,比喻一朝踩着蛇,十年怕井绳。

4 朝 中 有 人 好 办 事。
tsiu²¹ tsuŋ⁵³ jɐu¹³ ŋiɐn²¹ hau³³ pan²² θi²²。

5 痴 入 冇 痴 出。
tsʻi⁵³ ŋiɐp²⁴ mi¹³ tsʻi⁵³ tsʻœt⁵³傻进不傻出,比喻表面傻笨实际不傻。

6 船 烂 还 有 三 千 钉。
θin²¹ lan²² βɐn²¹ jɐu¹³ θam⁵³ tsʻin⁵³ tœn⁵³比喻富贵人家即使破落了也比人家富有。

7 船 上 嗰 鸡 见 水 冇 得 吃。
θin²¹ θeŋ²² kɯ³⁵ kɐi⁵³ kin³⁵ θui³³ mi¹³ tek³³ hɐt³³ 比喻看得见却得不到。

8 船 上 人 打 老 婆 走 去 舵！
θin²¹ θeŋ²² ŋiɐn²¹ ta³³ lau¹³ pu²¹ tsɐu³³ hœy³⁵ ta¹³！比喻无处可逃。

9 大 路 无 平 担 锹 铲。
tai²² lo²² mu²¹ pœn²¹ tan⁵³ tsʻiu⁵³ tsʻan³³ 比喻路见不平拔刀相助。

10 大 鱼 吃 细 鱼，细 鱼 吃 虾，虾 吃 泥
tai²² ŋiœy²¹ hɐt³³ θɐi³⁵ ŋiœy²¹，θɐi³⁵ ŋiœy²¹ hɐt³³ ha⁵³，ha⁵³ hɐt³³ nɐi²¹ 比喻弱肉强食。

11 担 水 淋 田 冇 比 雨。
tan⁵³ θui³³ lɐm²¹ tin²¹ mi¹³ pœy³³ hœy¹³ 挑水浇田比不上下雨。

12 当 官 打 忘 救⁼ 化 时。
taŋ⁵³ kun⁵³ ta³³ muŋ²² kɐu³⁵ βa³⁵ θi²¹ 当了官忘记了做乞丐时候的艰难。

13 灯 草 吊 颈。
teŋ⁵³ tsʻau³³ tiu³⁵ kœn³³ 比喻不可能的事。

14 冬 至⁼ 大 过 年，老 婆 大 过 天。
tuŋ⁵³ tsi³⁵ tai²² ku³⁵ nin²¹，lau¹³ pu²¹ tai²² ku³⁵ tʻin⁵³。

15 独 柴 难 烧，独 仔 难 教。
tuk²² θai²¹ nan²¹ θiu⁵³，tuk²² tsai³³ nan²¹ kau³⁵。

16 屙 屎 兼 □翻 找 虱。
a⁵³ θi³³ kʻin⁵³ men⁵³ θɐt³³ 拉屎兼做翻找虱子。顺便做某事的粗俗说法。

17 屙 屎 冇 出 赖 地 硬。
a⁵³ θi³³ mi¹³ tsʻœt³³ lai²² tœy²² ŋeŋ²² 拉不出屎怪地太硬，比喻事情做不好找借口。

18 赶 狗 落 穷 巷.
kan³³ kɐu³³ lek³³ huŋ²¹ haŋ²² 把狗追赶到死胡同。比喻逼迫对手狗急跳墙，"穷" 受 "巷" 字同化读 [h] 声母。

19 狗 吃 牛 粪 图 大 督⁼
kɐu³³ hat³³ ŋiɐu²¹ fɐn³⁵ to²¹ tai²² tuk³³ 狗吃牛屎贪图大泡，比喻做事贪大。

20 狗 死 狗 虱跳蚤 死
kɐu³³ θœy³³ kɐu³³ θɐt³³ θœy³³ 比喻某一方的生存有赖于另一方。

21 壶 中 冇 有，埕坛子 中 有。

ho²¹ tsuŋ⁵³ mi¹³ jɐu¹³, tsɐn²¹ tsuŋ⁵³ jɐu¹³ 壶里没有酒,但埕中还有酒。"埕"与"情"同音双关,说壶里没有酒,但情意里有。

22 近 厨 得 食, 近 官 得 力。
kɐn¹³ tsœy²¹ tek³³ θœt²², kɐn¹³ kun⁵³ tek³³ lœt²⁴ 比喻靠近权势易得好处。

23 老 糠谷壳 榨 出 油。
lau¹³ haŋ⁵³ tsa³⁵ ts'œt³³ jɐu²¹ 比喻盘剥厉害。

24 老 牛 怕 惊 蛰。
lau¹³ ŋiɐu²¹ p'a³⁵ kɐn⁵³tsœt²² 惊蛰季节容易倒春寒,天气冷,老牛易死亡。

25 老 鼠 落 塘 共 蛤青蛙跳, 有 尾 是□高兴,无
lau¹³ θœy³³ lak²⁴ taŋ²¹ kuŋ²² kap³³ t'iu³⁵, jɐu¹³ mœy¹³ θi²² fɐŋ²¹, mu²¹
尾 也 是 □。
mœy¹³ i²² θi²² fɐŋ²¹ 老鼠掉落池塘跟青蛙一起蹦跳,有尾巴的高兴,没有尾巴的也高兴。比喻无钱的盲目地跟有钱的一起高兴地玩。

26 龙 床 冇 比 狗 窦狗窝。
luŋ²¹ θaŋ²¹ mi¹³ pœy³ kɐu³³ tɐu³⁵ 比喻再好的住宿条件也没有自家的好。

27 落 庙 拜 神, 落 屋 吃 人叫人。
lek³³ miu²² pai³⁵ θɐn²¹, lek³³ uk³³ iu⁵³ ŋiɐn²¹ 进庙要拜神,进屋要跟人打招呼。比喻到某地办事要先拜见当地有威望的人。

28 麻 □ 儿 大 屋 脊。
ma²¹ tset³⁵ ŋi²¹ tai²² uk³³ tsœt³³ 小麻雀配大屋脊,比喻菜肴配料过多。

29 蚂 蟥 两 头 嘞。
ma¹³ huŋ²¹ lɐŋ¹³ tɐu¹³ θuk³³ 比喻生意场中中间人两头获利。

30 盟=未曾 见 过 大 蛇 屙 粪。
mɐŋ²¹ kin³⁵ ku³⁵ tai²² θi²¹ a⁵³ fɐn³⁵ 还没有见过大蛇拉屎,比喻没见过世面。

31 盟=未曾 生 男 女 起 留 名。
mɐŋ²¹ θɐŋ⁵³ nan²¹ nœy¹³ hœy⁵³ lɐu²¹ mœn²¹ 还没有生儿女就先起好名字留着,比喻操之过急。

32 盟=未曾有 米 先 操担心 粥 爁烫。
mɐŋ²¹ jɐu¹³ mei¹³ θin⁵³ ts'au⁵³ tsuk³³ lak³⁵ 还没有米就先怕粥烫。比喻事情还没做就担心出问题。

33 木 大 开 桠枝杈, 儿 大 分 家。

muk²⁴ tai²² hai⁵³ ŋa⁵³, ŋi²¹ tai²² fɐn⁵³ ka⁵³ 树大开权，儿大分家。

34 你 做 初 一，我 做 十 五。
nœy¹³ tso³⁵ tsʻo⁵³ ɐt³³, ŋa¹³ tso³⁵ θɐp²² ŋo¹³ 比喻立刻报复。

35 牛 角 冇 尖 冇 过 界，马 尾 冇 长 冇 扫 街。
ŋɐu²¹ kak³³ mi¹³ tsim⁵³ mi¹³ ku³⁵ kai³⁵ ma¹³ mœy¹³ mi¹³ tsen²¹ mi¹³ θau³⁵ kai⁵³ 比喻有本事较量。

36 刨 指 甲剪指甲 捧 卵 脬阴囊
pau²¹ tsi³³ kap³³ pʻuŋ³³ lun¹³ pʻau⁵³ 比喻拍马屁。

37 七 月 十 四 借 砧 板。
tsʻɐt³³ βit²⁴ θɐp²² θœy³⁵ tsi³³ tsɐm⁵³ pan³³ 比喻随时要用的东西无法外借。

38 前 剌⁼凸出 金，后 剌⁼ 银。
tsin²¹ tuk⁵⁵ kɐm⁵³, hɐu²² tuk⁵⁵ ŋɐn²¹ 迷信说法，长相前额或后勺突出的人富有。

39 勤 人 换 屋 住， 懒 人 换 碓 杵。
kɐn²¹ ŋian²¹ βan²² uk³³ tsœy²², lan¹³ ŋian²¹ βan²² toi³⁵ tsʻœy³³ 勤劳的人盖房子住，懒惰的人捣米都要换用轻的舂杵。

40 清 明 栽 芋芋头， 谷 雨 栽 姜。
tsœn⁵³ mœn²¹ tsai⁵³ hœy²², kuk³³ hœy¹³ tsai⁵³ kɐŋ⁵³。

41 人 爱 有 钱 人， 狗 爱 □逸 屎 君。
ŋian²¹ ai³⁵ jɐu¹³ tsin²¹ ŋian²¹, kɐu³³ ai³⁵ lai¹³ θi³³ kuɐn⁵³ 比喻人总是势利的。

42 人 饥 冇 怕 丑害羞， 鸡 饥 □轰赶 冇 走跑。
ŋian²¹ kœy⁵³ mi¹³ pʻa³⁵ tsʻɐu³³, kɐi⁵³ kœy⁵³ pen¹³ mi¹³ tsɐu³³ 比喻人穷困的时候顾及不了面子。

43 人 冇 同 人 话 懒 讲， 鸡 冇 同 鸡 鸡 懒
ŋian²¹ mi¹³ tuŋ²¹ ŋian²¹ βa²² lan¹³ kaŋ³³, kɐi⁵³ mi¹³ tuŋ²¹ kɐi⁵³ kɐi⁵³ lan¹³
啼。
tɐi²¹ 人不同人懒得说话，鸡不同鸡懒得鸣啼。比喻人没有共同语言就不交谈。

44 人 怕 磕缠磨，马 怕 嘶。
ŋian²¹ pʻa³⁵ ŋɐi⁵³, ma¹³ pʻa³⁵ θɐi⁵³ 人禁不起纠缠，马一听到其他马嘶鸣就会惊慌。

45 人 怕 恶 人， 蛇 怕 棒棍棒。

ŋiɐn²¹ p'a³⁵ak³³ ŋiɐn²¹, θi²¹ p'a³⁵paŋ²²。

46 人 怕 伤 心， 树 怕 剥 皮。
ŋiɐn²¹ p'a³⁵ θeŋ⁵³ θɐm⁵³， θœy²¹ p'a³⁵ pak³³ pœy²¹。

47 人 怕 笑，字 怕 吊。
ŋiɐn²¹ p'a³⁵ θiu³⁵ tsi²² p'a³⁵ tiu³⁵ 字怕挂起来看，因为挂起来看最能检验字有没有功力。

48 人 情 大 过 债。
ŋiɐn²¹ tsœn²¹ tai²² ku³⁵ tsai³⁵。

49 牸 牛 过 水 各 管 各。
θa⁵³ ŋiɐu²¹ku³⁵ θui³³ kak³³ kun³⁵ kak³³ 黄牛过河各顾各，比喻谁也帮不了谁。

50 山 荒 出 簕刺儿，人 穷 出 贼。
θan⁵³ huŋ⁵³ ts'œt³³ lɐk²⁴， ŋiɐn²¹ kuŋ²¹ ts'œt³³ ts'ɐk²² 山荒长荆棘，人穷出强盗。

51 蛇 大 窟窟 大。
θi²¹ tai²² luŋ⁵³ tai²² 比喻收入多花销也大。

52 蛇 有 蛇 路，蚜青蛙 有 蚜 路。
θi²¹ jɐu¹³ θi²¹lo²², k'ue³³ jɐu¹³ k'ue³³ lo²² 比喻各有各的门路。

53 生 意 好 做，伙 记 难 求。
θeŋ⁵³ œy³⁵ hau³³ tso³⁵， hu³³ kœy³⁵ nan²¹ kɐu²¹ 生意好做，但是合作者难找。

54 十 二 月 甘 蔗 甜 到 尾。
θɐp²² ŋi²² ßit²⁴ kam⁵³ tsi³⁵ tim²¹ tau³⁵ mœy¹³ 十二月的甘蔗很甜。

55 十 月 犁 田 冇 使 粪。
θɐp²² ßit²⁴ lɐi²¹ tin²¹mi¹³ θɐi³³ fɐn³⁵ 十月翻犁过的田来年庄稼不用粪肥都会长得很好。

56 手 背 是 肉，手 面 是 肉。
θɐu³³ poi³⁵ θi²² ŋiuk²⁴， θɐu³³ min²² θi²² ŋiuk²⁴ 比喻双方都是自己亲近的人。

57 手 儿手指 拗 冇 住 大 腿。
θɐu³³ŋi²¹ ɐu³⁵mi¹³ tsœy²² tai²² toi²¹ 胳膊拧不过大腿。

58 四 方 木 一 踢 一 辘滚。
θœy³⁵ fuŋ⁵³ muk²⁴ɐt³³ t'œt³³ ɐt³³ luk⁵⁵ 四方的木头，踢一下滚动一下。比喻做事不主动，推一下动一下。

59 天　　上　雷　公，　地　上　舅　公。
t'in⁵³　θeŋ²²loi²¹　kuŋ⁵³，tœy²² θeŋ²²kɐu¹³ kuŋ⁵³ 比喻舅舅的地位很高。

60 同　行　如　敌　国。
tuŋ²¹ haŋ²¹ hi²¹　tœt²² kuk³³ 同行是冤家。

61 头　梁　冇　正　下　梁　歪。
tɐu²¹ leŋ²¹ mi¹³ tsœn³⁵ja²² leŋ²¹ βai⁵³ 上梁不正下梁歪。

62 蚊　　子苍蝇　□　头掐了头　冇　识　死。
mɐn²¹　tsi³³　　　mɐt³³ tɐu²¹ mi¹³ θɐt³³ θœy³³ 苍蝇掐了头还不知死活乱飞，比喻胆大不知死活。

63 先　到　为　君，后　到　为　臣。
θin⁵³ tau³⁵ βɐi²¹ kuɐn⁵³，hɐu²² tau³⁵ βɐi²¹ tsɐn²¹ 比喻凡事讲究个先来后到。

64 想　吃　黄　烟抽烟冇　有　火，想　娶　老　婆　冇　有
θeŋ³³ hɐt³³ huŋ²¹ in⁵³　mi¹³ jɐu¹³ hu³³ ,θeŋ³³ ts'o³³lau¹³ pu²¹ mi¹³ jɐu¹³
钱。
tsin²¹ 比喻没有做事的条件，空想。

65 眼　大　喉　咙　窄。
ŋian¹³tai²² hɐu²¹ luŋ²¹ tsek³³ 还没吃的时候以为能吃很多，吃起来的时候吃不了多少。

66 一　分　钱　大　过　簸　箕。
ɐt³³ fɐn⁵³ tsin²¹tai²² ku³⁵ p'u³⁵kœy⁵³ 比喻过分看重钱财。

67 一　手　难　遮　天　上　月。
ɐt³³ θɐu³³nan²¹ tsi⁵³ t'in⁵³ θeŋ²² βit²⁴ 比喻能力有限。

68 一　眼　看　通　你。
ɐt³³　ŋian¹³han³⁵ t'uŋ⁵³ nœy¹³ 一眼看穿你。比喻别人很容易看透你的心思。

69 有　钱　使　得　鬼　推　磨。
jɐu¹³ tsin²¹ θɐi³³ tɐk³³ kuɐi³³t'oi⁵³ mu²² 比喻有钱能办事。

70 越　熟　越　烚烫。
hit²⁴ θuk²²hit²⁴ luk²⁴ 比喻生意场中越是熟人越要坑蒙。"煮熟"的"熟"与"熟人"的"熟"同音双关。

71 直　棒　钩　粪　□钩冇　得。
tsœt²² paŋ²² ŋɐu⁵³fɐn³⁵ ma⁵³mi¹³ tɐk³³ 用直的棍棒钩粪钩不了，比喻做不到的事。

72 住家在家千日好，出门半朝难。
tsœy²² ka⁵³ ts'in⁵³ ŋiɐt²⁴ hau³³, ts'œt³³ mun²¹ pun³⁵ tsiu⁵³ nan²¹。

73 捉猫□舔屎。
tsuk³³ meu³⁵ kem¹³ θi³³ 让猫舔屎，比喻赶鸭子上架。

74 □膊赤裸臂膀鸡儿打交打架——叮啄过去口口是
lo³⁵ pak³³ kɐi⁵³ ŋi²¹ ta³³ kau⁵³—— tœn⁵³ ku³⁵ hœy³⁵ hɐu³³ hɐu³³ θi²²
肉。
ŋiuk²⁴ 赤裸的鸡打架，每一口都能啄到肉，比喻每次都能打中要害。

75 半斤泥鹤—— 四两嘴。
pun³⁵ kɐn⁵³ nɐi²¹ hak²²—— θœy³⁵ lɐŋ¹³ tsui³³ 比喻很能说，但做事的能力不行。

76 半夜吃黄瓜—— 冇分头尾。
pun³⁵ ja²² hɐt³³ huŋ²¹ kua⁵³—— mi¹³ fɐn⁵³ tɐu²¹ mœy¹³ 比喻分辨不清。

77 吃牛红牛血屙黑屎——当场见功。
hɐt³³ ŋiɐu²¹ huŋ²¹ a⁵³ hɐk³³ θi³³—— taŋ⁵³ tsɐŋ²¹ kin³⁵ kuŋ⁵³ 比喻立刻看到效果。

78 床底劈柴——撞板铺板。
θaŋ²¹ tɐi³³ p'œt³³ θai²¹—— tsuŋ²² pan³³ 比喻碰壁。

79 床底下栽竹—— 顶板铺板。
θaŋ²¹ tɐi³³ ja²¹ tsai⁵³ tsuk³³—— tœn⁵³ pan³³ 比喻顶牛。

80 道公佬着被狗咬—— 无法。
tau³⁵ kuŋ⁵³ lau¹³ tsek²² kɐu³³ ŋiau¹³—— mu²¹ fat³³ 道士被狗咬，因为没有法力，比喻某些吹嘘的本事是虚假的。

81 灯草牵牛——心冇紧心别急！
tɐŋ⁵³ ts'au³³ hin⁵³ ŋiɐu²¹—— θɐm⁵³ mi¹³ kɐn³³ 比喻办事不能心急。

82 狗吃粽子—— 冇识解。
kɐu³³ hɐt³³ tsuŋ³⁵ tsi³³—— mi¹³ θɐt³³ kai³³ 比喻不理解。"解"双关"解开"和"理解"。

83 禾秆担担挑担——两头□。
hu²¹ ts'im⁵³ tan⁵³ tan³⁵—— lɐŋ¹³ tɐu²¹ lɐk⁵⁵ 用两头尖的挑稻草的扁担挑担两头易滑脱，比喻两头的事情都办不成。

84 六十岁人嫁老公—— 搏吃。

luk²⁴ θɐp²² θui³⁵ ŋiɐn²¹ ka³⁵ lau¹³ kuŋ⁵³—— puk³³ hɐt³³ 比喻贪占便宜。

85 龙 眼 核 口擦 屎 窟屁股—— 危 险。
luŋ²¹ ŋian¹³ hot²² t'et³³ θi³³ βat³³—— ŋɐi²¹ him³³。

86 笼 里 头 嘅 鸡—— 哪 时 捉 至=得。
luŋ²¹ lœy¹³ tɐu²¹ kɯ³⁵ kɐi⁵³——na³³ θi²¹ tsuk³³ tsi³⁵ tek³³ 比喻有些东西随时都可以得到，有些事随时可以做。

87 泥 菩 萨 过 水—— 自 身 难 保。
nɐi²¹ pu²¹ θat³³ ku³⁵ θui³³—— tsi²² θɐn⁵³ nan²¹ pau³³。

88 神 台 猫 屎—— 神 憎 鬼 厌。
θɐn²¹ tai²¹ meu³⁵ θi³³—— θɐn²¹ tsɐŋ⁵³ kuɐi³³ im³⁵ 比喻人人厌恶的人或事。

89 腰 头 插 秤腰里别秤—— 自 称。
iu⁵³ tɐu²¹ ts'ap³³ ts'œn³⁵—— tsi²² ts'œn³⁵ 比喻自我夸赞。"称重量"的"称"与"称赞"的"称"谐音双关。

三 故事

北 风 凑和日 头太阳

pɐk³³ fuŋ⁵³ ts'ɐu³⁵ ŋiɐt²⁴ tɐu²¹

北风凑日头是好朋友，但是有一日佢类他们两个为了讲 口谁嘅本事大大吵起来。

pɐk³³ fuŋ⁵³ ts'ɐu³⁵ ŋiɐt²⁴ tɐu²¹ θi²² hau³³ pɐŋ²¹ jɐu¹³, tan²² θi²² jɐu¹³ ɐt³³ ŋiɐt²⁴ kœy¹³ loi²² leŋ¹³ kɯ³⁵ βɐi²² liu¹³ kaŋ³³ nan⁵³ kɯ³⁵ pon³³ θɐi²² tai²² tai²² ts'au³³ hœy³³ lai²¹。

北风讲："我嘅本事大，我只要轻轻嘅吹一口气，侪家就要冷得全身发口发抖"。日头讲："我嘅本事大，我只要出一啲一点力，侪家就要热得周身汗。"佢类争来争去，口谁至=都有服口谁。

pɐk³³ fuŋ⁵³ kaŋ³³: "ŋa¹³ kɯ³⁵ pon³³ θɐi²² tai²², ŋa¹³ tsi³³ iu³⁵ hœn⁵³ hœn⁵³ kɯ³⁵ ts'ui⁵³ ɐt³³ hɐu³³ hœy³⁵, tsɐi²¹ ka⁵³ tsɐu²² iu³⁵ leŋ¹³ tek³³ tsin²¹ θɐn⁵³ fat³³ θɐn²¹。" ŋiɐt²⁴ tɐu²¹ kaŋ³³: "ŋa¹³ kɯ³⁵ pon³³ θɐi²² tai²², ŋa¹³ tsi³³ iu³⁵ ts'œt³³ ɐt³³ tek³³ lœt²⁴, tsɐi²¹ ka⁵³ tsɐu²² iu³⁵ ŋit²⁴ tek³³ tsɐu⁵³ θɐn⁵³ han²²。" kœy¹³ loi²² tseŋ⁵³ lai²¹ tseŋ⁵³ hœy³⁵，nan⁵³ tsi³⁵ mi¹³ fuk²² nan⁵³。

箇只时候，啱好_{刚好} 路边行_走 过来一个人，日头共北风讲："耿嗰_{这样}吧我类_{咱们}比一比，看□谁脱得箇个人嗰衫落□下来，□谁嗰本事就大。"北风□□头_{点点头}讲："耿冇容易_{这还不容易}？看我嗰！"北风轻轻嗰嗰了一口气，吹出去。尔个人突然觉得冷喇，□抱紧衫起来。北风总冇服气，佢用力嗰了一口气，鼓起腮巴齐力一吹，但是尔只人冇但冇脱衫，反倒□抱衫□抱得更加紧喇，还竖起衫领挡风。北风激得要命，佢使齐全身力气，用力一吹，□□嗰冷风吹得尔个人缩起颈来，手也缩落衫袖里头，两只手臂□抱住胸口面前，反正衫是□抱得更加紧喇。

kɯ³⁵ tsœt³³ θi²¹ hɐu²², ŋam⁵³ hau³³ lo²² pin⁵³ heŋ²¹ ku³⁵ lai²¹ ɐt³³ kɯ³⁵ ŋien²¹, ŋiɐt²⁴ tɐu²¹ kuŋ²² pɐk³³ fuŋ⁵³ kaŋ³³: "keŋ³³ ɯ³⁵, ŋa¹³ loi²² pœy³³ ɐt³³ pœy³³, han³⁵ nan⁵³ t'ut³³ tɐk³³ kɯ³⁵ kɯ³⁵ ŋien²¹ kɯ³⁵ θam⁵³ lɐk³³ kɐi²¹, nan⁵³ kɯ³⁵ pon³³ θɐi²² tsɐu²² tai²²。" pɐk³³ fuŋ⁵³ tɐm³³ tɐm³³ tɐu²¹ kaŋ³³: "keŋ³³ mi¹³ juŋ²¹ hœy²²? han³⁵ ŋa¹³ kɯ³⁵!" pɐk³³ fuŋ⁵³ hœn⁵³ hœn⁵³ kɯ³⁵ θuk³³ liu¹³ ɐt³³ hɐu³³ hœy³⁵, ts'ui⁵³ ts'œt³³ hœy³⁵。ŋi²² kɯ³⁵ ŋien²¹ tɐt²² hin²¹ k'ak³³ tɐk³³ leŋ¹³ ·la, kop³⁵ kɐŋ³³ θam⁵³ hœy³³ lai²¹。pɐk³³ fuŋ⁵³ tsuŋ³³ mi¹³ fuk²² hœy³⁵, kœy¹³ juŋ²² lœt²⁴ θuk³³ liu¹³ ɐt³³ hɐu³³ hœy³⁵, ko³³ hœy³³ θai⁵³ pa⁵³ tsɐi²¹ lœt²⁴ ɐt³³ ts'ui⁵³, tan²² θi²² ŋi²² tsœt³³ ŋien²¹ mi¹³ tan²² mi¹³ t'ut³³ θam⁵³, fan³³ tau³³ kop³⁵ θam⁵³ kop³⁵ tɐk³³ kɐŋ³⁵ ka⁵³ kɐŋ³³ ·la, βɐn²¹ hœy²² hœy³³ θam⁵³ lœn¹³ taŋ³³ fuŋ³³。pɐk³³ fuŋ⁵³ kœt³³ tɐk³³ iu³⁵ mœn²², kœy¹³ θɐi³³ tsɐi²¹ tsin²¹ θɐn⁵³ lœt²⁴ hœy³⁵, jun²² lœt²⁴ ɐt³³ ts'ui⁵³, fiu⁵³ fiu⁵³ kɯ³⁵ leŋ¹³ fuŋ⁵³ ts'ui⁵³ tɐk³³ ŋi²² kɯ³⁵ ŋien²¹ θuk³³ hœy³³ kœn³³ lai²¹, θɐu³³ i²² θuk³³ lɐk³³ θam⁵³ tsɐu²² lœy¹³ tɐu²¹, leŋ¹³ tsœt³³ θɐu³³ pœy³⁵ kop³⁵ tsœy²² huŋ⁵³ hɐu³³ min²² tsin²¹, fan³³ tsœn³⁵ θam⁵³ θi²² kop³⁵ tɐk³³ kɐŋ³⁵ ka⁵³ kɐŋ³³ ·la。

日头偷偷笑喇，佢讲："我讲北风兄弟，你还是看我吧！"讲齐，日头用力一照，温暖嗰日头光马上□赶走了冷风。尔个人突然觉得热起来喇，佢伸出双手，放衫领落□下来解开衫扣。日头再一用力，放出更加热嗰光，尔个人揸晒得周身大汗，马上脱去外衫。但是日头光越来越猛，尔个人冇得冇脱光衫裤，扑通一声，跳落路边嗰细河里头解凉喇。

ŋiɐt²⁴ tɐu²¹ t'ɐu⁵³ t'ɐu⁵³ θiu³⁵ ·la, kœy¹³ kaŋ³³: "ŋa¹³ kaŋ³³ pɐk³³ fuŋ⁵³ βɐn⁵³ tɐi¹³, nœy¹³ βɐn²¹ θi²² han³⁵ ŋa¹³ · pa!" kaŋ³³ tsɐi²¹, ŋiɐt²⁴ tɐu²¹ juŋ²² lœt²⁴ ɐt³³ tsiu³⁵，βɐn⁵³ nun¹³ kɯ³⁵ ŋiɐt²⁴ tɐu²¹ kuŋ⁵³ ma¹³ θeŋ²² peŋ¹³ tsɐu³³ liu¹³ leŋ¹³ fuŋ⁵³。ŋi²² kɯ³⁵ ŋiɐn²¹ tɐt²² hin²¹ k'ak³³ tɐk³³ ŋit²⁴ hœy³³ lai²¹ ·la，kœy¹³ θɐn⁵³ ts'œt³³ θuŋ³³ θɐu³³，fuŋ³⁵ θam⁵³ lœn¹³ lɐk³³ kɐi²¹ kai³³ hai⁵³ θam⁵³ k'ɐu³⁵。ŋiɐt²⁴ tɐu²¹ tsai³⁵ ɐt³³ juŋ²² lœt⁴，fuŋ³⁵ ts'œt³³ keŋ³⁵ ka⁵³ ŋit²⁴ kɯ³⁵ kuŋ⁵³，ŋi²² kɯ³⁵ ŋiɐn²¹ ŋai²¹ θai³⁵ tɐk³³ tsɐu⁵³ θɐn⁵³ tai²² han²²，ma¹³ θeŋ²² t'ut³³ hœy³⁵ βai²² θam⁵³。tan²² θi²² ŋiɐt²⁴ tɐu²¹ kuŋ⁵³ hit²⁴ lai²¹ hit²⁴ meŋ¹³，ŋi²² kɯ³⁵ ŋiɐn²¹ mi¹³ tɐk³³ mi¹³ t'ut³³ kuŋ⁵³ θam⁵³ ho³⁵，p'u⁵³ t'uŋ⁵³ ɐt³³ θœn⁵³，t'iu³⁵ lɐk³³ lo²² pin⁵³ kɯ³⁵ θɐi³⁵ ho³¹ lœy¹³ tɐu²¹ kai³³ leŋ²¹ ·la。

北风好佩服日头嘅本事，但是日头谦虚嘅讲："比要行人脱衫，是我嘅本事大，但是比□谁与给行人着衫，就是你嘅本事大喇。北风老弟啊，其实我类两个各有所长啊！"

pɐk³³ fuŋ⁵³ hau³³ p'oi³⁵ fuk²² ŋiɐt²⁴ tɐu²¹ kɯ³⁵ pon³³ θɐi²²，tan²² θi²² ŋiɐt²⁴ tɐu²¹ him⁵³ hœy⁵³ kɯ³⁵ kaŋ³³："pœy³³ iu³⁵ heŋ²¹ ŋiɐn²¹ t'ut³³ θam⁵³，θi²² ŋa¹³ kɯ³⁵ pon³³ θɐi²² tai²²，tan²² θi²² pœy³³ nan⁵³ hɐi³⁵ heŋ²¹ ŋiɐn²¹ tsek³³ θam⁵³，tsɐu²² θi²² nœy¹³ kɯ³⁵ pon³³ θɐi²² tai²² ·la。pɐk³³ fuŋ⁵³ lau¹³ tɐi¹³ ·a，ki²¹ θɐt²² ŋa¹³ loi²² leŋ¹³ kɯ³⁵ kak³³ jɐu¹³ θo³³ tseŋ²¹ ·a！"

主要参考文献

梁伟华、林亦：《广西崇左新和蔗园话研究》，广西师范大学出版社2008年版。

林亦、刘志华：《南宁石埠平话同音字汇》，《桂林师范高等专科学校学报》2007年第3期。

林亦、覃凤余：《广西南宁白话研究》，广西师范大学出版社2008年版。

吕叔湘主编：《现代汉语八百词》，商务印书馆1980年版。

覃远雄：《桂南平话的声调及其演变》，《方言》2004年第3期。

覃远雄：《南宁心圩平话语音系统》，《钦州学院学报》2018年第2期。

覃远雄、韦树关、卞成林：《南宁平话词典》，江苏教育出版社1997年版。

谢建猷：《广西汉语方言研究》，广西人民出版社2007年版。

中国社会科学院语言研究所词典编辑室：《现代汉语词典》（第7版），商务印书馆2016年版。

周本良、胡惠、黎平、郭珑、沈祥和：《濒危方言——南宁市下郭街话研究》，广西民族出版社2015年版。

朱德熙：《语法讲义》，商务印书馆1982年版。

后　　记

　　本书调查记录的是南宁市心圩镇可利村平话，陈祝均先生的发音。第一次调查时间是1999年7、8月。可利村紧挨广西民族学院（今广西民族大学）北面，当时我家就住在校园里，到可利村十分便利，我每天骑车到村里找陈祝均记音。时值酷暑，虽有电风扇，仍炎热难耐，陈先生年已六十，不畏高温，不辞辛苦，每天工作六七个小时，始终耐心细致，没有表现出丝毫厌倦的情绪，令人感佩不已。按计划完成所有条目记录之后，我又找陈建宁先生从头到尾核对了一遍。1999年11月我的导师李如龙先生应邀到广西民族学院讲学，特地利用一个下午让我把陈祝均先生请来，帮我把声韵调仔细校核一遍，然后说我记录得不错。2000年我因工作关系举家迁到了北京，为补充部分语法例句和注音语料，2003年10月又重返南宁调查。陈建宁热情地让我住在他家，不仅和陈祝均一起帮助我补充核对材料，食宿等生活方面还给予我非常周到的照顾。2022年9月我再次返回南宁调查，补充校核材料。此次调查还请到了陈贵福先生作为发音人，得到他的大力帮助。在书稿撰写过程中我还经常打电话向陈贵福和陈建宁两位请教，他们每次总是热情耐心地回答我的问题。本书能够顺利完稿，首先要感谢三位发音人！同时还要感谢导师的亲临指导和帮助！

　　本书的出版承蒙南昌大学人文学院江马益院长、刘小川副院长大力帮助，南昌大学人文学院极力推荐，得到了南昌大学"宋明理学与人文"学科群建设经费资助，在此谨表诚挚的谢意！中国社会科学出版社张林女士，为了本书的出版做了大量耐心细致的工作，在此一并致谢！

时间匆匆，从最初的调查到本书的出版，已经过去了二十多年，陈祝均先生也已不在人世，他生前未能看到本书的出版，实在令人遗憾！

　　本书一定会有不少缺点和错误，请读者批评指正！